实用商务英语翻译教程

主　编　梁雪松

编　者　梁雪松　陈黎峰　张　萍
　　　　孙　娟　程　萌　王　欢

图书在版编目(CIP)数据

实用商务英语翻译教程/梁雪松主编. —北京：北京大学出版社，2013.6
（21世纪商务英语系列教材）
ISBN 978-7-301-22613-1

Ⅰ.①实… Ⅱ.①梁… Ⅲ.①商务—英语—翻译—高等学校—教材 Ⅳ.①H315.9

中国版本图书馆 CIP 数据核字(2013)第 120270 号

书 名：	实用商务英语翻译教程
著作责任者：	梁雪松 主编
责 任 编 辑：	郝妮娜
标 准 书 号：	ISBN 978-7-301-22613-1/H·3320
出 版 发 行：	北京大学出版社
地　　　　址：	北京市海淀区成府路 205 号　100871
网　　　　址：	http://www.pup.cn　新浪官方微博：@北京大学出版社
编辑部邮箱：	pupwaiwen@pup.cn　总编室邮箱：zpup@pup.cn
电　　　 话：	邮购部 010-62752015　发行部 010-62750672　编辑部 010-62759634
印 刷 者：	河北滦县鑫华书刊印刷厂
经 销 者：	新华书店
	787 毫米×1092 毫米　16 开本　16.5 印张　360 千字
	2013 年 6 月第 1 版　2023 年 12 月第 7 次印刷
定　　　 价：	48.00 元

未经许可，不得以任何方式复制或抄袭本书之部分或全部内容。
版权所有，侵权必究
举报电话：010-62752024　电子邮箱：fd@pup.cn
图书如有印装质量问题，请与出版部联系，电话：010-62756370

前　　言

　　本教材由在商务、外贸方面具有多年工作经历和教学经验丰富的教师编写，前后写作与编排的过程历经三年时间，潜心完成。编者试图从实用的角度，为英语专业学生、中级翻译水平以上的英语学习者以及从事对外贸易的工作者提供一条简洁的商务英语翻译的路径，旨在提高学习者在商务环境下运用商务知识和英语语言技能进行商务翻译的能力。

　　商务英语是涉外经济活动中的交际工具，也是ESP专门用途英语的一个分支，知识性强，技术含量高，涵盖范围广，对译者的要求也更加苛刻。由此，一本在内容上贴近现实，语料丰满，教学效果好的教材，特别是针对二本类院校英语专业的教材，其质量水平和适应性方面就显得尤为重要。

　　据此，编纂一本实用商务英语翻译教程，最为重要的思路就是要体现它的专业性、实用性和针对性。根据目标定位和学习者的特征，通过大量译例和翻译实践，对商务英语本身的翻译现象和特点做分析和点评，这是我们编写本教程非常重要的依据。

　　本教程共分为十二章，在内容与套路上突破传统翻译教材内容和编排方面的局限性，增加了许多创新性要素，注重紧紧围绕专业知识与难点展开，特别强调培养学生的基本翻译素质和能力。

　　具体而言，本教程有下面几点特色：

　　第一，编排模式的创新性。本书没有依照一般教科书的样式，把书分割为英译汉和汉译英两个模块，而是将英译汉、汉译英揉和在一起。因为在现实当中，特别是在口译或同传方面，不存在译者只进行汉译英或英译汉的单项过程，即使是笔译，也是两者都有，它们是不可分割的；同时，这种编排也是我们从课时安排方面的考虑，教师需要在一个完整的学期中教授书内的大部分章节。

　　第二，突出实务操作性。本教程没有用大篇幅刻意引介或讨论翻译理论、流派或某种学说；而是有意弱化理论性或学术性，从实用角度出发，将全书内容分为上篇"基础篇"和下篇"实务篇"，以期让学习者能够获得综合性的翻译能力，特别是实战能力。

　　第三，语料来源的即时性。书中列举的大量译例、译文、正译、误译，直接选取国内外一些出口企业的对外样本和产品目录，并加以点评。许多原文语料均从保险单、信用证、合同、海运提单等单证中截取，以真实体现商务翻译的特点。

　　第四，通俗与趣味性。每章的章首设置翻译名家的"名人名言"和"讨论时间"，章末则辟"翻译趣闻与花絮"和"背景知识"两个小模块，着眼于扩大学生的文化、英语、翻译知识面，进而激发和活跃学习者的兴趣。每章所配的翻译实践，包括英汉、汉英翻译练习，既注重难易度，也注重针对性和通俗性，以提高学生的实际翻译应用水平。

在此，由衷地感谢北京大学出版社对拙著的支持与厚爱，使其最终得以顺利出版。在我们的写作过程中，也参考了目前国内较多的有关商务英语和商务翻译方面的教材、著作与文献，见书后所附参考文献，在此也向这些文献的著作者们一并表示感谢。

本教程是为顺应当前国内对既熟悉国际商务知识又具有扎实英语语言技能的复合型人才的需求而编写，由于笔者水平有限，书内会有纰漏或错误，希望各位专家、同仁和读者批评指正。

梁雪松

2012 年 10 月于宁波

目　　录

上篇　基础篇

第一章　翻译概论 (3)
　　第一节　翻译的定义 (3)
　　第二节　翻译的标准 (4)
　　第三节　关于商务翻译 (6)
　　第四节　商务翻译的基本步骤 (7)
　　第五节　译者的角色和素养 (10)

第二章　商务翻译的中西方文化差异 (15)
　　第一节　影响商务翻译的跨文化因素 (15)
　　第二节　商务翻译的文化转换 (21)

第三章　翻译的技巧 (31)
　　第一节　完全对译与部分对译 (31)
　　第二节　艺术加工 (33)
　　第三节　商务翻译直译的误区 (41)

第四章　商务英语的词语翻译 (47)
　　第一节　商务英语的词汇特征 (47)
　　第二节　商务词语翻译的标准 (53)

第五章　商务翻译中的句法现象及其转换 (58)
　　第一节　商务英语句式特点 (58)
　　第二节　商务英语句子的翻译方法 (60)
　　第三节　从句的处理 (63)
　　第四节　被动语态的处理 (66)

下篇　实务篇

第六章　商务名片的翻译 (73)
　　第一节　商务名片概述 (73)
　　第二节　商务名片的功能与语言特点 (74)
　　第三节　商务名片翻译的原则 (76)
　　第四节　名片翻译的基本策略 (78)
　　第五节　商务名片翻译中的文化因素 (87)

第七章　商务广告翻译 (92)
　　第一节　商务广告的目的和功能 (92)

第二节　对商务广告翻译基本原则的把握 ………………………………………(94)
  第三节　商务广告的文体特点与翻译 ………………………………………………(97)
  第四节　商务广告翻译的基本策略 …………………………………………………(105)
  第五节　广告中品牌名称的翻译 ……………………………………………………(108)
  第六节　商务广告翻译中的跨文化因素 ……………………………………………(112)
  第七节　国外优秀广告语欣赏 ………………………………………………………(114)

第八章　商务函电翻译 ……………………………………………………………………(118)
  第一节　商务函电的结构与特点 ……………………………………………………(118)
  第二节　商务函电的写作原则和翻译原则 …………………………………………(124)
  第三节　商务函电的翻译技巧及实例解析 …………………………………………(126)
  第四节　商务函电的常用表达翻译 …………………………………………………(133)

第九章　商务合同翻译 ……………………………………………………………………(143)
  第一节　商务合同的结构和种类 ……………………………………………………(143)
  第二节　商务合同的文体和语言特点 ………………………………………………(147)
  第三节　商务合同的翻译标准和原则 ………………………………………………(155)
  第四节　商务合同翻译技巧及实例分析 ……………………………………………(156)
  第五节　商务合同常用词组和短语的翻译 …………………………………………(166)

第十章　外贸产品样本资料翻译 …………………………………………………………(173)
  第一节　样(宣)本翻译与存在的问题 ………………………………………………(173)
  第二节　对样(宣)本翻译的语篇特征把握 …………………………………………(175)
  第三节　商务翻译中的文化差异 ……………………………………………………(179)
  第四节　样本翻译的词汇特点 ………………………………………………………(181)
  第五节　样本翻译中的汉英句子结构 ………………………………………………(184)
  第六节　校对与印刷存在的问题 ……………………………………………………(187)

第十一章　外贸英语翻译 …………………………………………………………………(190)
  第一节　外贸英语与出口单证的概念 ………………………………………………(190)
  第二节　对外贸翻译人员的素质要求 ………………………………………………(191)
  第三节　外贸工作流程及其翻译 ……………………………………………………(192)
  第四节　外贸单证翻译 ………………………………………………………………(200)
  第五节　信用证实务与翻译 …………………………………………………………(205)

第十二章　国际商务旅行与翻译 …………………………………………………………(216)
  第一节　机场与国际航班英语翻译 …………………………………………………(216)
  第二节　飞机机舱广播英语与翻译 …………………………………………………(219)
  第三节　出入境英语与表格翻译 ……………………………………………………(225)
  第四节　入住与退房 …………………………………………………………………(232)
  第五节　商务会议与翻译 ……………………………………………………………(238)

练习答案 ……………………………………………………………………………………(244)

参考文献 ……………………………………………………………………………………(256)

上篇　基础篇
商务英语翻译基本理论与方法

第一章　翻译概论

以效果而论,翻译应当像临画一样,所求的不在形似而在神似,以实际工作论,翻译比临画难,翻译工作要做得好,必须一改再改三改四改。

——傅雷

> **讨论时间**
> 1. 什么是翻译？商务翻译和普通翻译有区别吗？
> 2. 商务翻译应注意哪些问题？
> 3. 商务翻译从业人员应具有怎样的个人素养？

第一节　翻译的定义

翻译是一个包罗万象、博大精深的技艺,至今也没有一个统一规范、举世公认的定义。我们只能综合各种不同的定义来把握翻译的本质。

牛津英语词典(The Oxford English Dictionary)对翻译的定义是"To turn from one language into another",即"把一种语言转换成另一种语言"。

当代美国翻译理论家奈达(Eugene A. Nida)说:"Translating consists in reproducing in the receptor language the closest natural equivalence of the source-language message, first in terms of meaning and secondly in terms of style."即:"所谓翻译,是指从语义到文体在译语中用最切近而又最自然的对等语再现源语的信息。"

苏联翻译理论家巴尔胡达罗夫指出:"翻译是把一种语言的言语产物,在保持内容也就是意义不变的情况下,改变为另一种语言产物的过程。"

苏联语言学派翻译理论家费道罗夫指出:"翻译就是用一种语言把另一种语言在内容和形式不可分割的统一中业已表达出来的东西,准确而完全地表达出来。"

苏联文艺学派翻译理论家索伯列夫指出:"翻译的目的就是把一种语言中的内容和形式移植到另一种语言中去。"

中国现代学者徐永煐说:"翻译——是译者用一种语言(归宿语言)来表达原作者用另一种语言(出发语言)表达的思想。"

中国现代学者林汉达说:"(正确的翻译)就是尽可能地按照中国语文的习惯,忠实地表达原文中所有的意义。"

中国当代学者王以铸说:"好的翻译绝不是把原文的一字一句硬搬迁来,而主要的却是要传达原来文章的神韵。"

综上所述,翻译是两个语言社会(language-community)之间的交际过程和交际工具,它的目的是要促进本语言社会的政治、经济和文化进步,它的任务是要把原作品中包含的现实世界的逻辑映象或艺术映象,完好无损地从一种语言中移注到另一种语言中去。

第二节　翻译的标准

翻译的标准关系到翻译理论研究、翻译实践和翻译事业的进步发展和兴旺繁荣。但到底应该以什么作为翻译的标准,各家所言也不尽相同。

庄夫认为,翻译标准的主要作用可以概括为:"镜子、监督、依据、促进、良药、基础"。

严复《天演论译例言》中提出"信、达、雅"(faithfulness, expressiveness and elegance),强调译文应忠实原文、通顺易懂,"雅"指的是桐城派使用的汉代以前的文言文。现代赋予"雅"新含义,要求译文有文采。

此外,还有"泰特勒三原则",费道罗夫"等值论",奈达"动态对等"和"功能对等",纽马克"文本中心"论等等。

但总的说来,以下两个方面是必须要重视的标准:

准确

翻译需要一个准备过程。在翻译之前,译者先要仔细阅读原文,深刻理解原文所表达的观点和内容,标注难点,特别要标出那些无法对译的表述,然后查找字典、查阅参考资料,记录相关词汇和术语,最后才能着手开始翻译。

在翻译过程中,译者必须按照源语和目的语的不同习惯,尽最大的可能再现作者的观点、风格及感情色彩等,以保证尽量准确地翻译原文。特别值得注意的是,译者还必须站在正确的立场上表明正确的观点,切不可犯原则性的错误。例如,有些西方国家经常把我国的台湾、香港和其他国家等同起来,视为一个独立的国家,这时译者就要以技术性处理的手法来应对,把台湾、香港单独列出来,再加上"地区"二字,以示区别。

通常,对于那些本身具有确切的含义,而且汉语中有着准确对应词语的术语,可以一一对应译入,无需采用任何意译的方式。例如:Trademark 商标;CFO 首席财务官,财务总监;Income tax 所得税;Value-added tax 增值税。

译例 1 The annual contribution amount must also remain the same throughout the year unless certain qualifying events occur, such as birth of a child or death of a spouse.

译文 除非有孩子出生或配偶死亡等符合保费变动规定的事件发生,否则每年的保费交款额必须保持一致。

句中的"contribution"是保险术语,意为"保费"。译文采用直译的方法,翻译效果直接明了。

专用名词也往往可以对应译入,例如:The House of Commons(英)下议院;Treasury Department(美)财政部;Agricultural Bank of China 中国农业银行;PICC 中国人民保险

公司。

对于那些带有专业知识背景的术语,译者就要本着科学的态度,除查找相关资料外,还应请教专家,了解行业用语,以达到准确的目的。

译例 2 ▶ The principle of in full settlement should be applied to compensation for loss.

译文 1 ▶ 损失赔偿应采用偿还全部债务原则。

译文 2 ▶ 损失赔偿应采用全额赔付原则。

例句中的"in full settlement"是保险术语,意为"全额赔付",而不是"偿还全部债务"。显然,由于译者不了解相关的背景知识,又没有进行进一步的了解,从而导致了误译。因此,译文 2 才是正确的。

由于英语中的多义词比汉语多,翻译时一定要正确理解原文,准确地找到相对应的词汇,避免望文生义。例如:"bank"作名词用时,除了指"银行"以外,还可指"堤防、河岸、库",作动词用时,指"建筑、积累、堆积、到银行存钱、同银行往来……",另外还可组成不少复合词。因此,翻译时必须充分考虑词语所处的语境,如果将其割裂开来,便无法判定其准确的含义。例如:以下句子中的划线英语单词"take"应该按照不同的语境做不同的翻译:

a. Don't take away that document.(拿、取走)

b. She has taken USD 200,000.00 from the bank this morning.(取走)

c. It will take us three weeks to have the work finished.(用去、花费掉)

d. We cannot take their meaning.(理解、明白)

e. The little boy likes to take milk in the evening.(喝)

f. I'm easy to take (catch) cold.(得)

需要注意的是:翻译时还会遇到一些行业内约定俗成的问题,需要妥善处理。例如:"票根",其英语对应词是"counterfoil",意为任何票证开出或撕下之后的存根,而银行业务术语中的"票根"应译为"advice of drawing"或"drawing advice",即开票通知。因此,如果是在银行工作中见到"票根"二字,切不可翻译成"counterfoil"。

此外,英语也有很多成语,其中有些可以直译,例如:an eye for an eye, a tooth for a tooth(以牙还牙,以其人之道还治其人之身),walls have ears(隔墙有耳)。但也有一部分很难对应地译成汉语中的成语,只能意译,例如:like talking to a brick wall(对牛弹琴,瞎子点灯白费蜡),the rotten apple(害群之马,败家之子),to make bricks without straw(巧妇难做无米之炊)。

译例 3 ▶ The angry manager said to the new employee:"Don't teach your grandmother to suck eggs."

译文 1 ▶ 经理生气地对新员工说:"不要教你的奶奶吃鸡蛋。"

译文 2 ▶ 经理生气地对新员工说:"不要班门弄斧。"

译文 1 的直译让人感觉一头雾水,而译文 2 用意译的方法,准确表达了原意,同时也符合汉语的习惯,使人一目了然。

规范

规范指译文所用的词汇、短语、句子及语法都必须符合译入语的一般规范和使用习惯。

译者必须掌握英汉两种语言文字的相同点和不同点,在翻译时按不同的规范进行切换,以避免译文晦涩难懂,以及中文西化,西文中化的问题。

译例 4 With their support, the company grew very fast.

译文 在他们的支持下,公司发展得很快。

这里的原文和译文虽然语序相同,但"very fast"在原文中做状语,汉语中的"很快"则是补语。

译例 5 After graduation, the young man worked at Citi Bank.

译文 毕业后,这个年轻人在花旗银行工作。

原文中的状语"at Citi Bank"放在"work"之后,而译文中"在花旗银行"放在动词"工作"之前。如果将此句译成中文"这个年轻人工作在花旗银行",就很拗口,不符合汉语的表达习惯。

译例 6 Will you please tell us the specifications, quantity and packing you want, so that we can work out the offer ASAP?

译文 请告诉我们贵方对规格、数量及包装的要求,以便我方尽快制定出报价。

原文中的疑问句形式在译文中被改成了祈使句,"ASAP"这个缩略形式则全部译出,这样才清晰明了。

总之,翻译是一种社会行为,并不是一种纯语言或纯文化问题,它的最终目的在于实用,即必须达到信息交流的目的。要将翻译标准具体化,可以把时间、作者风格、文体、目的作为划分的依据,确定不同的翻译标准。需要注意的是:翻译时必须准确表达原文意思,不掺杂个人的见解和主张,必要时可以加批注或写文章批判;必须考虑语境、文化、读者等因素对译文表达产生的影响;必须按照译入语的语法和表达习惯将译文组织成通顺易懂的文章,同时兼顾风格、文体、修辞等诸多因素。

第三节 关于商务翻译

随着全球经济一体化的进一步发展,我国整体实力逐步加强,在国际舞台上所扮演的角色也日益重大和多元化,尤其是加入世界贸易组织之后,中国与世界各国在经济、文化、教育、投资以及其他领域的交流与合作变得更加密切,国内贸易公司与国外公司的交往也大大增加。在经济交往和国际商务洽谈中,翻译起到了交流中介的桥梁作用。作为商务活动中一个极为重要的环节,翻译是中国企业在国际舞台上必不可少的一个角色,商务英语翻译是商家获取新信息,促成对外贸易的得力工具。

作为英语语言体系中的一个分支,商务英语是为国际商务活动这一特定的专业学科服务的专门用途英语,它基于英语的基本词汇、句法结构和语法,又具有独特的语言现象和表现内容。

商务活动直接涉及到交易双方的经济利益,任何一方都想从谈判、协议、合同以及最后的交易中获得最大利益,同时,商务文件还涉及到双方的权利和义务。因此,译者必须精确运用专业词汇,忠实地把原作的内容模拟再现出来。商务英语的词汇包括具有商务含义的普通词和缩略词语等。例如:blue chip 蓝筹股、绩优股;bad debt 呆账、坏账;C.W.O 订货付款;B/L 提货单;L/C 信用证;C.O.D 货到付现;W.P.A 水渍险,等等。又如常用的价格术语 FOB、CIF 有其特定的专业内容。不了解这些专业术语,没有专业知识,就无法做好商务英语的翻译工作。另外,在商务文本中,双方都要不失礼貌、客气,商务材料和文件无论从用选词、句法结构还是行文方式上都相当严谨,措辞需显得天衣无缝,从文体上说属于非常正式的庄严文体。因此,译者还要模拟出原文的语气和文体,这样才能避免产生歧义、引起误解或由于措辞不严谨而被对方利用。

译例 1 ▶ If a share certificate for registered shares is worn out or lost, it may be renewed on production of the worn out certificate or on satisfactory proof of its loss together with such indemnity as may be required by a resolution of directors.

译文 如果记名股票证书磨损或丢失,在提交磨损的证书或以满意的方式证明其丢失后,经支付董事决议可能会要求的补偿后,可以重新更新该证书。

句中的两个"or"把可能出现的情况罗列出来,翻译时就要相应译出,使译文谨慎严密。

同时,热情友好的礼遇、委婉客气的话语、措词得当的函电,也是商贸语言的鲜明的特点。翻译时,可以考虑采用一些比较周全的言语模式,即套语。如:We are pleased to...;We have pleasure in...;We acknowledge with thanks...等。

还需要注意的是:商务英语所涉及的专业范围很广,包括广告英语、法律英语、应用文英语、服装英语、包装英语等功能变体英语。商务翻译领域涉及的面也很广,例如:商业计划书、招商引资、融资、商业信函、商业广告、商务报告、商标名、产品说明书、企事业单位宣传材料、招股章程、商务会议报告、商务合同、国际商务信用证、公司备忘录、上市公司年报、旅游宣传材料和经济类等商务活动所涉及的文件翻译。因此,译者需要各种知识做支撑。例如:A time draft is in essence an extension of credit to the buyer. There is no guarantee that the draft will be honored upon maturity。"honored"具有"承兑"和"付款"两个含义,译者必须根据语境进行判断,由于句中主语"a time draft"指的是远期汇票,到期时就不应该仅仅被承兑(accepted),还应该被承兑和付款。如果没有这种实务常识,就可能造成误译。

总之,商务英语翻译要求译者成为"汉语+英语+专业+综合素质"的复合型人才。为了提高翻译质量,他必须有良好的汉语功底,因为汉语的理解和表达能力直接影响翻译效果;他还必须有很强的英语语言能力,因为英语的理解和表达水平与翻译的准确性密不可分;此外,他必须有很广的知识面,掌握商务理论和贸易实务知识,对众多的国际业务有所了解,并且精通其中一门或多门专业,同时,还拥有丰富的百科知识,了解古今中外、天文地理的一些基本知识,因为没有一定的常识,即使译者的语言水平很高,也无法做好翻译工作。

第四节 商务翻译的基本步骤

了解商务翻译过程,可以帮助我们有步骤地、科学地来进行商务翻译工作。按照正确的步骤来进行商务翻译,对培养翻译能力和提高译文质量都有很大好处。

通常基本翻译过程可以分为四个步骤:分析原文、将原语转换成译语、重新调整译文、约请有代表性的读者检验译文。

分析原文指细致处理词语的所指意义和联想意义,并研究句法和语篇结构,通过源语来掌握原作的思想内容。理解和领会原文是进行翻译的前提条件，是商务翻译过程的第一个阶段，也是最重要的阶段。翻译中大多数的失误都出现在这个阶段，因为没有正确的理解就不可能有正确的翻译。在商务翻译实践中出现的乱译或死译，往往就是对原文理解不透彻造成的。如果译者切实地理解了原文的含义，又能得心应手地驾驭译语，那么翻译就是一个很自然的驾轻就熟的过程。

具体说来，译者首先必须阅读待译的全文，了解其专业范围和内容大意。有时还需要查阅相关的资料，或到现场去看看，以便熟悉有关的专业知识。待到领会原作后，才下笔开译，只有这样才不会出现大错。理解原文时，必须根据源语的语法规律和习惯去理解，并且要求"钻进去"把原文内容彻底弄清。对原文的理解应包括词汇、语法和专业内容三方面，而且三者是相互联系、相互影响的。只有这三方面都理解透彻，才能作出准确的表达。因此，在理解原文时不应孤立地进行分析，而要联系起来分析。换句话说，理解原文必须从整体出发，不能孤立地看待一词一句，而应该结合上下文，结合专业内容，通过对词汇和语法的分析，彻底弄清原文的内容和逻辑关系。

译例 1 Every member holding registered shares in the Company shall be entitled to a certificate signed by a director or officer of the Company and under the Seal specifying the share or shares held by him. The signature of the director or officer and the Seal may be facsimiles.

译文 持有公司记名股票的每一个成员应有资格获得公司董事或官员签字的股票证书，盖有确定其持有股票的印章，公司董事或官员的签字和印章可以用传真进行。

首先，译者应确定原文是对公司股票持有人部分权利及具体操作的说明，因此要采用比较正式、严肃的文体进行翻译。然后，译者要对句子结构进行分析："Every member shall be entitled to a certificate"是第一句的主要结构；"holding registered shares in the Company"用来修饰"Every member"，"signed by a director... held by him"用来修饰"a certificate"，而且这个修饰成分是由"and"连接的两个短语组成，后一个短语中"specifying the share or shares held by him"用来修饰"the Seal"，"held by him"又是"the share or shares"的修饰语；第二句是对第一句的补充说明。在理清这些内容和关系之后，译者才可以着手翻译。

翻译过程中，从用源语思维到用译语思维的转换是关键的一步，这时将原文的内容"一步到位"转换成译语，明晰程度越高越好。可以将译文中的词汇特征、句法特征和语篇特征进行结构重组，从而使读者能够最大限度地理解和领会译文。这个阶段的任务是从译入语中选择恰如其分的表达手段，把已经理解了的原文内容重述出来。如果说在理解阶段必须"钻进去"，把原文内容吃透，那么在表达阶段就必须"跳出来"，不受原文形式的束缚，而根据译入语的语法规律和习惯来表达。商务翻译的水平高低不仅取决于理解的深度，而且也取决于对译入语的掌握程度。因此，理解正确并不等于表达一定正确。在表达阶段最重要的是表达手段的选择，也就是如何"跳出来"的问题。这是商务翻译技巧的问题，翻译的创造性也就体现在这里。在正确理解原文的基础上，同一个句子可能有几种不同的译法，但译文的质量并不相同。试比较下面的译例：

译例 2 Action is equal to reaction, but it acts in a contrary direction. But buyers and sellers don't work in the same way.

译文 1 作用与反作用相等，但它向相反的方向起作用。但买卖双方的运作并不如此。

译文 2 作用与反作用相等,但作用的方向相反。但买卖双方的运作并不如此。

译文 3 作用力与反作用力大小相等,方向相反。但买卖双方的运作并不如此。

以上三种译文在表达原意上大致相同,但表达形式有所不同。译文1由于"钻进去"却没有"跳出来",所以译文不够简练通顺;译文2的后一分句由于跳出原文形式的框架,所以就比译文1简练得多,但全句的译文还不如译文3好;译文3可以说是完全摆脱了原文形式的束缚,它选用了由四字词组构成的对偶修辞手法"大小相等,方向相反",使译文显得确切、简洁而有力。

上述翻译,是指逐句翻译,以句子为单位进行理解和表达。但是,还应考虑到原文通常是一个统一的整体,所以翻译时不能看一句译一句,而应该看一小段译一小段。这样做不仅便于从上下文联系中辨别词义,而且便于句与句的衔接,段与段的联系,不使译文成为一个个孤立句子的堆积。

对于一位优秀的译者来说,整个过程几乎是自动进行的,实际上就和我们使用母语一样。虽然上述基本过程可以分开来讨论,但如果认为译者是严格分三个步骤来进行操作的话,那就完全错了。水平高的译者会下意识地同步进行这三个步骤。他们用不着去考虑怎样把主动变为被动,把名词化的动词变为从句;在提到某一个人物的时候,也用不着去考虑是否需要把名词变成人称代词。译者如果经常不知道该如何重组译文的话,那他就还没有具备运用译语的必要能力,还不能承担翻译任务。

事实上,译者的理解与表达不是一次完成的,而是逐步深入,最后才达到完全理解和准确表达原作反映的客观现实。因此,翻译过程还应该包括校对和修改译文这一步骤。这对商务翻译尤为重要,因为它要求术语和数字等保持高度的精确性,一字不慎,就可能铸成大错。

具体操作时,译者应该首先检查译文的拼写、标点符号和格式。有些译者认为,对译文上述三个方面的检查可以合并起来一次完成,这种看法是错误的,因为一心不能二用,按照拼写、标点符号和格式,分三次逐一检查才能较好地保证译文的质量。此外,对译文内容和文体的检查也应该分别进行。译者要认真检查译文内容,特别注重译文的准确性和连贯性,删除不必要的增补词语和补充初稿中的疏漏,并对照原文内容作进一步的核对。检查时,特别要注意关键概念在翻译上的一致性,理顺拗口的词句,使译文节奏流畅,并从文体上检查译文,使之合乎译入语规范,这一步骤应该反复进行多次。朗读译文是一个非常重要的办法,因为听觉对连贯性和节奏感方面的问题比视觉要敏锐得多。

过去,除了译者自己的检查之外,译文的检验大都是指定一名懂得源语和译语的人来进行原文和译文的比较,测定译文与原文的对应程度。这个方法的缺点是,这位懂得双语的鉴定人可能已经熟悉文本和内容的类型,用不着下多大功夫就能理解译文。因此,对译文进行正确的评估,只能是通过检测只懂译语的读者代表的反应来实现。

要有效地检测译文,可以邀请几位读者代表朗读译文,仔细分析朗读者的面部表情,还可以请听过译文朗读的人向没有听过朗读的人讲述内容,或进行填空检测。

具体操作时,请几位译入语水平高的人为包括译者在内的一些人朗读几遍译文,译者可以先仔细观察别人朗读译文时的面部表情,尤其是他们的眼神,因为表情和眼神能够反映他们对译文内容和形式的理解和领会的程度,例如:朗读者是否认为译文难度太大,无法朗读;是否读懂了译文;是否对译文的内容感兴趣。然后,译者可以一面看稿子,一面标记别人读得不顺口、停顿不当、读错、重复及语调把握不定的地方。倘若发现两个人或更多的人在同一个地方出现问题，那就需要仔细修改译文了。虽然，这种检测方法不能告诉译者如何修改译文，但能够帮助译者确定需要修改的地方。通常，以下几个原因可能导致上述问题的出现：高层次的或偏僻的词汇、并列的词汇中辅音群发音浊重、过渡词短缺、表示疑问、命令、讽刺、反语和省略的标记词缺失、或糟糕的句法。

除上述方法外，还可以请听过译文朗读的人向没有听过朗读的人讲述内容。倘若有两个人或更多的人犯了相同的理解上的错误，那就需要修改译文，除非原文故意做了模糊处理。

而进行填空检测法时，可以在每四个词后面留一处空，请人根据上下文要求填入恰当的词，再测出在至少五十个空格里能够填对的词语数量，这项数据能有效地测定译文的可读性和可理解的程度。有时，也可以在每九个词后面留一处空，请人朗读译文，再计算朗读者填错的词语数量，再进行修改。

当然，与上述方法相比，听取有经验的译者或业内专家的意见可能更好。因为前者知晓翻译的基本原则，懂得语言艺术；后者对本行业了如指掌。

总之，透彻的理解是准确表达的前提，而通过表达又能达到更透彻的理解。这就是理解与表达的辩证关系。理解和表达的统一过程也就是翻译的全过程。

此外，由于商务翻译的特殊性，译者往往被要求尽快脱稿。经验丰富的译者通常会把几个翻译的步骤合并在一起。但还是应该先拿出一个在文体上符合要求的译稿，然后按正字法、译文的准确性和连贯性等进行校审。切不可逐词翻译，交差了事。

有时候，因为时间紧迫，可能要求开展小组翻译。在这种情况下，通常由一位译者负责初稿，然后由另一位或几位译者进行校订，也可能由每个成员负责翻译不同的部分，然后互相阅读其他成员的译稿并提出意见，讨论不同看法，统一意见。翻译小组一般都安排一名经验丰富的组长，遇有特殊问题，可以直接请教。

不管是个人承担翻译工作，还是由小组共同合作，商务翻译者必须拥有大量的词典、百科全书和完备的词库。即使没有在做翻译工作时，也应该经常翻阅、查阅，为以后的翻译工作做更好的准备。

第五节　译者的角色和素养

翻译人员是知识传播和文化交流的桥梁，其必须具备的基本素质包括：开阔的胸襟、清醒的头脑、扎实的作风、良好的职业道德、广博的学识和处乱不惊的心理素质。

无论是口译还是笔译，译者始终都在用语言工作，而语言可以直接体现其思维和情绪。在日常生活中，译者是普通人：情绪高涨的时候，笑容满面、滔滔不绝；不开心的时候，神情沮丧，甚至在说话的语气和声调中都有所流露。但是，作为职业翻译人员工作时，译者必须抛开这些"不良"情绪，以免影响工作。所谓"不良"情绪是那些与翻译无关的情绪，有时也不一定是坏情绪。例如：在一个严肃的商务会谈现场，谈判进行得很艰难，一位译员因为刚刚得到自己彩票中大奖的消息而表现得亢奋，喜形于色，就会对谈判的进程甚至结果产生影响。笔译虽然不用"面对面"的工作，但是，译者也必须注意"锁住"个人情绪，一旦流露在字里行间，就必然影响译文的质量。因此，调整情绪、保持平和心态是做好翻译工作的必备条件。译者不能因为自己的一时不快而用词激烈，也不能因为自己的喜怒哀乐而用词忽冷忽热。

一、要时刻清醒地意识到自己的角色

刚开始做翻译工作时,一些口译者往往会因为忘记自己的身份而不能进入翻译状态。虽然其母语和外语俱佳,但开始与外商对话后,有些人会把话题转向自己感兴趣的内容,却把"正事"抛到一边,出现"断桥"现象。例如:有的英语教师被聘请临时充当口译,由于自身关注国外的教育,就转换了国内企业与外商的讨论话题,浪费了双方宝贵的洽谈时间,直接对谈判造成不良影响。这种喧宾夺主的情况说明译者忘记了自己的"角色",其不自觉地替代国内企业与外商谈话,进行了"对话"的工作,却没有能够以"翻译"的身份完成"传话"的工作。

在笔译工作中也存在这种现象。例如:能用双语写文章的人,却不一定能做翻译,因为他们习惯于单语状态下的写作,而对双语环境中的翻译感到陌生。一旦要做翻译时,才发现自己不能进入角色,无法在母语和外语之间做迅速的切换,有时甚至找不到合适的词语,更顾不上句法、结构。

因此,从事翻译之初,必须先培养"角色"意识。译者要时刻提醒自己是"翻译",是双方沟通的桥梁,是"传声筒",该传的一定要传,而且一定要传好。

从职业道德的角度来看,"该传的一定要传"是译者必须遵循的原则,指不篡改原话原意,不随心所欲地瞎翻译,由于水平所限而产生的错译和误译不属此范畴。在任何情况下,译者都应该清楚:自己的工作起的是桥梁和沟通的作用,自己不是讲话者或原作者,听到的话或拿到的文本也不是自己的语言和作品。所以一切应以原话、原作为本,不能按个人的喜好进行取舍或任意增减。例如:有的人仅凭听到的几个词,就开始编造,虽然可能讲得很流利,但与原话的含义相距甚远;也有人甚至不懂装懂,滥竽充数,编得与原文风马牛不相及。这样的做法是有违职业道德的,最终,这样的译者也将被淘汰。

"一定要传好"指的是处于"翻译桥梁"两端的中外双方由于习俗、文化等方面的不同,在表述中出现可能的"休克"现象时,译者不能借口坚持"忠实"原则照直翻译,而应该做一些适当的转换。例如:"您辛苦了!"这句话在汉语中司空见惯,商务活动中可以用来表达多种含义,如对外商的舟车劳顿表示关怀、谈判顺利结束时的谢意等。如果直接译成"You're very tired"显然无法传达原句的意思,因而必须针对西方人的交际习惯做出顺应性调整,根据不同的交际场合选择不同的表达方式,可以分别译成"You must have been very tired after the long trip","You are great. Well done",以及"I appreciate your help"等来表达中方的意思。又如:在谈判了一段时间后听到外方说"We can have a dinner sometime. I will call you"时,译者不能按字面翻译成"我们可以找个时间一起吃饭。我会给你打电话的",因为这只是对方在婉转地表述结束交谈的意思,而不是真的邀请。

二、要始终坚持"保密"的原则

国家标准化管理委员会批准发布的《翻译服务规范》明文规定:"翻译服务方应按照相关的法律法规为顾客保守商业和技术秘密,不得向任何第三方透露顾客的商业或技术秘密。"因此,翻译最基本的职业道德就是不该传的一定不传,不该知道的一定不问。

译者经常参加一些重要的会见和谈判,可能涉及双边或多边的商务活动。有时,译者还要参加一些相关的内部讨论会,可能直接听到决策层对一些问题的观点和看法,了解到决策的"内幕"、商业秘密、个人隐私,甚至接触到一些机密文件,例如:商业机构的市场报告、研

究机构开发的高科技产品以及涉及到个人隐私的法律文件等。但是,在任何时候、任何情况下,译者都不得以任何方式、向任何人传播机密内容,包括自己的家人和亲朋好友,更不可对外透露。即译者必须严守机密。

除了确保不将机密口头转述给他人外,译者还须注意书面资料的保存,不让他人接触机密。在计算机技术飞速发展和企业信息化建设的今天,很多商业机密转换成了电子文档,例如,CAD图纸、Office文档、源代码、财务报表等等。译者从拿到资料的那一刻起就要绷紧保密这根弦,确保企业核心机密资源的安全,因为一旦重要资料泄露给竞争对手,就会给企业带来打击,甚至是致命一击。

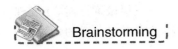

翻译趣闻与花絮

有一次,一位刚当上翻译的女孩陪同一位外商去考察一个项目。

外商性格和蔼,是位上了年纪的老人,说话带着很重的口音,走路时腿脚有些不便。由于那天的行程比较远,路况不好,女孩想得很周到,不仅准备了路上所需的饮料和食品,还在出发前非常礼貌地询问外商是否需要先去一下洗手间。等外商从洗手间回来,一行人才驱车前往目的地。

一路上,女孩和外商聊得很开心,从两国的经济形势一直聊到当地的一些特别的风土人情。不知不觉中,一小时就过去了。突然,外商小心翼翼地问道:"Is there a loo somewhere?"女孩不知道loo这个单词,从来没见过,也没听到过,而且因为外商的口音较重,她以为外商在问:"Is there a hole somewhere?"心想,轿车密封得很好,怎么会有洞呢?于是,她根本就没有再仔细想一下,说:"No."外商应了一句:"哦(Oh)。"接着他们继续聊天。又过了差不多一小时,外商的脸涨得通红,说道:"Excuse me, is there a bathroom somewhere?"女孩这才明白过来。由于女孩的无知、反应迟钝和粗心大意,竟然让外商忍了这么久。她马上请司机停车,并找到洗手间让外商解决问题。事后,女孩向外商道歉时,老人说因为是女孩子,他不好意思太直接,就很婉转地发问,后来实在忍不住了,才不得不直截了当地说了。

晚上,女孩在工作日志上记下了这件事,深刻地反省自己。确实,外事无小事。翻译做事一定要仔细认真,遇到不懂的要虚心求教,千万不能想当然,否则会酿成大错。

Practice in Class
课堂翻译与实践

1. Translate the following expressions and sentences. Then check the answer and see if the word "slow" always has the same meaning.

   1) slow season
   2) slow time

3）a slow starter

4）He is a slow student.

5）He is slow of understanding.

6）He is so slow that I have to explain everything several times.

7）Be slow to promise but quick to practice.

8）Business was rather slow last month.

9）He is slow at speech with women yet.

10）Slow and steady wins the race.

11）The book is rather slow.

12）You'd better go slow in reaching a conclusion.

13）慢性病

14）（学校中的）慢班

15）慢（邮）件

2. Translate the following passage into Chinese.

Nike Needs to Raise Worker's Minimum Wage, Not Minimum Age
Bob Herbert[1]

Let's not be too quick to canonize Nike.

Philip Knight, Nike's multibillionaire Chairman and chief executive, managed to generate a lot of positive press recently when he announced that independent organizations would be allowed to inspect the overseas factories that make his company's products, that he would toughen the health and safety standards in the factories, and that he would crack down on[2] the use of child labor. There is both merit and a lot of smoke in Knight's initiative.

Knight's child labor initiative is a smokescreen. Child labor has not been a big problem with Nike, and Phillip Knight knows that better than anyone. But public relations is public relations so he announces that he's not going to let the factories hire kids, and suddenly that's headline.

Knight is like a three-card Monte player. You have to keep a close eye on him at all times. The biggest problem with Nike is that its overseas workers make wretched, below-subsistence wages. It's not the minimum age that needs raising, it's the minimum wage. Most of the workers in Nike factories in China and Vietnam make less than $2 a day, well below the subsistence levels in those countries. In Indonesia, the pay is less than $1 a day. No Wonder Knight has Billions.

Human rights organizations have been saying the Nike's overseas workers need to make the equivalent of at least $3 a day to cover their basic food, shelter, and clothing needs. Medea Benjamin, the director of Global Exchange, a San Francisco-based group that has been monitoring Nike's practices, said, "three dollars a day for Indonesia, China, and Vietnam would still be a tiny sum, but it would make a significant difference in the lives of the workers." Nike hasn't been listening.

Nike blinked this month because it has been getting hammered in the marketplace and in the Court of public opinion. As Knight put it, "The Nike product has become synonymous with slave wages, forced overtime, and arbitrary abuse."

（引自《中国翻译》2005年第6期）

Notes：

1. Bob Herbert(1945—)：鲍勃·赫伯特(1945—)，美国著名记者，1988年在纽约州立大学获得新闻学学位，曾在纽约市立大学布鲁克林分校和哥伦比亚大学新闻研究学院讲授新闻学，先后就职于《每日新闻》和全美广播公司(NBC)，现为《纽约时报》专栏作家。他的观点比较激进，经常发表针砭时弊的文章，很受读者欢迎。

2. crack down on：to become more severe on；to increase the severity of regulations or restrictions. 对……采取严厉措施，打击

 背景知识

英美的厕所文化

有一天，一个外宾想上洗手间，他对翻译说："I wonder if I can go somewhere?"（我可以方便一下吗？）但翻译却想当然地认为"somewhere"的意思是"某处"，所以回答道："Yes, you can go anywhere in China."（行，在中国你哪儿都可以去。）外宾觉得非常震惊。可见，如果不了解英语中关于"洗手间"的一些表达方法是会误事的。

其实，有很多种相关的表述，大致如下：

1. Public lavatory 指"公厕"。通常，在公共场所的厕所门上都标有Gent's（男厕）或Ladies's（女厕），有时也用Men's，Men's room，Gentlemen's，Boys'，Women's，Women's room，Ladies'，Girls'。例如："Where is the Gent's?"（男厕所在哪儿？）

2. toilet 是最常用的一个词，指"公厕"，也指"私厕"。例如：Would you please tell me where the toilet is.（请告诉我厕所在哪儿。）

3. lavatory 是个比较客气的词，但不如 toilet 常用。

4. bathroom 常见于书面语。

5. John 是俚语。例如："Last night I went to visit John twice."（昨晚我去了两趟厕所。）

6. loo 常见于口语，在英国用得很普遍。例如："Excuse me, would you like to tell me where the loo is?（请问，厕所在哪儿？）

7. W.C. 是 water closet 的缩写，常用于英式英语，指"有抽水设备的厕所"，有时也可以用手势表示：拇指和食指圈成圆，其他三指向上，模仿成英文W和C的形状。

8. go and see one's aunt 是俚语，常用于英式英语，指"上厕所"。

9. powder room 在美国用得比较多，尤其是女士。例如："I would like to powder my nose."这就体现了美国人的幽默。

10. wash room，washing room，restroom 都常用于美式英语。

第二章　商务翻译的中西方文化差异

　　翻译者必须是一个真正意义的文化人。人们都说：他必须掌握两种语言，确实如此；但是，不了解语言当中的社会文化，谁也无法真正掌握语言。

——王佐良

> **讨论时间**
> 1. 你能举例说明中西方文化差异吗？
> 2. 商务翻译与中西方文化有关吗？
> 3. 商务翻译时如何避免"文化休克"？

　　商务翻译不可能仅仅通过翻译商务的专有词汇或术语就能完成，它涉及到生产、生活的方方面面。所以，跨文化知识在商务翻译中是一个重要的组成部分。在商务翻译中，除了必须了解商务英语的规律和特点外，还需要了解商务英语中的跨文化因素才能取得理想的效果。

第一节　影响商务翻译的跨文化因素

　　商务翻译曾一度被看做是两种语言之间的转换，但事实上，在全球化语境下的商务翻译活动，形式上虽是语言字符的转换，内容上却是不同民族文化间的商务交流。商务翻译永远与文化脱不了干系，永远受到文化因素的制约和影响。

一、思维模式的影响

　　思维是人类全体成员所共有的。但是，在不同文化体系中，人们的思维模式却存在差异。中国文化背景下的思维模式有着直觉整体性，习惯于具体性、由多到一的综合型思维模式，在表达上相对倾向于直截了当的陈述，句子大多以动词为中心，叙述大多以时间为顺序，横向铺叙，注重整体和谐。而在西方文化中，思维模式的特征是逻辑分析，习惯于抽象性、由一到多的分析型思维模式，在表达上相对倾向于简练的陈述和跳跃性的推理，句子往往以主语和谓语为核心，统领多个短语和从句，由主到次，形散而意合。

　　这种思维模式的差异导致了翻译过程中句式选择、遣词造句、词句省略等的不同，例如：一些英语的长句需要转译为汉语的几个短句，而汉语中一个意群的若干短句却要合译为一个英语长句。

译例 1 ▶ Practice has proved all the more clearly that the APEC Approach, which responds to the reality in the region, is conducive to achieving a balance of rights, interests and needs of various members.

译文 ▶ 实践越来越证明,"亚太经合组织方式"符合本地区的实际,有利于各成员的不同权益和需求得到较好的平衡。

英文原文是一个长句,翻译成中文后,变成三个短句,就很符合中国人的思维模式,简单明了。

此外,中西方思维模式因素在品牌翻译上也可略见一斑。由于西方文化传统更注重彰显个性,国外品牌常常以与商品相关的人名、地名作为品牌名称,而国内品牌常常具有文化内涵,所以国外品牌进入国内时,也需要"入乡随俗"。例如:德国品牌 Bosch 以公司创始人的名字命名,但在中国如果音译成"波徐",虽然突出了个人,消费者未必能马上记住。译者把它译成"博世",体现了中国文化中的博采众长,产品就更受消费者欢迎。又如:Amway 公司的品牌名称 Amway 是 American Way 的缩合,意为"美国式"。但翻译成中文时,没有直译成"美式",也没有音译成"阿姆韦",而是转译成"安利",把中国人重视的"安"和"利"所承载的文化内涵植入其中,产品自然就为中国消费者所接受。

二、历史典故及宗教传统的影响

各地的历史典故传承了各个民族的文化,蕴含着丰富的文化历史信息,并具有鲜明的各族文化特征。人们的思想受其影响,语言中也有所体现。例如:中国人常常用到一些出自四大名著的历史典故,而西方人的典故则往往出自圣经。随着中西方文化交流的深入,中国的神话、民间故事、诗词曲赋和西方的圣经故事、史诗、文学作品等逐渐被人们接受并欣赏。在商务活动中,有时也会涉及到这些内容。因此,译者就要做好历史典故和历史文化的翻译工作,切不可停留在文字的表面,而应该切实了解其出处和内涵,否则就会出现翻译失当现象。

译例 2 ▶ Can't you see it is an apple? You can't do business with him.

误译 ▶ 难道你看不出这是个苹果么?你不能和他做生意。

显然,这样的翻译让人一头雾水,含义支离破碎。事实上,根据历史典故,我们知道夏娃受到魔鬼的引诱吃了善恶树上的苹果,触怒了上帝,苹果(apple)一词也就成了陷阱的意思。

改译 ▶ 难道你看不出这是个陷阱么?你不能和他做生意。

修改后的译文显得很贴切,含义明确。

译例 3 ▶ Tomorrow is the end of the world.

译文 ▶ 明天是世界末日。

然而,在基督教的教义中,"The end of the world"意为"judgment day",是上帝审判人类的日子,那一天好人上天堂,坏人下地狱,魔鬼被投入硫磺湖里。如果上下文中有与宗教文化相关的表述,就不能简单译为世界末日,否则翻译无法达到精准。

译例 4 ▶ You are a doubting Thomas. You should believe the data I've offered.

误译 ▶ 你是怀疑的托马斯。你应该相信我提供的数据。

这样的译文显然是错误的。因为在《圣经》中,Thomas 是耶稣的十二门徒之一,生性多疑。"a doubting Thomas"指多疑的人,不能直译为"怀疑的托马斯"。

改译 你是个多疑的人,你应该相信我提供的数据。

译例 5 We should not change the conference room into Armageddon or we cannot reach any agreement.

译文 我们不应该把会议室变成战场,否则就达不成任何协议。

句中的 Armageddon 在《圣经》中指世界末日大决战中多次重大战役的战场,现在已转喻大规模战争的地点。

商务翻译中,有时也会用到一些佛教用词。对起源于中国的词,可直接用拼音。例如:禅。"禅"是从梵文音译"禅那"简读而来,但是中国的禅宗与印度的禅宗不完全一样,是完全中国化的佛教派别,后来传入日本,称为 Zen,此后又从日本传到西方。所以,其英译应该体现出中国特色,可用汉语拼音 Chan。这也是目前国际学术界谈到中国禅宗时比较通行的译文。

对佛教中的佛名、菩萨名等的翻译,可先采用还原法译成梵语,再用意译的方法阐释其含义,这样既可以保留佛教名词原有的韵味,又便于理解。例如:大日如来(Maha^vairocana,The Great Sun Buddha);观世音菩萨(Avolokitesvara,Bodhisattva of Great Mercy and Compassion);文殊菩萨(Manjusri Bodhisattva,Bodhisattva of Great Wisdom)等。此外,对于已经有对应的英语表述的佛教名词,可直接采用约定俗成的译法加以处理,不必再还原为梵语。例如:比丘(monk),比丘尼(nun),菩提(enlightenment),涅槃(Nirvana)等。

三、价值观念及审美观念的影响

不同的民族文化必然造就人们不同的价值观念,因此翻译时必须顾及双方不同的价值观,才能被对方理解接受。

中西方的价值观念差异主要表现在西方社会崇尚个性主义,而中国文化的价值取向强调集体主义和道德规范。美国著名广告语"just do it!"在香港电视上播放时曾经被译成"想做就去做"。这在标榜个性自由的美国没什么可大惊小怪的,但作为华人社会的香港具有传统的自律心理,因此不少消费者认为该广告有诱导青少年干坏事之嫌,纷纷投诉,后来将广告词改成了"应该就去做"才平息了风波。

受价值观念及审美观念的影响主要有以下几个方面:

(一)动物词汇

英汉动物词汇的象征意义对比关系与其内涵比较密不可分。在浩瀚的词汇海洋里,动物词汇往往蕴涵着丰富的感情色彩,它不仅有直接的、表面的、字典的意义,还有内涵的、情感的、迁移的意义。不同语言动物词的概念意义有的相同或相近,但有时却大相径庭。

例如:英国主要以马耕为主,英国人对马也有深厚的情感,因此英美人的价值观中马是勤劳和吃苦耐劳的象征。英语中就有 as strong as a horse 的说法。而中国自古以来主要靠牛耕,中国人对牛热爱和赞誉因为牛秉性勤劳忠厚。所以英语的 as strong as a horse,按照中国人的价值观,译为"力大如牛"才精准。

(二)颜色词汇

不同民族的审美观念也存在较大的差异,对各种颜色的寓意也不同。翻译的过程中如果不注意,就会造成事与愿违的结果。

例如:在中国人和多数西方人的审美观念中,红色、白色和黑色的指称意义是不同的,翻译时应特别注意,如 a red battle(血战)、red alert(空袭报警);a white soul(纯洁的心灵)、a white lie(无害的谎言)、black words(不吉利的话)、black deed(极其恶劣的行为)、give me a black look(怒气冲冲地看着我)等。

在处理颜色词汇时,商务译者应首先明晰其在源语及译入语中是否具有特殊语用含义,之后才能确定采用合适的方法进行传达。尤其是涉及商务策划、广告及语言宣传等具有企业形象代表性和形象持续性的翻译时,应该更加细致,因为一着不慎将导致满盘皆输的严重后果。

(三)数字词汇

在商务翻译中,还需要特别注意数字,因为数字在东西方文化中存在着明显差异。

例如:我国有"三枪"、"666"、"金六福"、"十三香"等数字被用作商标的商品。但要把 three、six、thirteen 用作出口商品的商标就会遇到麻烦,因为 three 在贝宁、博茨瓦纳等地视为不吉数字,six six six 在欧美象征魔鬼撒旦,thirteen 也是不吉利的数字。因此,在欧美国家可以看到"7-Up"、"Mild Seven"、"7-Eleven"等商标,却找不到 three、six、thirteen 等数字。

又如:尽管汉语与英语中4都是不好的象征,不受欢迎,但其寓意还是有区别。汉语中"四"是与"死"谐音,而英语中"four"则代表粗俗、廉价。如 Four-letter words 指粗俗的下流话,由此衍生出 four-letter man(专喜使用粗俗的下流话的人)。由 four 组合的另一个习语是:Four-sale(廉价的啤酒;每品脱原来只卖四便士的啤酒)。有一个商务案例发生在 20 世纪 90 年代,一家美国公司为表示出口到日本的高尔夫球价廉物美,将其包装定为四球一套。但是,日本文化脱胎于中华文明,数字"四"同样代表"死亡",是人们唯恐避之不及的。这家公司的高尔夫球在日本的销售情况便可想而知了。

四、社会历史背景及社会习俗的影响

社会历史背景因素对商务翻译也存在影响,如果能在翻译时加以考虑,就可能产生较好的效果。例如:众所周知,美国《独立宣言》的首句是 All men are created equal。日本三菱汽车公司在美国推出其产品时,用的广告标语是 Not all cars are created equal,明显套用了美国历史上的这一名句,吸引了公众的注意力,为其产品占领市场做了很好的铺垫。

同样,社会习俗也是如此,它们影响和制约着翻译的精确性。例如:汉语中的"天生有福",到了俄国人口里便成了"穿着衬衣生下来的",到英国人那里又成了"生来嘴里就含着一把银勺"(born with a silver spoon in one's mouth),若要德国人说,就是"梳好了头才出世的"。再如:汉语成语"一箭双雕"或"一举两得",用法语说相当于"一块石头打两处",用英文说是"一石打死二鸟"(to kill two birds with one stone),俄语说法相当于"一枪打死两只兔子",德语说法却相当于"一个拍子打两只苍蝇"。此外,中国人过年的风俗习惯和西方人有很大的区别。翻译这些习俗时,可采用拼音加注释的方法,在显示中国特色的同时,帮助外商理解其内涵。例如:压岁钱(Yasuiqian, money given to children as a lunar new year's gift),秧歌(Yangge, a Chinese folk dance)。如果仅用音译的方式,不加解释,就难以传达这些表述的真正含义,翻译无效。

西方文化崇尚守时,尤其是美国人的生活节奏比较快,他们认为时间就是金钱。但中国传统文化崇尚的是悠闲的生活,在问候语中常常出现"慢"字,例如:慢走。如果直译为"walk slowly"会使外商感觉莫名其妙,不知所云。

五、政治法律的影响

政治和法律因素是商务翻译不得不面对的又一个制约因素。

例如:可口可乐公司在德国宣传时,不得不把广告 Refresh you best 改成 Refresh you right。因为德国明令禁止货比货、同时又含褒贬暗示的广告。

在商务翻译中,遇到带有政治含义的词汇时,译者需要透彻地理解原文,在翻译时掌握好分寸。

译例 6 ▶ 中国的经济是个大问题。

误译 ▶ China's economy is a major question.

虽然译文没有把"大问题"译成"a big problem",使人误以为中国的经济发展不顺利,但"question"指提出的问题、不明白的地方,仍然没有确切地将原文的含义表达出来。这里的"大问题"应该是重要的、公众关注的事情。

改译 ▶ China's economy is a big issue.

汉语里常常出现一些概括性和归纳性的词语,把需要用几个句子说明的事物用含有数字加上后缀词的表达概括起来,对这类表述可以采用直译的手法,做简洁的转换。例如:一条线战略、三个"代表"、五项改革可译为 one-line strategy, three represents, five reforms。

六、地域环境的影响

由于各民族所处地理位置、自然条件和生态环境等的不同,形成了不同的地域文化。它不仅影响着各民族语言的表达方式,也直接影响着人们对同一事物不同的理解、语义联想和情感,这就对翻译提出进一步的要求。

译例 7 ▶ 这样的话,我们为此次谈判所做的努力就都付诸东流了。

译文 ▶ In that case, all our efforts for the negotiation would be in vain.

此处翻译的关键就在于如何理解"付诸东流"。我国地形特征是西高东低,"付诸东流"喻指希望落空、前功尽弃。这一比喻是基于我国的地理特征,但由于英美国家处于不同的地理位置,地形特征相异,如果采用直译法,很多英美人可能并不解其真正含义,这就要求翻译时做适当的变通。译文用"be in vain"(徒劳)的方式,虽然不能体现原文涉及中国的地域特征,但表达了原文中所蕴含的"前功尽弃"之意。

我国南方盛产竹子,于是汉语里就有了"雨后春笋"、"胸有成竹"等含有"竹"字的表达。但是,由于英国不产竹子,如果将上述成语用"bamboo"一词直译,外商肯定无法理解。因此,要按其含义做适当的转换,分别转换成"like mushrooms"、"have a card up one's sleeve"就能很好地传递意义了。

众所周知,英国是一个岛国,其捕鱼业较为发达。这一点在语言中也有体现:英语中有很多用"fish"比喻人的说法,例如:"big fish"、"cool fish"、"fresh fish"、"loose fish"、"old fish"、"poor fish"。翻译时当然也不能按字面直译,而应该转译成大亨、厚脸皮的人、新囚犯、放荡的人、古怪的人、愚蠢被欺的人。

七、隐喻的影响

早在 2000 多年前,亚里士多德在《论修辞》一书中把隐喻定义为"将属于一事物的名称用来指另一事物"。虽然在传统语言研究中,隐喻通常被看做只是一种语言运用现象,人们也普遍认为隐喻是文学作品的修辞手法,但事实上,这种认识具有局限性,因为隐喻不仅仅跟语言有关,更是一种认知模式,它把熟悉的、已知的、具体的范畴概念投射映现于抽象的范畴概念而形成的隐喻性表征。纽马克表述得更为明确,他认为隐喻性语言占英语语言的四分之三。所以,商务英语中自然也就存在隐喻。

(一)商务英语中隐喻的辨认

由于语言是通过把一种现实迁移到另一种现实而发生作用的,一些隐喻已成为语言本身的有机组成部分,而无数的死喻又逐渐归化为普通语汇,商务英语中的隐喻有时会变得难以分辨,但我们仍然可以通过平时的研究和积累进行辨认。

译例 8 The new financial policy is like a mish-mash of those policies that we have carried out in the past three years.

译文 新的金融政策就像是我们过去三年实施的那些政策拼凑而成的大杂烩。

句中的 like 以及 seem,as if,as 等词语都是明喻的标识。亚里士多德指出:"明喻亦属隐喻,二者差异甚小"。作为隐喻的一个种类,明喻能够明确地表示句子的隐喻性。

译例 9 U. S. Stocks are enjoying "the Indian summer". Friday, the Dow industrials closed up 69.32 at 10110.14, while the Nasdaq composite climbed 18.12 to 1838.01.

译文 美国股市正处于风和日丽的时期。星期五,道琼斯指数上涨六十九点三二点,以一万零一百一十点一四点报收,而纳斯达克综合指数攀升十八点一二点,以一千八百三十八点零一点报收。

句中作为元语言符号的引号,以及"metaphorically","metaphor"等元语言信号词等都能帮助我们辨别隐喻。

译例 10 Some economists consider President Bush sort of Spanish athlete as his new plan on tax policy in the election is impractical.

译文 一些经济学家认为布什总统有点像吹牛的人,因为他为竞选所作的新的有关税收政策的计划并不可行。

此句中的 sort of,以及 type of,kind of 等也是隐喻的信号。

此外,一些具有限制作用的模糊限制词也能充当隐喻的信号。

译例 11 In a way, the nursing shortage is young women's fault in today's America that has resulted in higher wages in the labor market.

译文 在某种意义上,护士短缺是现在的美国年轻妇女的过错,而这种过错已经导致了劳动力市场上工资的上涨。

上句中的"In a way",以及"a bit","more or less"等都有这样的用法。

(二)商务英语中隐喻的特点

在处理商务翻译中的隐喻时,还要注意其自身的特点。

译例 12 Wall Street is happy: The privately held company sold 10% of its stock in

November, the largest IPO ever.

译文 华尔街的老板们很高兴,因为这家私人控股的公司十一月份出售了其百分之十的股票。这是迄今为止最大的首次公开上市股。

在这个句子框架里,Wall Street 这个专有名词不再单纯地指一条街,而是指华尔街的老板们。这就构成了专有名词的隐喻性转换。像这一类的表达方式把属于一种事物的名称运用于另一种事物,而且往往经过无数次的使用和联想,已经变得约定俗成,广泛地应用到日常表达中。

译例 13 It is said that our bilateral deficit with Japan stubbornly refuses to shrink because their markets are closed. Is it true? The Japanese are surely no angels.

译文 据说,我们和日本的双边贸易逆差很难缩小是因为日本关闭其国内市场。事实果真如此吗?日本人绝非天使。

日本人和天使是两个不同的概念,互相没有逻辑的关联。但在这个句子里,隐喻的表征通过将本体和喻体两个不同范畴的知识表征进行结构对正,然后,又把和共有系统有关联的特征从喻体投射到本体,从而实现了对日本人绝不是心怀善意的隐喻。这就出现了采用不符合逻辑的词汇作本体和喻体的现象。

译例 14 An eagle's eye and a lion's heart, when a good economist is made.

译文 要做一个好的经济学家就要眼明、心硬。

该句省略了主语和谓语,但正是这种"残缺不全"的句子里的隐喻却使语言表达更加具有形象性和趣味性。这就构成了常见的利用省略在句式的选择上表现出来的变异性。

此外,连词叠用也被应用到金融报道的隐喻中。

译例 15 For the sign of global economic resurgence, the world watches, and the world listens, and the world heartens, and the world cheers.

译文 对全球经济复苏的迹象,全世界的人们观察着,倾听着,为之欢欣鼓舞,并为之欢呼。

此句中 and 的重复使用强调了全世界的人们对经济复苏的极大关注以及欢呼雀跃的喜悦心情。连词叠用的功能确实产生了一种特殊的强调作用。

第二节 商务翻译的文化转换

大众的文化意识涉及到政治观点、宗教观念、生活方式和风俗习惯等各个方面。商务翻译是一种跨文化劳动,它不仅要遵循社会文化习惯和投合大众审美心理,而且在影响和形成社会文化和审美心理方面起着重要作用,因此,要深谙两种文化的差异,然后作出适当的文化转换,才能真正做好商务翻译工作。商务翻译的文化转换要注意以下几个方面:

一、关于思维方式的转换

不同文化的人在生活习惯和思维方式上有很多不同,翻译时也必须作等值意义转换。例如:英国人见面时喜欢谈天气,说 Lovely weather, isnt it? 之类的话,翻译成"你好哇!"未尝不可。同样,在我国有"民以食为天"的思想,人们见面时爱说"吃过了吗?""吃饭了吗?"

翻译成英文 How do you do? 或 Hi! 就可以了。而 He has taken the bread out of my mouth 则可译成"他砸了我的饭碗"、"他抢走了我的工作"或"他断了我谋生的路"。

二、关于典故的转换

典故也是一种常见的文化现象，如果直译以后读者无法理解典故含义，就要适当转换，把原文中的用典换成译文读者所熟悉的文化典故，只要译文中典故的民族色彩不特别明显，就会使译文比较忠实于原文。

译例 1 Here people could live in their own little never-never land, enjoying themselves.

译文 在这里，人们可以在自己的小小的世外桃源里享受生活。

never-never land 在不同的上下文里有不同的含义。在这里，意指典故 an imaginary, idyllic or dream land（幻想或理想之地），很可能出自苏格兰作家巴利（Barrie, J.M, 1860—1937）的幻想小说《彼得·潘》（*Peter Pan*）一书，书中人物到了"永无岛"（Never-never Land），有了令人如意的奇遇。译者将其译为"世外桃源"这一中国文化典故，的确使译文与原文实现了圆满的对应，使译文读者得到了与原文读者相同的感受。

另外，中英文里虽然也有可以对等的典故，如"the dog and the cook"（吃一堑，长一智）、"crocodile tears"（鳄鱼的眼泪）等，但更多的是必须追根溯源才能把握真正含义的典故，这时，译者切不可望文生义，而且了解出处之后还须做转换，否则会使译文令人摸不着头脑。

译例 2 They assured us that their visit was rather disinterested. But why should they come if they had no axe to grind?

误译 他们保证说这次来访没有私心，可是，如果不是要磨斧子，他们为什么要来呢？

"have an axe to grind"是英语中的一个典故，与字面上的磨斧子毫无关系。其寓意是表面装得很好，实际上却怀有其他目的。

改译 他们保证说这次来访没有私心，可是，如果不是别有用心，他们为什么要来呢？

有人认为把中文典故翻译成英语就很简单了。事实上，中文里的一些典故在翻译成英语时，也要按语境的不同做适当的转换。

译例 3 你们是得陇望蜀啊，我们得考虑一下报价。

误译 You are flying at higher game, we have to consider our quotation.

得陇望蜀出自《后汉书·岑彭传》，比喻贪心不足，有常用的译文：To covet the land of Sichuan after capturing the region of Gansu — to fly at higher game。但例句的情景明显是商务谈判的场景，比较口语化，而且将常用译文的前半部分省略了，让人一头雾水。因此，必须顺应语境，进行转换。

改译 The more you get, the more you want. We have to consider our quotation.

三、关于历史背景和社会习俗的转换

英汉语中有一些词汇在两种语言中都有出现，但由于不同的历史背景和社会习俗，各自所蕴涵的文化含义却不同。

译例 4 It was Friday and soon they'd go out and get drunk.

译文 星期五发薪水日到了，他们马上会出去喝得酩酊大醉。

Friday一词在英语中有着独特的含义,它指发薪水的日子。如果直译成"星期五到了",表面上似乎忠实于原文,可读者不明白为什么到了星期五他们就会出去喝酒。只有将Friday所隐含的特有文化信息译出,才能做到商务翻译的功能对等。

译例5 To reduce loss and increase overall profits, the CEO told his product managers to get rid of all the dogs.

译文 为了减少亏损、全面增加利润,公司的首席执行官告诉产品部的经理们销毁所有的次品。

在特定商务语境中,"dog"指"产品质量差、不赢利的公司或者指投资不当",而不是汉文化中的"狗"的概念。

译例6 American Plan includes bed, breakfast, lunch and dinner.

译文 美式酒店服务包括住宿和一日三餐。

American Plan指美式酒店服务或美式收费制,包括膳食及所有服务费在内的旅馆收费制。与它相对应的有:Continental Plan,指欧洲大陆式酒店服务,包括住宿和简单早餐的酒店服务方式;European Plan,欧式酒店服务,提供住宿和服务但不包括一日三餐的酒店服务方式。这些词汇为英美文化所特有,并非"美国计划、大陆计划或欧洲计划",而是用来指代英美旅游业中不同的接待做法。只有了解相关的文化背景知识才能对它们进行准确的翻译。

译例7 As an office administrator, her duties are sending sales invoices, paying purchase invoices and processing staff expenses.

译文 作为行政秘书,她的职责是邮寄销售发票、报销购物发票及处理员工开支。

现在,英美社会中的许多公司出现了office administrator这一职位,它与传统秘书不同。传统秘书主要处理包括倒水、倒咖啡、倒茶、接电话等日常事务,而行政秘书工作更专业化,她(他)们必须受过专门的教育,有计算机知识、会外语,还要善于公关。可以说这一名称的出现体现了英美文化中"秘书"这一工作角色和地位的提升。

译例8 The United States has spent lots of money to set up a loneliness industry.

译文 美国已花很多钱建立了一种为孤寡老人服务的社会项目。

在这里,译者如果不了解美国社会生活方面发生的一些现象,很可能会望文生义把"a loneliness industry"翻译成"一种孤独的行业"。殊不知它实际上是美国社会福利事业的一部分:由于越来越多的子女不和父母一起居住,上个世纪六七十年代的美国社会就出现了大量孤寡老人。他们无人照顾、生活艰难,成了一大社会问题。因此,美国政府下定决心建立一种为这些孤寡老人服务的社会项目,名字就叫a loneliness industry。

译例9 Most suburban inhabitants live there to get away from the city noise and pollution.

译文 大多数住在郊区的城市富翁住在那里是为了逃避城市的喧嚣和污染。

在美国社会,suburban inhabitants指的是那些rich people和well-to-do families。这些有钱人原先住在市中心,但随着城市建设步伐的加快,污染、交通拥挤以及噪音等问题接踵而至,有钱人就朝郊外迁徙定居。因而suburban inhabitants并非一般的"郊区居民",而是指"富有阶层"。

所以,对于英汉语中都有但文化内涵不同的词,译者需要特别谨慎,不能只根据汉语形式上的对等词进行翻译,而要洞察这些词在英汉两种语言中"貌合神离"的地方并在翻译中加以恰如其分的表达。

此外,商务英语中还存在不少由历史背景和社会习俗造成的英语文化中特有而汉语文化中空缺的词汇,这部分词汇在汉语中尚找不到很好的对应词,翻译时需要特别关注。

译例 10 ▶ For your convenience, we offer a range of conference packages, which we can, of course, extend to meet your requirements.

译文 ▶ 为方便客户,我们准备了各种会议专案,同时可以根据客户的具体要求,随意添加内容。

conference packages 指承办会议的酒店为不同规格的会议所准备的不同"会议专案",它实际上是为客户提供的包括所有会议设施、服务及总费用的一整套方案。"会议专案"是随着商务活动的发展,服务业新出现的概念,对大多数汉语读者来说还比较陌生。

四、关于政治法律词汇的转换

由于政治制度和法律条文等的不同,英语文化中有一些特有的、汉语文化中空缺的词,进行翻译时,需要进行一定的文化信息增补,以便让一般读者理解该词所承载的文化内涵,并起到商务沟通和吸收外来文化的作用。

译例 11 ▶ Under federal law, Medigap policies are those specifically designed to complement your Medicare benefits.

译文 ▶ 在联邦法中,补充性医疗计划就是专门用来补充医疗保健福利的计划。

"Medigap"是美国的一种健康保险计划,旨在承保未列入政府保健计划中的医疗支付款项。由于汉语文化中尚没有该词的对应物,所以如果不加释义,译成"补充性医疗计划",读者就难以理解该词的具体含义,更无从了解该词所折射出的英美文化中关于医疗保障体系方面的相关知识。

译例 12 ▶ Breaking the glass ceiling, the regulation makes it easier for women to move into senior management positions.

译文 ▶ 这项规定打破了看不见的晋级限制,使女性员工晋升高级管理职位不再困难重重。

glass ceiling 原指"隐形封顶或玻璃天花板",在该句中指视若无形而实际上存在的晋级限制或职业升迁的障碍,特别是指妇女、少数族裔成员在职业岗位升迁方面的极限。该词在汉文化中空缺,所以译文有必要以释义的方式来进行文化信息的补充。

译例 13 ▶ Does "Buying American" save jobs? It benefits the companies you patronize. They will have more work than they would if you bought competing products made abroad. But if more people buy American, some American jobs will be lost in the firms that import and sell foreign goods. Protectionist policies seldom create jobs. They just move them from one sector of the economy to another.

译文 ▶ "购买国货法案"能提供就业机会吗?购买国货使你所惠顾的公司受益,假使人们购买国外竞争对手的产品,这些公司就不能提供更多的工作机会。但是,如果购买国货的人多了,那些进口和出售外国商品的美国人就会丢掉工作。贸易保护主义政策只是把就业机会从一个经济部门流向另一个,很少能创造就业机会。

文中的 Buy American 指 Buy American Act（购买国货法案）。美国国会于1933年通过此项法案，意在禁止联邦政府及其附属机构在进行政府采购中购买外国商品，除非同种国货价格过高。如果没有搞清楚"Buy American"的背景知识，不了解相关的贸易政策和法规，没有把"Buy American"之后省去的内容"Products"译出，就可能会把它误译成"购买美国"或"购买美国人"而贻笑大方。

五、习语翻译中的文化转换

习语翻译是商务翻译中的一个难点。为了忠于原著，译文必须既保持它的外国风味，同时又要符合本国文字的要求，有时很难同时达到这两个标准。为了适当地把中英语言中的习语翻译出来，可以尝试采取下列几种方法：

（一）同义习语借用法

英汉两种语言中有些同义习语在内容、形式和色彩上都相符合，而且有相同的或极相似的形象或比喻。商务翻译时如果遇到这种情况，不妨直截互相借用。例如：我们说"火上加油"，英国人则说"to add fuel to the flame"，两者完全一样。

（二）意译法

有些习语无法直译，也无法找到同义的习语借用，这时只能采用意译的方法来对待。例如：汉语中的"落花流水"译成英文便是 to be shattered to pieces；"乌烟瘴气"形容情形混乱不堪，可用 chaos 来表达。

（三）省略法

汉语中有一种情况，就是习语中有的是对偶词组，前后含意重复。这种情况可用省略法来处理，以免产生画蛇添足之感。例如："铜墙铁壁"可译成 wall of bronze，无须说成 wall of copper and iron。"街谈巷议"在意义上也是重复的，所以译成 street gossip 就可以了。

（四）增添法

为了更清楚地表达原意，有时要结合上下文的需要，在译文中增添一些说明。

译例 14 ▶ 公司破产了，树倒猢狲散。

译文 ▶ The company went bankrupt. The tree fell, the monkeys on it fled helter-skelter.

这里的 helter-skelter 是"慌慌张张"之意，原文虽无其字而有其义，添加之后使形象突出，有声有色。

（五）还原法

一些习语源于外语，翻译时可将其还原。例如："夹着尾巴"应译成 with the tail between the legs；"战争贩子"是英文 war-monger 的中译；"蓝图"则是 blue-print 的中译。

六、俚语的文化转换

在人类交往中，俚语是一个十分难以理解的成分。有时，商务翻译中也会碰到一些俚语。

在英国，有些人用含有两个或两个以上和正式语押韵的词、词组来代替正式语，构成押韵俚语（Cockney Rhyming Slang）。其实，英语中有许多可以接受的非正式用法是由押韵俚语升级而来的，有时甚至说标准英语的人都不知道它们的来源，这样，翻译起来会更加困难。例如：英语中 Use your loaf（动动脑筋）实际上就是由 Use your loaf of bread 省略而来，即 Use your head 的押韵俚语，其中 loaf of bread（面包条）是 head 的押韵俚语。又如：英国人常说 We must get down to brass tacks（我们必须讨论实际问题），其中，brass tacks（黄铜平头钉）是 facts（事实）的押韵俚语，tacks 和 facts 押韵。再如：英语中有一个短语 take a butcher's，它是 take a butcher's hook（屠夫的钩子）的省略形式，即 take a look（看一眼）的押韵俚语。一旦了解了这些，押韵俚语变得令人趣味盎然，这对于熟悉英国社会、文化、风俗习惯以及进行准确翻译都会有很大的帮助。

伦敦金融界行话（jargon）中有一种类似押韵俚语，这些行话比一般的押韵俚语更晦涩难解。

译例15 ▶ I asked him for a price of a Hawaii but he would only quote me in a lady.

译文 ▶ 我向他要价5000万（英镑），而他却只出500万。

其中，Hawaii 原意为"夏威夷"，但在句中代表 fifty million，而 a lady 却代表 five million。事实上，Hawaii 来自一个电视节目"Hawaii Five-O"，"Five-O"当然代表"50 million"；lady 是 Lady Godiva 的省略形式。（Lady Godiva 是著名的 Peeping Tom 典故中的女主人公。）Lady Godiva 和 fiver（five million）押韵。

英镑和美元的兑换率称为 cable，来自于英美间的跨大西洋的电缆（cable）。因此，英镑和美元的兑换率在伦敦金融行话中也称为 Betty，来自于女演员 Betty Grable，因为这个名字同 cable 押韵。

在货币名称上的类似情况有：Yen（日元）--Bill'n Ben，Dollar（美元）--Oxford Scholar，Guilder（荷兰盾）--boat builder，Mark（德国马克）--smudge（smudge 指 a small mark）。

七、隐喻的文化转换

对于那些隐喻形象及喻义已为读者所熟悉，翻译时经加工移植也不会造成理解上的障碍的隐喻，可以采用忠实于原文的直译法，以便有效地保留隐喻的形象及喻义色彩。

译例16 ▶ Despite the financial crisis in Asia, China is experiencing a Great Leap Outward.

译文 ▶ 尽管有亚洲金融危机，中国正在进行对外大跃进。

隐喻喻体虽不陌生，但喻义却不易被理解，就要对喻体进行简短释义，运用注释法，以补足直译过程中所造成的语义损失。

译例17 ▶ Small enterprises complain that getting loans from banks now is Catch-22.

译文 ▶ 小企业抱怨说要从银行得到贷款真是比登天还难。（注：Catch-22 是约瑟·赫勒的代表作《第22条军规》的书名，根据这条军规，疯子可以不执行飞行任务而回国，但必须自己提出要求。可凡是意识到飞行危险而要求停飞的，要求本身就证明他不是疯子，所以不能回国。这是条自相矛盾、无法执行的军规。据此，Catch-22 常被用来指"难以逾越的障碍"。）

在某些情况下，译者对一些隐喻的背景知识的了解程度也会影响翻译效果。如果仅从字面上推断,或从词典的意义中去检索,很可能造成误译,贻笑大方。例如:double-dutch 原来指一种跳绳运动,必须两根跳绳同时向相反方向摇,技术要求高;后来成为一个俚语,表示"难度大、令人困惑",也可以是带有幽默感的一种说法,意思是"莫名其妙的话"。由此可以推断其可能的特征是"难度大、令人困惑"。

译例 18 ▶ The situation in the foreign exchange market in the last three months was all double-dutch even to experienced analysts.

译文 ▶ 即使是经验丰富的分析家也对最近三个月外汇市场的形势感到迷惑。

译例 19 ▶ After the merger of Hewlett-Packard and Compaq in 2002, the new HP is getting big with flying colors.

误译 ▶ 在2002年惠普和康柏合并后,新的惠普公司正带着飞扬的色彩壮大。

显然,译者对 flying colors 的起源缺乏了解。它是从 pass with flying colors 演变而来的。这里的 colors 不是指色彩,而是指战舰的桅杆上飘扬着的海军军旗。如果战斗结束后,一方获胜而且该方战舰上的军旗依然飘扬,就说明它们已经取得了完全的胜利。这个隐喻把军事上的表达方式运用到经济领域,填补词汇空缺,为公司并购这一新生事物的发展作出了富有意象性的描述,体现了隐喻的一个功能,即:给新生事物贴标签。

改译 ▶ 在2002年惠普和康柏合并后,新的惠普公司正在成功地壮大。

此外,语境就对隐喻的理解和翻译有着制约作用。任何忽视语境因素的隐喻定义都是不完整的。事实上,词和句子本身并不成为隐喻,是某种特殊的使用才使它们变成了隐喻。解释和理解隐喻实际上就是解释和理解字面意义如何与非字面意义偏离的特殊情况。试比较下列两个句子:

译例 20 ▶ The meeting this afternoon is still cut and dried.

译文 ▶ 今天下午的会议仍然没有新意。

译例 21 ▶ The Fed's raising interest rate is "cut and dried" now.

译文 ▶ 联邦储备委员会准备提高利率已成定局。

虽然上述两句采用了同样的表达方式,但由于语境不同,前一句中的"cut and dried"应理解为老套、呆板、单调乏味;而后一句中的"cut and dried"应意译为已成定局。

总之,词语只有在其作用的文化背景中才有意义,美国当代翻译理论家尤金·奈达曾说:"对于真正成功的翻译而言,熟悉两种文化甚至比掌握两种语言更重要,因为词语只有运用在特定的文化中才具有意义。"在商务翻译中译者不可避免地会碰到不少文化负载词,对它们的正确翻译取决于译者对文化背景知识的准确了解和把握。吕叔湘先生曾说,翻译家必须是一个杂家。这里的"杂"指知识要广博。由此可见:了解、积累和掌握文化背景知识对译者来说是十分重要和必要的,它能帮助译者保证译文质量,促使译者忠实、准确地再现原文的思想内容和精神风貌。要切记:不少翻译错误往往源于译者贫乏的文化背景知识和英汉文化差异意识的薄弱。

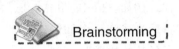

翻译趣闻与花絮

中国人喜欢说:"姜还是老的辣",以此来强调经验的作用。

对于那些刚出道的翻译,哪怕曾经学业非常优秀,有时也会表现出"生姜"的稚嫩,闹出一点笑话。

有一次,接待来中国考察农村卫生事业的外国社会学者时,一位"生姜"就闹出了令人喷饭的笑话。

外宾问道:"中国农村的医生主要是哪类医生?"

"生姜"答道:"Barefoot doctor。"(赤脚医生)

外宾不理解,反问道:"Why your doctors cannot afford to buy shoes?"

"生姜"回答:"Barefoot doctor means sometimes they work as peasants and sometimes they work as doctors."(他们有时当农民,有时当医生)

外宾又问:"Which is the broader among the rice paddies and the wheat fields?"(是稻田多还是麦田多?)

"生姜"回答:"Rice paddies!"(稻田!)

外宾笑着说:"Still they do not wear shoes!"(他们还是不穿鞋啊!)

当然,久经江湖的"老姜"也有不老辣的时候。

2002年,唐家璇外长会见美国国务卿鲍威尔时,外交部的一位高级翻译也曾闹过一个笑话。当时,中方想谈的主要内容是我国出台的一个管制条例。唐外长说:"我们出台了一个新的核用品管制条例。"随后,唐外长突然补充道:"我们还有一个清单。"唐外长是上海人,所以他说的"清单"听起来很像"氢弹"。其实,在这个语境下,翻译应该清楚地知道"清单"是列举物品的清单。可这位"老姜"却鬼使神差地想:"可能唐外长刚才突然想起来还有氢弹,所以才加上去的吧。"看见唐外长的神情很严肃,于是,就翻译说:"And hydrogen bomb as well.(还有氢弹)"。这下就像真的氢弹爆炸了一样。鲍威尔很吃惊,像要从椅子上跳起来一样,问道:"这是怎么回事?"这时,唐外长笑了,满屋子的人都笑了,这位"老姜"则尴尬不已。

Practice in Class
课堂翻译与实践

1. Translate the following expressions into Chinese and explain what they refer to.

   1) white-collar   2) blue-collar

   3) pink-collar   4) gold-collar

   5) gray-collar   6) steel-collar

   7) new-collar   8) open-collar

2. Translate the following paragraph into Chinese. Try to find more examples of dead metaphors and exchange with your classmates.

Some metaphors have become so well established in popular use that their metaphorical character is no longer used. When a metaphor becomes standardized as a way of referring to something, it is called a dead metaphor since it no longer arouses the listener to think of the original meaning in connection with the new meaning. It is no longer used for literary effect, e. g. as poor as a church mouse, to get the sack, wolf in sheep's clothing, as wrong as rain at a garden wedding, as hard as pie to forget, as dull as a button, have a memory as short as an elephant, and in apple-pie disorder. Indeed, every language is dictionary of faded metaphor.

Dead metaphors are often made alive by journalists in light financial paper writings. They modify them by reducing, expanding, and separating their structures, such as "Where there is lottery there is the winner.", "With the rise of consumerism, the American society has witnessed a swelling group of industrial whistle-blowers.", "Money makes the mayor go.", "The loan shark is as cunning as a fox but seems as mild as a wolf in sheep's clothing.", "Though it was a great venture, he was as cool as a cucumber."

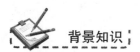

和美国人做生意

美国商人与人握手较少,即使是初次见面,也不一定非要握手不可。通常,点头微笑致意、礼貌地打招呼就可以了。如果握手,应该是女士主动,男士不能先伸手,而且握手的时候不能用双手。上下级之间握手时,应该是上级先伸手;长幼之间握手时,应该是长者先伸手;主宾之间握手时,应该是主人先伸手。同性之间,最忌讳的则是互相攀肩搭臂。此外,美国人谈话时不喜欢离对方太近,要保持一定的距离,通常在120~150厘米之间,小于50厘米就太近了。

在正式场合,美国人比较讲究礼节。服饰要讲究,注意整洁,还要把鞋子擦得铮亮,手指甲也要清洁。不过,美国人平时的穿衣原则是宽大舒适,想穿什么就穿什么,别人不会议论,也不会讥笑。春秋时节,美国人一般都穿长裤,在衬衣外面再加一件毛衣或夹克。夏天的时候,很多人穿短裤、短裙。在滨海城市,逛大街、下饭馆的先生们穿游泳裤,女士们穿比基尼游泳衣,只要再披上一条浴巾就行了。

许多美国人喜欢别人直接叫自己的名字。正式头衔通常只用于法官、军官、医生、教授、宗教界领袖等。尤其要注意的是:美国人从来不以行政职务来称呼别人,例如:Manager Terry、Director Dynes。

在美国,无论是因公还是因私,冒然登门被认为是失礼的。因此,在拜访别人前必须先预约,例如:打个电话,说:"May I visit you at two o'clock tomorrow afternoon?"而且在即将抵达时,最好能再打个电话告知。即使是送礼给亲朋好友,如果对方事先不知道,也不要直接敲门或按门铃,可以把礼物放在他家门口,然后再打电话通知,说"I've put a small package for you at your front door"。

在美国商界很流行早餐与午餐约会谈判。在答应参加对方举办的宴会后,一定要准时赴宴。如果有特殊情况不能准时赴约,一定要打电话通知主人,说明理由,或者告诉主人什么时候可以到。应邀去美国人家中作客或参加宴会,最好给主人带上小礼品,化妆品、巧克力等都可以,本国的土特产更受欢迎。对于家中的摆设,主人喜欢听赞赏的话,例如:"It's so cosy!"、"It's very elegant!"他们不愿听到有人询问价格,例如:"How much is your fireplace?"、"The coach must be very expensive. How much did you spend on it?"在宴会现场,当女士步入客厅时,男士应该站起来,等女士找到了座位才可以坐下。美国人招待客人时,主菜大多是焙牛肉或鸡肉,再配上一、二种蔬菜、芋类或谷类,如果有饭后甜点,就算是大餐了。美国商人喜欢表现自己的不正式、随和与幽默感。所以,经常能说几句笑话的人,比较容易为大家所接受。

美国人热情好客,哪怕仅仅相识了一分钟,都可能发出邀请,请对方去看戏、吃饭或旅游。但一星期之后,他们很可能就把对方忘得一干二净了。

第三章 翻译的技巧

凡是翻译,必须兼顾两面,一则当然力求其易解,一则是保存着原作的丰姿。

——鲁迅

> **讨论时间**
> 1. 商务翻译应注意哪些技巧?
> 2. 商务翻译有误区吗?

英汉两种语言在句法、词汇、修辞等方面均存在着很大的差异,因此在进行英汉互译时必然会遇到很多困难,需要有一定的翻译技巧作指导,才能较好地完成翻译任务。

第一节 完全对译与部分对译

一般情况下,专有名词、专业术语等都可以采用完全对译的方法。尤其是不涉及一词多义现象的时候,翻译相对容易。例如:

Chicago	芝加哥
Los Angeles	洛杉矶
Bank of China	中国银行
European Economic Community (EEC)	欧洲经济共同体(欧共体)
European Union (EU)	欧盟
Organization of Petroleum Exporting Countries (OPEC)	石油输出国组织(欧佩克)
Asia-Pacific Economic Cooperation (APEC)	亚太经济合作组织(亚太经合组织)
inflation	通货膨胀
deflation	通货紧缩
appreciation	升值
spot transaction	现货交易
forward exchange rate	远期汇率;期货汇率

遇到多义词时,则要根据上下文去确定它的哪一种词义同汉语相对应或者接近之后,才能决定取舍,例如:"credit"一词在下列各句中就有不同的含义。

译例 1 ▶ He got all the credit for the discovery.

译文 他因这项发现而获得各项荣誉。

译例 2 The ledger shows 600 pounds on the debit side and 50 pounds on the credit side.

译文 从分类账上可以看出,发生金额借方 600 英镑,贷方 50 英镑。

译例 3 The availability of cheap long term credit would help small businesses.

译文 低息长期贷款可以扶持小型企业。

译例 4 They sold grain on credit during time of famine.

译文 饥荒季节,他们则赊销粮食。

译例 5 How much do I have to my credit?

译文 我的银行户头上还有多少存款?

译例 6 They cannot obtain credit at all in the trade.

译文 他们在业内的信誉已荡然无存。

译例 7 They have opened the covering credit with the Bank of China, London.

译文 他们已从中国银行伦敦分行开立了足额信用证。

以上七个句子都包含有 credit 这个词,但每个句子中的 credit 的词义都有所区别,翻译时必须根据语境选择相应的词语。同时,在汉译英的过程中,也有类似的情况。

译例 8 价廉物美。

译文 Fine and inexpensive

译例 9 我们不销售廉价质次的货物。

译文 We do not sell cheap quality goods.

译例 10 我们已按很低的价格向你们报盘。

译文 We have made you an offer at a very competitive price.

译例 11 你们会发现我们这批货物的价格是很便宜的。

译文 You will find our prices for these goods very popular.

译例 12 请报最低价格。

译文 Please make us your lowest quotation.

译例 13 如对我们的业务建议有兴趣,请寄样品,并告最惠条款。

译文 If you feel interest in our business proposal, please send us the samples together with your best terms and conditions.

译例 14 我们的报价已是最低价,折扣不能再多给了。

译文 As we have quoted you our rock-bottom price, we can't give you any more discount.

以上七个句子都涉及到"价格低"的概念,但要译得贴切,却必须要用不同的词。如果查阅一般的汉英词典,找"便宜的"这个词条,往往不能找到所有的释义。即使倒过来去查英汉词典,也并非每一个词都能找到确切的对应的汉语词义,如"best"一词,只有在特定的搭配中,才具备"优惠的"、"便宜的"等含义。事实上,一说到"便宜的",很多人可能马上就联想到"cheap"一词,可是这个词常常含有贬义,不能随意使用。

碰到一词多义的情况时,译者一定要根据上下文去找到对应或接近的词,切忌望文生义。银行信贷业务中常说发放贷款,英语可用"issue"、"make"、"launch"等词,例如:发放贷款可译为"to launch a loan"。但这里的"launch"一词用在别处,含义就不同了,例如:"to launch a movement, campaign, drive"搞运动、活动;"to launch a training program, class, course"举办培训班,"to launch a satellite"发射卫星。再如:"The actor knows his lines"中的"lines"不作"线"解释,而译作"台词"更合适,"This dress is one of our latest lines"中的"lines"则指"(产品的)种类";"Boss is firm with his men"中的"firm"如果翻译成"坚定",就仅仅忠实于形式,而翻译成"严格"或"严厉"才符合原文的含义。

此外,在英译汉时,如果遇到一些词,用它们的本意不能准确自然地表达原意时,就需要根据上下文对其含义进行引申,并找出恰当的词语来表达。

译例 15 ▶ Every job has its roses and thrones.

译文 ▶ 每一份工作都有它的苦和甜。

译例 16 ▶ We should give tit for tat to them in negotiation.

译文 ▶ 在谈判中,我们应当与他们针锋相对。

第二节 艺术加工

翻译是一种再创造的工作。虽然,有时候也有简单对译,但这样的情况很少,即使是字义上的完全对译,在中英切换时也会有语序等的变化。

例如:"外国直接投资"常常被译成"direct foreign investment"(直接的外国投资),但译作"foreign direct investment"比较好,因为强调投资方式的修饰语"直接"一词紧靠其前,符合英语的习惯。而汉语总是把比较重要的修饰词放在所有修饰词的前面。

译例 1 ▶ 他是一位杰出的受人尊敬的优秀职业经理人。

译文 ▶ He is a good, respected and outstanding professional manager.

这里强调的是他作出了杰出贡献,是优秀者当中的尖子。可是,由于英语中的表达习惯与汉语不尽相同,翻译时应做变通。

译例 2 ▶ FORTUNE Global Top 500 is a pronoun of the largest, most influential and outstanding complexes in the world.

译文 ▶ 《财富》全球500强是世界上最杰出、最有影响、最大公司的代名词。

有时,英语用一个词表达的意思,在汉语中要用两个甚至多个词去翻译。反之亦然。英汉对译时,需要同时采用不同的处理方法,这种方法可以归纳成四个字:艺术加工。

商务翻译时常用的译法如下:

一、合句法

合句法是把若干个短句合并成一个长句。汉语强调意合,结构较松散,简单句较多;英语强调形合,结构较严密,长句较多。所以合句法多用于汉译英。翻译时要根据需要,注意利用连词、分词、介词、不定式、定语从句、独立结构等把汉语短句连成长句,即把原文或两个以上的简单句或一个复合句在译文中用一个单句来表达。

译例 3 ▶ The time is 10:30 p.m., and transactions on the net are light.

译文 晚上十点三十分的时候,网上交易量就少了。

译例 4 There are businessmen here from all over the country. Many of them are from the south.

译文 从全国各地来的商人中有许多是南方人。

译例 5 The new CEO was very clear. His mind was open.

译文 这位新总裁为人单纯而坦率。

二、分句法

在翻译英语句子时,可以将原文的句子结构原封不动地保存下来或稍加修改;也可将原来的句子结构作较大的改变,把英文长句拆分成中文短句。后者即翻译中的分句法。

译例 6 The buyer, not surprisingly, did not respond at all.

译文 买方根本没有答复,这是不足为奇的。

译例 7 Dressing the business empire in seductive colors cannot alter the facts that it is on the decline.

译文 不管怎样给这个"商业帝国"乔装打扮,涂脂抹粉,也无法改变其正在走下坡路的事实。

译例 8 The power of the new company increased with its number of employees.

译文 新公司人数增加了,力量也随着增强。

译例 9 Amount is required to change shortage to surplus.

译文 达到一定数量,短缺状态就变成过剩状态。

译例 10 We don't differ in the profit distribution.

译文 关于利润分配,我们没有异议。

英译汉时还要在原句的关系代词、关系副词、主谓连接处、并列或转折连接处、后续成分与主体的连接处,以及意群结束处将长句切断,译成汉语分句。这样就可以基本保留英语语序,顺译全句,顺应现代汉语长短句相替、单复句相间的句法修辞原则。

译例 11 Increased cooperation with China is in the interests of the United States.

译文 同中国加强合作,符合美国的利益。(在主谓连接处拆译)

译例 12 I wish to thank you for the incomparable hospitality for which the Chinese people are justly famous throughout the world.

译文 我要感谢你们无与伦比的盛情款待。中国人民正是以这种热情好客而闻名世界的。(在定语从句前拆译)

译例 13 This is particularly true of the countries of the commonwealth, who see Britain's membership of the Community a guarantee that the policies of the community will take their interests into account.

译文 英联邦各国尤其如此,它们认为英国加入欧共体,将能保证欧共体的政策照顾到它们的利益。(在定语从句前拆译)

三、词类转化法

在很多情况下,由于两种语言的差异,译文与原文在语法结构上不可能完全对等。翻译过程中,为了使译文符合目标语的表述方式、方法和习惯,可以对原句中的词类进行转换处理,使译文变得通顺自然。具体来说,就是在词性方面,把名词转换为代词、形容词、动词;把动词转换成名词、形容词、副词、介词;把形容词转换成副词和短语。词类转换主要有以下四种:

1. 转化为动词

即翻译时把有动作意味的名词、形容词、副词、介词转换为动词。

译例 14 ▶ The turning point of the company was the decision to give up a promising project and begin the research instead.

译文 ▶ 公司的转折点是决定放弃一个有前途的项目,开始这项研究。(名词 decision 转化为动词)

译例 15 ▶ The president is fully aware of the importance of tomorrow's negotiation.

译文 ▶ 董事长充分意识到明天这场谈判的重要性。(形容词 aware 转化为动词)

译例 16 ▶ During the heated discussion on the promotion, the manager opened the window to let fresh air in.

译文 ▶ 就促销事宜进行热烈讨论时,经理打开窗子,让新鲜空气进来。(副词 in 转化为动词)

译例 17 ▶ I'm all for your opinion on the investment.

译文 ▶ 关于投资,我完全赞成你的意见。(介词 for 转化为动词)

2. 转化为名词

即翻译时把名词派生的动词、名词转用的动词、部分形容词及副词转换为名词。

译例 18 ▶ The young man, who looks and talks like a film star, is our sales manager.

译文 ▶ 那个年轻人是我们的销售经理,他的相貌言谈像一个明星。(动词 look 和 talk 转译为名词)

译例 19 ▶ Thanks to the introduction of our reform and opening policy, our comprehensive national strength has greatly improved.

译文 ▶ 由于我们实行了改革开放政策,我国的综合国力有了明显的增强。(动词 improve 转译为名词)

译例 20 ▶ Tom is strong both physically and mentally, which enabled him to make the right decision for the company during the financial crisis.

译文 ▶ 汤姆身体强健,智力超群,这使他能够在金融危机时为公司作出正确的决定。(副词 physically 和 mentally 译为名词)

译例 21 ▶ In the newly-released report, the author is critical of their negligence toward the change in the market.

译文 ▶ 作者在新发表的报告中,对他们疏忽市场的变化作了批评。(形容词 critical 转译为名词)

3. 转化为形容词

即翻译时把某些形容词派生的名词及副词转换为形容词。

译例 22 ▶ We found difficulty in solving this complicated marketing problem.

译文 我们发现解决这个复杂的市场销售问题是困难的。（形容词派生的名词 difficulty 转译为形容词）

译例 23 The annual report of the listed company impressed me deeply.

译文 这家上市公司的年报给我留下了深刻的印象。（副词 deeply 转译为形容词）

4. 形容词转化为副词

即翻译时把一些形容词转换成副词。

译例 24 The trade delegation was given a warm welcome by the companies.

译文 很多公司热烈地欢迎这个贸易代表团。（形容词 warm 译为副词）

四、加词法

加词法就是在翻译时按意义上、修辞上和句法上的需要，增加一些原文中虽然没有该词但有其意的词，以便更忠实通顺地表达原文的思想内容。可增加的词包括名词、动词、形容词、副词、量词、语气助词、表达时态的词等。采用这种方法时要注意只可增词不能增意。

译例 25 ——The boss：I'll be there to cheer you.
——The employee：It's a promise.

译文 老板：我会到场为你鼓劲。
员工：说话算数。/一言为定。

此外，为了使译文更加准确生动或为了强调，还可以重复原文中上下文才出现过的名词、动词、代词等，或者把前文概括一下。

译例 26 As the salesman sat down and began talking, words poured out.

译文 这个销售员一坐下，就滔滔不绝地讲个没完。

译例 27 I like Chinese market. Lots of people do these days, sort of fashion.

译文 我喜欢中国市场。现在很多人都喜欢。这种情况算是有点赶时髦吧！

译例 28 He has been pursued in his business, day by day and year by year, by a most phenomenal astonishing luckiness.

译文 日复一日，年复一年，他做生意一直是吉星高照，无与伦比。这真是令人惊叹。

在汉语中，经常出现无主句，而英语句子一般都要有主语。所以在翻译汉语无主句的时候，除了少数可用英语无主句、被动语态或"There be…"结构来翻译之外，一般都要根据语境补出主语，使句子显得完整。

译例 29 What is on following the discussion of the prime interest rate?

译文 讨论完优惠利率后，下一项议程是什么？（增译主语）

译例 30 What about calling your client right away?

译文 马上给你的客户打个电话，你觉得如何？（增译主语和谓语）

译例 31 If only I could see the stock market soar.

译文 要是我能看到股市飞扬，那该有多好啊！（增译主句）

英汉两种语言在名词、代词、连词、介词和冠词的使用方法上也存在着很大的差别。除按语境增译名词外，英语中代词的使用频率比较高，凡说到人的器官和归某人所有的或与某人有关的事物时，必须在前面加上物主代词，因此，在汉译英时还需要增补物主代词。此外，英语词与词、词组与词组以及句子与句子的逻辑关系一般用连词来表示,而汉语则往往通过上下文和语序来表示这种关系,因此,在汉译英时常常需要增补连词。英语句子还离不开介词和冠词。

译例 32 ▶ Indeed, the reverse is true today.

译文 ▶ 今天的实际情况恰好相反。(增译名词)

译例 33 ▶ 离开办公室时,销售经理带上了谈判所需的所有资料。

译文 ▶ When leaving his office, the sales manager brought all the documents necessary for the negotiation. (增译物主代词)

译例 34 ▶ 只许州官放火,不许百姓点灯。这就是一个很好的例子。

译文 ▶ While the magistrates were free to burn down houses, the common people were forbidden to light lamps. This is a case in point. (增译连词)

译例 35 ▶ 这是我们两家公司的又一个共同点。

译文 ▶ This is yet another common point between our two companies. (增译介词)

总之,通过增译,既要保证译文语法结构的完整,又要保证译文意思的明确。

五、减词法

减词法与增词法相反,即在翻译时,把原句中出现的一些词不译出来,或是删去一些虽有词而无其意的词,从而使译文更清楚、更简洁。

译例 36 ▶ 为国筹资,为国创汇。

译文 ▶ Raise funds and earn foreign exchange for the state.

汉语中常常选用对仗的句式加强气势,但英语中却很少采用这种方式。上句的译文省略了一个"为国",显得简明洗练。

译例 37 ▶ We deal with the transaction this way because poisons of opposing qualities are said to have the power of counteracting each other.

译文 ▶ 我们这样来处理这笔交易,因为毒能攻毒。

这里若译作"性质相反的毒药有互相抵消的力量"就显得啰嗦了。

译例 38 ▶ Applicants who had worked at a bank would receive preference over those who had not.

译文 ▶ 有银行工作经验的申请者优先考虑。

由于英汉两种语言的差异,翻译时还可省略一些不必要的冠词、代词、连词、介词、动词,删去不符合目标语思维习惯、语言习惯和表达方式的词,以避免译文累赘。

译例 39 ▶ Newcomers in the company should keep the mouth shut and ears open.

译文 ▶ 公司的新人要多听少讲。

六、换词法

采用这种方法翻译时,译者可以根据上下文的意思连贯,选择比较符合上下文的意思,使上下文能够意思完整,不出现离题现象。

译例 40 ▶ Partner A: Will you pay me next month?

Partner B: Do nothing of the sort.

译文 合作者甲："下个月你能把钱付给我吗？"
合作者乙："不可能。"

译例 41 Tom knows he can depend on his team, rain or shine.

译文 汤姆知道无论境况如何,他都可以依赖他的团队。

此外,在一些句子的翻译中,需要改变提法以符合汉语的表达习惯。

译例 42 The growth agenda for the coming year will not come cheap.

译文 来年的增长方案代价不会很低。

译例 43 The restructuring plan is something new to me.

译文 这个调整计划我还是第一次听说。

七、正译法和反译法

在表达一种观点或描述一种事物时,英汉两种语言都可以正说或反说。而所谓正译,是把句子按照与汉语相同的语序或表达方式译成英语;所谓反译则是把句子按照与汉语相反的语序或表达方式译成英语。正译与反译常常具有同义的效果,但反译往往更符合英语的思维方式和表达习惯,因此比较地道。

译例 44 你可以从因特网上获得上市公司的信息。

译文 You can obtain the information of the listed companies on the Internet.（正译）
The information of the listed companies is accessible/available on the Internet.（反译）

译例 45 他突然想到了一个集资的新主意。

译文 Suddenly he had a new idea to raise fund.（正译）
He suddenly thought out a new idea to raise fund.（正译）
A new idea to raise fund suddenly occurred to/struck him.（反译）

译例 46 他仍然没有弄懂董事会的决定。

译文 He still could not understand the decision the board of directors made.（正译）
Still he failed to understand the decision the board of directors made.（反译）

译例 47 无论如何,她算不上一位思维敏捷的经纪人。

译文 She can hardly be rated as a bright broker.（正译）
She is anything but a bright broker.（反译）

译例 48 暂时不要发这份文件。

译文 Please don't distribute the document for the time being.（正译）
Please withhold the document for the time being.（反译）

英语中有不少词和句子在形式上并没有否定的含义,但其语义却是否定的,或形式上是否定的,但语义却是肯定的。在翻译时,可以把正面表达的词或句子用反面来表达,或把反面表达的词或句子翻译成正面意思。

译例 49 I prefer working at home instead of meeting business partners at a restaurant.

译文 我更喜欢在家工作,而不是去餐馆应酬。

译例 50 The economic criminal was proved guilty beyond doubt.

译文 已经证明这个经济罪犯确实有罪。

译例 51 This problem of interest rate is above me.

译文 利率问题我解决不了。

译例 52 On the stock market, we may safely say so.

译文 关于股市,我们这样说错不了。

译例 53 Such a chance to make me a millionaire overnight was denied me.

译文 我没有得到这样一个一夜暴富的机会。

译例 54 Our manager is an indecisive sort of person and always capricious.

译文 我们经理这人优柔寡断,而且总是反复无常。

译例 55 He was beyond his power to sign such a contract.

译文 他无权签这项合同。

译例 56 In your eagerness to secure profits, you have failed to give due consideration to the seller's standpoint.

译文 也许贵公司由于求利心切而未能适当考虑卖方的立场。

译例 57 The Seller shall not be responsible for the delay of shipment or non-delivery of the goods due to Force Majeure, which might occur during the process of manufacturing or in the course of loading or transit.

译文 凡在制造或装船运输过程中,因不可抗力致使卖方不能或推迟交货时,卖方不负责任。

在这里,原句把信息的重心放在句首,先表明卖方的免责事项(The Seller shall not be responsible for the delay of shipment or non-delivery of the goods),接着再规定由于什么原因引起的不能交货或延迟交货才会免责(due to Force Majeure),而且对不可抗力又做了限定(which might occur during the process of manufacturing or in the course of loading or transit)。按照汉语的思维习惯往往是先谈原因再讲结论,因此翻译时可采用逆序的方法将原文表示免责条件的"due to Force Majeure, which might... of loading or transit"移到句首。

八、深化法和浅化法

在翻译某些商务英文句子时,必须从原句中词的内在含义出发,结合上下文和汉语的表达习惯,对某些原文中的词语作一定的语义调整,而不能直接按字面意思来翻译。这种根据语境和译入语表达习惯加以引申的翻译方法叫做深化法或浅化法。深化法为变一般为特殊,而浅化法是变特殊为一般。

译例 58 Those who did not remember the past are condemned to relive it.

译文 忘记过去的人就会重蹈覆辙。

译例 59 They were overwhelmed in the auction at last.

译文 拍卖会上,他们最后寡不敌众,败下阵来。

译例 60 ▶ Merging this company, he got a bit more than he could chew.

译文 ▶ 与这家公司合并,他有点吃不消。

九、倒译法

在汉语中,定语修饰语和状语修饰语往往位于被修饰语之前;在英语中,许多修饰语常常位于被修饰语之后,因此翻译时往往要把原文的语序颠倒过来。倒置法通常用于英译汉,即按照汉语的习惯表达法对英语长句进行顺序的前后调换,按意群调换,或进行全部倒置,原则是使汉语译句安排符合现代汉语论理叙事的一般逻辑顺序。有时倒置法也用于汉译英。

译例 61 ▶ It is strongly believed that it is in the interest of British people that Britain should remain an active and energetic member of the European Community.

译文 ▶ 人们坚信,英国依然应该是欧共体中一个积极和充满活力的成员,这符合英国人民的利益。(部分倒置)

译例 62 ▶ At this moment, with the help of modern telecommunications, more people are seeing our new products than on any other occasions in the whole history of the world.

译文 ▶ 此时此刻,通过现代通信手段,看到我们新产品的人比整个世界历史上任何其他类似场合的都要多。(部分倒置)

译例 63 ▶ Great changes have taken place in China since the introduction of the reform and open-door policy.

译文 ▶ 改革开放以来,中国发生了巨大的变化。(全部倒置)

十、包孕法

所谓包孕是把英语长句译成汉语时,按照汉语的正常语序,将英语后置成分放在中心词之前,使修饰成分在汉语句中形成前置包孕。但这样的修饰成分不宜过长,否则会形成拖沓,或造成汉语句子成分在连接上的纠葛。

译例 64 ▶ You are the representative of a company and of a country to which we feel particularly close.

译文 ▶ 您是一位来自于使我们倍感亲切的公司和国家的代表。

译例 65 ▶ It is a real concern that this major company is not graduating experts who can fill the need of the coming decades.

译文 ▶ 真正值得关注的是,这家大公司没有培养出能够满足今后几十年发展需要的专家。

译例 66 ▶ What brings us together is that we have common interests which transcend those differences.

译文 ▶ 使我们走到一起的,是我们有超越这些分歧的共同利益。

十一、插入法

插入法指把难以处理的句子成分用破折号、括号或前后逗号插入到译文中的方法,即用同位语、插入语或定语从句来处理一些解释性成分。这种方法主要用于笔译中。

译例 67 ▶ 如果说宣布收回香港就会像夫人说的"带来灾难性的影响",那我们要勇敢地面对这个灾难,做出新的决策。

译文 ▶ If the announcement of the recovery of Hong Kong would bring about, as Madam put it, "disastrous effects", we will face that disaster squarely and make a new policy decision.

译例 68 ▶ 三年后,这家汽车公司重整旗鼓,白手起家,生产了第一辆电动汽车。

译文 ▶ Three years later, this car firm, back in the driver's seat, produced from scratch the first electric car.

十二、重组法

重组法指在进行商务翻译时,为了使译文流畅、更符合叙事论理的习惯,在搞清楚长句的结构、弄懂原意的基础上,彻底摆脱原文语序和句子形式,对句子进行重新组合。

译例 69 ▶ Decision must be made very rapidly; physical endurance is tested as much as perception, because an enormous amount of time must be spent making certain that the key figures act on the basis of the same information and purpose.

译文 ▶ 必须把大量时间花在确保关键人物均根据同一情报和目的行事,而这一切对身体的耐力和思维能力都是一大考验。因此,一旦考虑成熟,决策者就应迅速做出决策。

十三、综合法

综合法是指单用某种翻译技巧无法译出时,着眼篇章,以逻辑分析为基础,同时使用转换法、倒置法、增译法、省译法、拆句法等多种翻译技巧的方法。

译例 70 ▶ How can the European Union contribute to the development of a European film and television program industry which is competitive in the world market, forward-looking and capable of radiating the influence of European culture and of creating jobs in Europe?

译文 ▶ 欧洲联盟应该怎样做才能对欧洲的电影电视工业的发展有所贡献,使它在国际市场上具有竞争能力和前瞻性,使它有能力发挥欧洲文化的影响,并且能够在欧洲创造更多的就业机会呢?

当然,在日常翻译时,并不是所有的句子都一定要按照上述的翻译方法才能进行,而且有些句子确实是无法按规则翻译的。因此,译者只要是用精练、通俗和明了的表达翻译出原文的原汁原味,就可以说是成功了。

第三节 商务翻译直译的误区

正如上文提到的那样,直译是一种重要的商务翻译方法,它的优点很多,例如:能忠实地传达原文含义,体现原文风格等。据估算,大约70%的句子要用直译方法来处理,由此可见直译法之重要。但是,直译也具有一定的局限性,例如:有时译文会变得冗长啰唆,晦涩难懂,有时不能正确传达原文意义,有时甚至出错。所以,如果不顾场合条件,不顾中外语言的差异,一味追求直译,就会进入误区,造成误译。

直译之所以有误区,一方面是因为有时两种语言的形式与内容、句子的表层结构及深层意义不统一;另一方面,不同的中外文化历史背景,造成了不同的思维模式和不同的语言表达形式。明确了直译的误区,就可以在翻译中避免一些错误,在无法直译的时候采用意译的方法。

一、否定句型中的直译误区

在英语的否定句型中,有一些句子不能完全采用直译法进行翻译,否则,就会造成误译,甚至与源语的含义背道而驰,译者要特别注意下列几种否定句型。

（一）部分否定句型

下列句型不同于汉语的思维模式,很容易误译。

译例1 I do not know all of them.

误译 对他们我都不认识。

改译 对他们,我不是个个都认识。

译例2 All the answers are not right.

误译 所有答案都不对。

改译 答案并非全对。

译例3 Everybody wouldn't like the new promotional plan.

误译 每个人都不会喜欢新的促销计划。

改译 并不是每个人都会喜欢新的促销计划。

（二）单一否定中的部分句型

译例4 It is a long lane that had no turning.

误译 那是一条没有拐弯的长巷。

改译 无论多长的巷也有拐弯的地方(路必有弯,事必有变)。

译例5 It is a wise man that never makes mistakes.

误译 一个聪明人从不犯错误。

改译 无论怎样聪明的人也难免犯错误。

译例6 We cannot estimate the value of marketing too much.

误译 我们不能过高地估计营销的价值。

改译 对营销的价值无论如何重视也不过分。

译例7 It was not until years afterwards that he heard of Smith, the former CEO.

误译 没过几年他就听到了前首席执行官史密斯的消息。

改译 直到数年之后他才听到前首席执行官史密斯的消息。

二、长句直译的误区

在较长的英语句子中,句子成分之间往往存在着比较复杂的关系,很难按顺序用一个汉语句子表达出来,这时就要根据英文句子的特点和内在联系进行意译。不能直译的长句主要有以下两种各有侧重的处理方法。

(一) 逻辑关系和表达习惯

要根据句子内在的逻辑关系和汉语的表达习惯进行翻译,才能表达到位。

译例 8 ▶ The chances are that the investors in the new industry would see more return than in those old ones very soon if they invest now.

译文 ▶ 同老行业相比,投资者如果现在就投资新行业,会有更多的机会很快获利。

这个句子并不复杂,但不好译。这个句子有三层关系,比较、条件和结果,搞清楚这种逻辑关系后,翻译就比较方便。

译例 9 ▶ Standardizing operations for more deposits according to law Intensifying internal control for still greater achievements

译文 ▶ 依法合规经营增储蓄 强化内部控制创佳绩

由于原文是银行提出的口号,翻译时需要考虑到其单独使用的特殊性,并且还要符合汉语在这种语境下的表达习惯,用对偶的形式就比较合适。

(二) 直译和意译

有些长句需要直译与意译结合,需要做综合处理,才能达到理想的翻译效果。

译例 10 ▶ But a broader and more generous, certainly more philosophical, view is held by those economists who claim that the evidence of a financial crisis is incomplete and misleading, and that the world economy will develop well in the decade.

译文 ▶ 有些经济学家的观点更开阔,更富有普遍性和哲理性。他们指出,有关金融危机的证据尚不完全,而且容易引起误解,事实上,世界经济在这十年中将进一步发展。

这个句子的主句部分可以意译,从句部分可直译。

译例 11 ▶ It was that population that gave to the west a name for getting up astonishing enterprises and rushing them through with a magnificent dash and daring and a recklessness of cost or consequences, which she bears unto this day.

译文 ▶ 那里的人们富于大无畏的开创精神,建立庞大的企业,敢冒风险,势如破竹,一干到底,不顾及成本,因此为西部赢得了声誉。

这个句子虽长,结构不复杂,如果全部直译,其译文将十分逊色,如果进行综合处理,译文则有声有色地传达了原文的神韵。

三、修辞句型中的直译误区

同汉语一样,英语写作中也大量运用修辞手段,其中有不少辞格类似于汉语的辞格表达方式,因此可以直译。但有一些英语辞格很难用直译方式表达清楚,即便是同一辞格,由于处于不同场合,有的能直译,有的则不能直译。

译例 12 ▶ He met his Waterloo in this case.

译文 ▶ 在这个案例中,他吃了大败仗。

句中的"meet one's Waterloo"是成语典故,由拿破仑在 Waterloo 遇到惨败而来。

译例 13 ▶ I asked whether for him, CEO of the newly-established company, this was not bowing down in the House of Rimmon.

译文 ▶ 我问道,作为这家新建公司的首席执行官,他这样做是否言行不一,口是心非。

句中的"bowing down in the House of Rimmon"是成语典故,指表面上与宗教信仰一致,但心里却有不同的政治主张,即口是心非。"Rimmon"是大马士革人所崇拜的神。"House of Rimmon"借指英国的下院。如果直译,表达不出原文的含意。

译例 14 ▶ Thornier obstacles lie ahead. Poorer member countries in the union will require more financial aid to bring them alongside their richer cousins.

译文 ▶ 前方布满荆棘,联盟中的比较贫穷的成员国需要更多的经济资助,才能跟上那些富裕的伙伴。

上句中的"Thornier"用比较级表示多障碍的,又用"obstacles"加强语气,无法直译;而"cousins"在俚语中指"老朋友",也不能直译为表兄妹。

译例 15 ▶ People were excited when the countdown to a single currency began.

译文 ▶ 当统一货币指日可待时,人们很兴奋。

句中的"countdown"指"倒计数开始",如果直译,会让人感觉别扭。

总而言之,一个词的具体意义要依其所处的场合、条件、意识和句型而定,不可捕风捉影。直译与意译各有所长、要用其所长。进行直译时要防止进入误区,在有误区的地方要采用意译,使直译与意译相互补充,只有这样才能取得比较理想的效果。

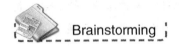

翻译趣闻与花絮

放眼公共场所的警示标语,可以发现一些有趣的现象。

一般说来,英语警示标志用肯定的形式比较多,而中文标志用否定的形式比较多。例如:中文标志"闲人免进",英文译为"staff only"。香港的车辆过隧道时是不允许变更车道的,中文警示为"不可换线",英文警示"keep in the lane"。在北京地铁站,中文警示"不可跳下站台",英文警示"keep clear from the platform"。

当然,也有一些中英文警示都采用否定的形式,最常见的是"禁止吸烟"译为"no smoking"。不过现在更多地用"non-smoking area"礼貌地提醒:这里是无烟区,不允许吸烟。

国内常见的"注意路滑"、"小心楼梯"等警示,常常用"be careful of……",翻译得不到位。其实,前者可译为"Caution! Wet Floor!";后者可以是"Mind the steps"。

还有一些警示标语,由于按字面的意思逐字翻译,变成了笑话。例如:"注意安全,小心落水!"被译为"Take care! Fall into water carefully!",而"小心失足!"则被译为"Beware of missing foot!"。

Practice in Class
课堂翻译与实践

1. Translate the word "cover" in the following sentences. Then discuss with your classmates if they have the same meaning in different contexts.

   1) Who has torn the **cover** of my book?
   2) We are today forwarding you our new test key under separate **cover**.
   3) The **cover** of the above-mentioned draft was remitted to you on the date of issue through the Chartered Bank, London.

2. Translate the following expressions and sentences. Then discuss with your classmates and check if you have the same idea about the answer.

   1) the open door policy
   2) the cold war
   3) to fish in troubled waters
   4) strike while the iron is hot
   5) at sixes and sevens
   6) an under-buyer
   7) an over-buyer
   8) pain point
   9) high street fashion trends
   10) dress to the nines
   11) 她生长在富贵之家。
   12) 他又在胡说八道了。
   13) 你别管我的事。
   14) 要善始善终。
   15) 离成功只有一箭之遥了。
   16) The opening ceremony, which Smith still remembers with pride, was attended by a who's who of Boston Society.
   17) After the failure of his last investment, his reputation stands on slippery grounds.
   18) He went west by coach and succumbed to the epidemic of gold and silver fever there.
   19) It is a great pleasure for me to come to this picturesque land of maples. First of all, please allow me to extend my heartfelt thanks to your company for your considerate arrangements.
   20) Thanks to many reasons, textile finishes have in general become a "no-no" in today's market.

3. Translate the following passage into Chinese.

The social interview often occurs prior to or in place of the screening interview. Here, several people are invited to a cocktail reception of dinner. The event can be held on neutral territory (a downtown club) or at the company's facility. Since the reception is usually unstructured, it may not feel like an interview. You will probably be encouraged to talk about yourself and pose any questions to company representative. Be careful! You may not know which of several people are the important ones to impress. The important people may be the quiet ones who are listening to your questions and answers. The best rules are to drink little, circulate, remain calm, ask well-thought-out questions, and respond with confidence but not cockiness.

喝咖啡的礼仪

"滴滴香浓,意犹未尽"。人类饮用咖啡至少已有五百多年的历史了,它不仅是西方人生活的必备品,也在东方为大众所接受。在商界,经常会有一起喝咖啡的场合,因此有必要了解咖啡礼仪。

通常,咖啡的制作有两种方法:一种是自己磨咖啡豆,制成咖啡粉,然后用咖啡壶煮制而成,另一种是用开水直接冲泡速溶咖啡。人们一般认为,自制的咖啡档次比较高,而速溶咖啡档次比较低,但是可以节省时间。

在咖啡里加入牛奶和糖,即成"milk coffee"(奶咖),不加牛奶和糖的则是"black coffee"或"plain coffee"(清咖)。

通常,加入咖啡内的不是普通的白砂糖,而是方糖。先将方糖放在专门的器皿里,要用时拿糖夹或咖啡匙去取,不能直接用手去拿。方糖放进杯子后,不可以用咖啡匙用力去捣碎方糖,应该耐心等待其慢慢融化。着急想喝时,可以用咖啡匙搅动几下,帮助其融化。随后,就可以把咖啡匙取出来,放在配套的浅碟(saucer)上。饮用咖啡时,不能用咖啡匙舀着一匙一匙地喝。

如果咖啡太热,可以用咖啡匙轻轻地搅动,使之冷却,或者等待其自然冷却。注意:不能用嘴去吹咖啡,那不合规矩。如果座位离桌子稍远,不方便用双手端着杯子饮用,可以稍微做一下变通:用左手将咖啡碟子端至齐胸处,然后用右手端起咖啡杯饮用,需要注意的是,喝完后应该马上把咖啡杯放回到咖啡碟上,不要让杯、碟"分家"。添加咖啡时,也要让它们在一起。

一般情况下,盛放咖啡的杯、碟应该放在饮用者的正面或右面,而且杯耳应该向右,方便饮用者用右手拿咖啡杯的杯耳,左手轻轻托着咖啡碟,慢慢地移向嘴边轻轻地啜饮。喝咖啡时不能满把握杯,也不能大口吞咽,更不能把杯碟留在桌子上,伏下身去喝。此外,喝咖啡时不要发出声音来。

如果喝咖啡时要吃点心,正确的方法是:喝咖啡时放下点心,吃点心时放下咖啡。不能左右开弓,一口咖啡,一口点心。

第四章 商务英语的词语翻译

翻译于用之外，还有美一方面须兼顾的，理想的翻译家应将其工作当做一种艺术。以爱艺术之心爱它，以对艺术谨慎不苟之心对它，使翻译成为美术的一种。

——林语堂

> **讨论时间**
> 1. 商务英语的词汇和普通词汇有区别吗？这些词汇有什么特征？
> 2. 这些词汇有什么特征？
> 3. 翻译商务词语时要注意那几点？

第一节 商务英语的词汇特征

随着外向型经济的发展，我国在更大程度上与国际接轨，并参与国际合作与竞争。因此，商务专业英语在商务领域的实际应用也越来越广泛。商务英语是一种以职业为目的的英语，需要参与者用英语来完成其所有或部分的工作职责，具有较强的实用性、知识性和专业性。作为一种社团方言的商务语言，其专业词汇成员的数量大，应用范围广。其词语体系主要由商务专业术语、商务工作常用词语和民族共同语中的其他基本词和非基本词构成。而其中的商务术语是商务语言词汇体系中重要的组成部分。

一、术语

商务英语属于应用性语言学科。它涉及国际贸易、营销、金融、广告、物流、保险和法律等多个领域，涵盖了各领域的专业术语。例如：

国际贸易行业中的 customs duty（关税），counter offer（还盘），proforma invoice（形式发票）；

金融行业中的 value added tax（增值税），forward exchange rate（远期汇率），statement of cash flow（现金流量表）；

营销行业中的 marketable goods（畅销货），brand loyalty（品牌忠诚），odd-even pricing（零头定价法）；

广告行业中的 audience awareness（公众认知度），point of purchase advertising（导购点广告），media servers（广告媒介代理）；

物流行业中的 automatic replenishment（自动补货系统），inventory control（库存控

制),supply chain management(供应链管理);

保险行业中的actuarial method(精算法),claim settlement(理赔),third party liability(第三者责任险);

法律行业中的presumption of guilt(有罪推定),breach of contract(不履行合同),judicial review(司法审查)。

商务专业术语与商务语言使用中的民族共同语中的其他基本词和非基本词相比较,有其自身的专业特点,归纳起来有以下六点:

(一) 词义的单一性

在一个学科领域内,一个术语只表达一个概念,同一个概念只用同一个术语来表达。这是一切科学术语最突出的特点,即:词义单一而固定。英汉商务术语也不例外。因此,在具体运用过程中,任何人在任何情况下都必须对其有同一的解释。商务专业术语的单一性主要表现在两个方面,一是每个专业术语所表示的都是一个特定的商务概念,在使用时不能用其他任何词语替代。例如:在英语中credit standing(资信状况)不能用position代替standing;standby credit(备用信用证)不能用spare代替standby。汉语中也是如此,"资信"不能说成"诚信","备用"不能说成"零用"。二是某一个专业术语即使在民族共同语中属于多义词,在商务专业英语中也只保留一个义项,例如:listed company(上市公司),list在英语中解释为"清单"、"记入名单",而在商务专业英语中,它解释为"上市的"。又如:claim for damage(要求损害赔偿金),claim在日常英语中意为"声称"、"断言",而在保险专业英语中,它意为"索赔"。汉语也同样,例如:停止参加某个项目可以说"放弃",但如果中途不参加保险了,都说"退保",而不说"弃保"。

(二) 词语的对义性

词语的对义性是指词语的意义互相矛盾、互相对立或互相关联,即:词语所表示的概念在逻辑上是一种矛盾或关联。在民族共同语中,这类意义相反或对应的词属于反义词或关联词的范畴。在商务语言中,我们称之为对义词。

商务工作常常需要借助一组表示矛盾、对立的事物或表示对立的商务活动的词语来描述各种互相对立的商务活动的性质或进展。所以,在商务专业术语中,英语和汉语都有一些反义对义词,例如:

supply/demand 供应/需求
premium/discount 升水/贴水
bear market/bull market 熊市/牛市
surplus/deficit 过剩/短缺
assets/liabilities 资产/负债
inflation/deflation 通货膨胀/通货紧缩
appreciation/depreciation 升值/贬值
spot transaction/forward transaction 现货交易/期货交易

关联对义词是指两个相互对应的词在词义上不一定是严格意义上的反义词,但是它们在含义上有明显的联想意义和对比意义,表示着相互关联的一类商务现象或概念。在这一点上,英语和汉语也有一致性。例如:

fiscal policy/monetary policy 财政政策/货币政策
preferred shares/ordinary shares 优先股/普通股
preloss/postloss 损失发生前的/损失发生后的
insurer/insured 承保人/投保人

商务专业术语这种对义现象是由商务活动本身的性质所赋予的。因为商务活动往往是远近、优劣、强弱等互相对立或关联的两个方面,这就决定了商务专业术语中不可避免地存在大量的对义词。

（三）词语的类义性

类义词是指意义同属某一类别的词。一般说来,类义词所共有的类别意义为类概念,表示类概念的词被称为上义词;而归属于同一义类,分别表示同一类概念之内的若干种概念的词被称为下义词。英汉商务专业术语存在大量的类义词是其又一大特点。如 transaction（交易）可作上义词,它所包括的 deposit money, draw money, settle an account, exchange foreign currency 等为其下义词。又如：insurance（保险）可作上义词,它所包括的 liability insurance, property insurance, health insurance, travel insurance, self-insurance 等为其下义词。类义词是概念划分的产物,汉语中的表现也类似。

商务专业术语中存在类义词的现象,是因为商务面向的是整个社会,接触的是全体公民、各类机构、团体等等,表示其商务关系的概念也就必然有大有小,有类有种。在使用这些概念的过程中,为了明确其外延的范围,就必须从不同角度、不同层次上根据其各自不同的属性进行划分,然后用适当的词语加以确定,以避免理解上错误地扩大或缩小概念的内涵。这样,就产生了不同层次上的类概念和种概念,而表示这些概念的词语就是不同层次上的类义词。

（四）词语的简约性

典型的商务语体是一种明确可靠且具有权威性,能用来管理商务界、调节市场的语言。它由专家按照固定的模式加以编制并进行解释。因此,商务术语还有简约的特色,其突出的表现就是缩略词的大量运用。而且,随着网络技术的高速发展和商务竞争的白热化,远隔重洋的买卖双方可以通过视频电话、发送电文等方式进行商务谈判。这就要求语言简明扼要、便于记忆和记录。为此人们创造了大量缩略词,广泛应用于招商引资、劳务输出、国际贸易、国际金融、国际经济技术合作、国际旅游、海外投资等商务领域。

缩略语造词简练、信息容量大、使用方便,能用比较少的词语传达更多的信息。例如：

EPS（earnings per share）每股收益
VAT（value added tax）增值税
FPA（Free from Particular Average）平安险
CAR（Contractor's All Risk）建筑工程一切险
AAR（against all risks）全险
BSC（bunker surcharge）燃油附加费
CAT（catalogue）商品目录
D/A（documents against acceptance）承兑交单
D/O（delivery order）提货单

FOB (free on board) 离岸价格
L/C (letter of credit) 信用证
P. O. D. (pay on delivery) 货到付款
S/O (shipping order) 装货单

但在使用缩略语的时候,有一点必须注意:有些缩略语在不同的语境里会有不同的指代。例如:TSE 既可以指 Tokyo Stock Exchange 也可以代表 Toronto Stock Exchange。

(五) 词语的历史性

语言是社会现象,是全民的,没有阶级性。语言在人类社会发展的一切阶段都是全民的交际工具,它是人类共同创造并使用的,对全社会统一,而且一视同仁地为社会全体成员服务。因此,语言中的一些词汇作为语言的基本符号,从古至今一直被沿用,商务活动中同样选用了一部分旧的包括古代的商务术语。例如:汉语中的"租赁"、"折旧"等,英语中的 lease, bill 等。社会继承和使用这些旧的商务术语,是因为它们在长期的使用过程中已经具备了公认的特定含义,没有必要另外创造新的术语。而且在有些情况下,如果硬性改换沿用已久的术语还会造成错误。例如:在银行业务术语中"票根"应该是 drawing advice (开票通知),但如果改成 counterfoil,表面上似乎正确,事实上却有了本质的区别,因为 counterfoil 表示票据开出或撕下以后保留的存根。此外,商务英语多涉及到商务函电、经贸合同和各种协议,由于这些文本对买卖双方均有法律效力,为体现法律的权威性和严密性,用词要正式、规范、严谨,甚至经常使用一些在其他英语语体中很少或不再使用的古体词。其中出现最多的是以 here、there、where 为词根,分别加上 after, at, by, from, in, of, to, under, upon, with 等一个或几个介词共同构成的复合副词。例如:

hereafter 自此   hereby 特此,兹
herein 于此   hereof 在本文中,关于这点
hereto before 迄今为止   hereupon 随即
thereafter 其后   thereby 由此
therein 在其中   thereinafter 在下文中
thereof 其中   thereon/upon 在其上
thereto 随附   there under 在其下
whereas 鉴于   whereby 凭借
wherein 在那儿   whereof 特兹

这类词多见于商务合同文本。而在英语商业文书中,常常用到严谨而规范的书面语,用词虽然正规却显得累赘。例如:"acknowledge"、"advise"、"utilize"、"by means of"、"in view of"。此外,常以短语代替单个词的使用。例如:"true facts"、"my personal opinion",而对应的汉语却很精练。因此,在汉语商务文书中,常可见到以"系"、"度"、"拟"、"予"等古词语构词,以及"洽商"、"鉴于"、"函告"、"查收"等合成动词。

译例 1 ▶ We feel that the price you quoted is to be found on the high side, with a view to the long friendly relations between us, we may accept a 10% reduction in price.

译文 ▶ 我方觉得你方所报价格偏高,鉴于我们之间的长期友好关系,我方还是可以接受贵方下调 10% 的价格。

（六）词语的与时俱进性

十九世纪以来，人类在自然科学和社会科学方面取得了突飞猛进的发展，新产品、新思想不断涌现。科学的发展也必然在金融领域反映出来，随之而来的就是新的商务术语的出现。例如：

e-bank 电子银行　　　　　　　　e-commerce 电子商务
e-money 电子货币　　　　　　　　cyberstore 网店
cybershopping 网上购物　　　　　cybercard 网卡
cyber-trade 网上交易

随着社会的不断发展和国际交往的日益频繁，我国的商务界必将进一步健全、完善和发展。在这一过程中，不可避免地要借鉴先进国家的经验，援用其他国家商务工作使用的某些商务术语，尤其是国际交往中通用的商务术语，例如"破产"、"法人"等。

二、具有商务内涵的普通词

不少普通的词语在商务英语中被赋予了专业词汇的意义。例如：proposal form，在日常英语中 proposal 意为提议、提案，在保险英语中被引申为投保单；policy 在日常英语中的中心意义是政策、方针，但作为保险专业词汇时意为保单；pool 由池塘转义为组合基金，common pool 意为共同基金。

此外，在商务合同中，一些表示通常意义的词也可能具有非常意义。例如：

	通常的意义	商务合同中的意义
action	行动	诉讼
alienation	疏远	转让
assign	分派	转让
avoidance	逃避	宣告无效
construction	建筑	解释
defense	防卫	抗辩（理由），被告方
determination	确定	终止
discovery	发现	调查证据
dishonor	耻辱	拒付
distress	危难	扣押货物
execution	执行	（合同等的）签订
limitation	限制	时效
omission	省略	不作为，不行为
prejudice	偏见	损害
satisfaction	满意	清偿，补偿
specialty	专长	盖印合同
subject matter	主题	标的物

对于这类词语，在翻译时必须特别关注。

译例 2 The compensation will cover the whole loss.

译文 此项赔款足以抵消全部损失。

该句的 cover 在普通英语中表示"覆盖、包括"等含义,而在商务英语中则表示"清偿、抵消"之意。

译例 3 When opening new accounts it is our practice to ask customers for trade references.

译文 在开立新账户时,敝公司有一例行公事,即向客户要求商业证明人。

上句中的"reference"在普通英语中作"关于、参考"解释,但在商务英语中指"信用、能力等的证明人"。

译例 4 We have to request you to do business on the basis of confirmed, irrevocable L/C payable at sight.

译文 我方不得不要求你方在保兑的、不可撤销的即期信用证的基础上进行这笔交易。

这里的 confirmed 和 at sight 在普通英语中的意思分别为"确认"和"看见",但在商务英语中却有着特殊的含义。在此句中,分别指"保兑的"和"即期的"。

三、名词化现象

商务语篇有明显的互文性,它将多种语类混合在一起,与其他类型的语篇相比较,在正式程度上有区别,而越正式的书面语,使用的名词化就越多。因此,符合书面语、正式语体的表达需要的名词化结构在商务语篇中大量存在。名词化结构可以压缩冗长的概念、定义、法律条文、契约条款等,使之成为意义更加明确、概括更加全面的陈述;还可以体现各种事件的逻辑关系,或创造形容词的空间,使之成为更有条理、更加生动的描述。

译例 5 储蓄的增长使货币的供应量增加,导致供应曲线右移,利率下降。

译文 An increase in savings will result in a greater supply of money, shift the supply curve to the right and establish lower interest rates.

句中的 An increase in savings 是名词化词组,充当了句子的主语,还用于体现因果关系。

译例 6 条例规定要求每月最低还款金额为目前每月偿还余额的 3%。

译文 Restrictions require a minimum monthly repayment, at present 3 percent of the balance outstanding.

句中的两个名词化结构 restrictions 和 repayment 有 to restrict 和 to repay 的过程意义,但已省略了过程的执行者,在语义上就具备了客观性、公正性和简洁性,符合商务英语文体的特殊交际用途。

译例 7 世界市场正在变化着,主要变化之一涉及国际贸易用于结算的各种货币。

译文 1 The world marketplace is changing, and one of the major changes concerns the currencies in which international trade is settled.

译文 2 One of the major changes in the world marketplace concerns the currencies in the international settlement.

比较上面两句中的 is changing 和 changes,前者被名词化成后者,失去了动词应有的时间因素,从而给人以笼统的既定事实的印象,具有了明确的客观取向,或者说"无可争议"。

译例 8 China's commercial banks are taking measures to reduce their ratio of non-performing loans to improve risk controls. And it does not surprise many experts.

译文 中国商业银行正在采取措施降低不良贷款的比例以增强抵御风险的能力,此举并未使许多专家吃惊。

译例 9 The reduction of the ratio of nonperforming loans in China's commercial banks for the improvement of risk control did not throw up many experts' surprises.

译文 中国商业银行为增强抵御风险能力而降低不良贷款的举措并未使许多专家吃惊。

对上面两个句子进行比较,不难发现,运用名词化结构后,语篇的句数减少了,但是相对而言,每句的信息量却增加了,这种抽象性能满足商务语篇的需要。此外,后句中的名词化表述"The reduction of the ratio"将比例的减少看作既成事实或肯定要发生的事实,并把这层意思隐蔽地传递给了读者。

译例 10 Parkson, Ikea International and Starbucks will increase their cash position to buy out its minority partners in China. The moves are the new tendency in the field because regulatory changes have eliminated a requirement that foreign retailers must have Chinese partners.

译文 百盛集团、宜家和星巴克将增加现金头寸,从而能够全部收购被中国合作伙伴持有的少数股权。这种做法在业界是一种新的趋势,因为监管机构已经取消了要求海外零售商必须拥有中国合作伙伴的规定。

句中的"moves"指称了多家零售商的做法,浓缩了前句的含义,作为对前句的归纳,并成为后句的主语。这样,名词化结构就对语篇的连贯、流畅起了重要的连接作用。

第二节 商务词语翻译的标准

无论是过去严复的"信、达、雅"还是现在的"准确、通顺"的翻译标准,最终都要体现在将源语转换成目的语的表达上,即:体现在对原文形式的处理上。根据对语言形式处理方式的不同,翻译可分为直译和意译两种。直译指翻译时要尽量保持原作的语言形式,包括用词、句子结构、比喻手段等,把原作具体的、实质性的内容直接地传达过来,同时要求语言流畅易懂。意译指从意义出发,只要将原文大意表达出来,不注意细节,不受语言形式的限制,译文自然流畅即可。一般说来,在翻译实践中,这两种方法都是无可厚非的。能直译的就直译,不能直译的就意译。究竟采取何种译法,需要灵活处理。只有两种译法合理并用,才能相辅相成,取得良好的翻译效果。

一、特有术语坚持直译

商务语体是比较正式的语体。它的正式性主要体现在商务术语的运用上。商务术语大致可以分为两种,一种是商务特有的术语,它们仅出现在或绝大多数情况下出现在商务语体中。

译例 1 In general, a nation's balance of payments is affected by the appreciation or depreciation of its currency in the foreign exchange market.

译文 通常,外汇市场上一个国家的货币升值或贬值会影响其国际收支。

句中的"balance of payments,appreciation,depreciation"和"foreign exchange market"都是商务英语术语,本身具有确切的含义,而且汉语中有准确的对应词语,所以可以一一对应译入,不必采用任何意译的方式。

译例 2 In a competitive market, the price that balances supply and demand is the equilibrium price.

译文 在竞争性的市场上,能够使需求和供应保持平衡的价格即均衡价格。

句中的"equilibrium price"也是商务英语术语,意为均衡价格。

总之,对于词义单一、商务特有的词语,就应该坚持直译的方法。

二、非常语境把握词义

另一种是并非商务语体所独有的术语,它们可以出现在其他语体中,但在商务语体中,有其确切的含义,例如:acquire 取得(常用意义),购进,兼并(商务专业意义);policy 方针,政策(常用意义),保险单(商务专业意义)。这类词像是常用词,但在非常语境里具有非常的商务术语意义。

译例 3 Confirmed irrevocable L/C available by draft at sight is accepted.

译文 我们接受保兑的不可撤销的即期信用证。

句中的"Confirm"和"at sight"在普通英语中是常用词,解释"确认"与"一见",但在上述语境里却具有商务术语的特殊意义,即:"保证兑付的"与"即时的"。

译例 4 In some cases the MNC retains a minority of interest while in others the host country owns 100 percent.

译文 在某些情况下,跨国公司拥有一小部分股份,而另一些情况下,所在国拥有100%的股份。

此句中"retains a minority of interest"意为"拥有一小部分股份",不是"保留一小部分兴趣"。这些词看似常用词,但在商务语境中具有非常意义。

译例 5 In this case, the death benefit goes to his legal heir.

译文 在这种情况下,死亡保险金交其法定继承人。

句中的"death"和"benefit"在普通英语中是常用词,解释为"死亡"与"好处",但在上述语境里却具有特殊意义,即:"死亡保险金"。

三、避免专业误译

商务术语的翻译尤其要反对不懂装懂的风气,翻译者如果仅从词典的意义去检索,很可能造成误译,轻则闹笑话,重则带来经济上的损失。

译例 6 The corporate charter authorizes the corporation to issue and sell shares of stock.

原译 公司营业执照授权发行和销售股票。

这里的"corporate charter"是"公司章程",而不是"营业执照"。营业执照只标明企业经济类型、注册资本、经营范围等,而公司章程可以涉及发行股票,规定股东转让出资的条件等。译者显然是因为对背景知识不了解,从而导致误译。

改译 ▶ 公司章程授权公司发行和销售股票。

译例7 ▶ We hereby request you to issue a Letter of Guarantee as bid bond.

原译 ▶ 我们要求开一份保函作为投标票据。

此句的误译是背景知识模糊所致。"bond"有"票据"之意,但参加投标需要的不是投标票据。

改译 ▶ 特此要求你们出具一份保函作为投标保证。

译例8 ▶ The principle of repayment in full settlement should be applied to compensation for loss.

原译 ▶ 损失赔偿应采用偿还全部债务原则。

这里的"full settlement"是保险术语,意为"全额赔付",而不是"偿还全部债务"。

改译 ▶ 损失赔偿应采用全额赔付原则。

综上所述,在商务术语中,很多词语的词义单一,对义现象普遍,类义层次分明,具有简约性、历史性和先进性。在翻译时,对于词义单一的商务术语需要坚持直译;对一词多义现象则需要仔细斟酌,结合上下文语境,选择恰当的对应词译入;对带有专业知识背景的术语,要本着科学的态度,请教专家,熟悉行业用语,以达到准确的翻译效果。

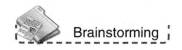

翻译趣闻与花絮

学中文的外国人都知道,要理解中国的成语或引经据典的词汇很难,要翻译它们就更难了。

由于他们常常按照字面的含义直译,译文往往变得风马牛不相及。例如:有人把"一诺千金"翻译成"只要一答应,就要付美金一千元";把"连中三元"翻译成"三块大洋连在中间";把"月是故乡明"用注释法译为"家乡除了月亮还比较亮之外,其他的一片漆黑"。

即使是外国的"老姜"有时也会闹出笑话来。

民国初年,有一位"中国通"在《上海西报》担任记者,中文学得不错。可是,他也有摸不着头脑、犯糊涂的时候。例如,他把"胡适先生,驰骋文坛"这句话翻译成"胡适先生经常在写字台上跑马"。

"文革"时期,著名的美国记者埃德加·斯诺再次来到北京访问毛泽东。谈话时,毛泽东问斯诺,北京的外国朋友有没有谈到加在他头上的一些"个人崇拜"的现象?"斯诺回答说,谈到过一些,但他们没有那么坦率地谈。毛泽东说,那是因为他们还有一点恐惧,怕说错了话。随后,他又补充道:"我是无法无天,叫和尚打伞——无发(法)无天:没有头发,没有天。"斯诺虽然学过一点中文,但还不能理解这句话,结果,他把"和尚打伞",错误地翻译成"手执雨伞,云游四方的孤僧"。

Practice in Class
课堂翻译与实践

1. Translate the following expressions into Chinese.
   1) shipping instructions
   2) IPO
   3) market capitalization
   4) risk management
   5) GNP
   6) GDP per capita
   7) expand domestic demand
   8) long-term treasury bonds
   9) bear sales
   10) rate of return on investment

2. Translate the following expressions into English.
   1) 所得税
   2) 对账单
   3) 股息政策
   4) 固定资产
   5) 退保费
   6) 有争议条款
   7) 有追索权的汇票
   8) 与信用证条款不符
   9) 报关港口
   10) 进出口差额

3. Translate the following sentences into English.
   1) 双方都应遵守合同规定。
   2) 双方的活动都应遵守合同规定。
   3) 由"亚历山大"轮运走的最后一批货将于12月20日抵达上海。
   4) 由"亚历山大"轮运来的第一批货将于1月30日抵达宁波。
   5) 卖方须在7月1日前将货物交给买方。

4. Translate the following paragraphs into Chinese.

APEC is the most influential economic forum in our region and one of the most dynamic organizations for economic cooperation in the world. It has its own basic features in its approach, that is, giving full consideration to the diversity of its members and acknowledging their divergence at the level and stage of development as well as the consequent differing interests and needs; laying emphasis on flexibility, step-by-step progress and openness; adhering to such principles as equality and mutual benefit, consensus, seeking common ground while putting aside differences as well as voluntarism; and combining individual with collective actions.

China's economic development has entered a new stage which is characteristically one of high growth and low inflation. The national economy continues to grow rapidly and market prices remain basically stable. Statistics for the last year show that China's gross domestic product (GDP) reached 7,477.2 billion yuan (US $ 900.87 billion), an increase of 8.8 percent over the previous year, among which primary industry grew by 3.5%, secondary industry 10.8%, and tertiary industry 8.2%. The margin of price rise continued to fall. Retail prices rose by 0.8 percent, representing a drop of 5.3 percentage points compared to the year before, and consumer prices rose by 2.8 percent, 5.5 percentage points less than that of the previous year. Progress has been made in shifting the mode of economic growth. Economic efficiency improved, with the energy consumed for each 10,000 yuan of GDP decreasing by 5.2 percent compared to the level of the year before.

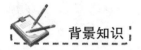 背景知识

奈达的翻译理论

尤金·奈达(Eugene A. Nida)是世界著名的语言学家、翻译家和翻译理论家。他一生潜心研究《圣经》,主要的学术活动也都是围绕《圣经》翻译展开的。在漫长的翻译《圣经》的过程中,奈达结合翻译实践,逐步形成、发展了自己的翻译理论。现在,这套理论已经成为翻译研究的经典之一,后人的许多研究都以他的理论为基础。

奈达根据翻译的本质,从语言学的角度出发,提出了著名的"动态对等"翻译理论。他明确地指出,"翻译是用最恰当、自然和对等的语言从语义到文体再现源语的信息"。这就告诉我们:翻译不仅仅要求词汇意义上的对等,还要求语义、风格和文体的对等;翻译传达的信息既要有表层的词汇信息,也要有深层的文化信息。奈达理论的核心概念是"功能对等",即翻译时不要求文字表面的刻板对应,而要求在被称为源语和目的语这两种语言之间达到功能上的对等。

目前,在翻译界很多人赞同奈达的观点:"动态对等"中的对等应该包括词汇对等、句法对等、篇章对等、文体对等四个方面。而在这四个方面中,奈达又认为,"意义是最重要的,形式其次"。这一观点对文学翻译尤为重要,因为形式很可能掩盖源语的文化意义,而译者应该把动态对等作为翻译的原则,力求准确地在目的语中再现源语的文化内涵,真正为促进文化交流做出贡献。

第五章　商务翻译中的句法现象及其转换

> 好的翻译就是把原作的优点完整地移入到另一语言中，使得移入语国家的读者能够像源语读者明确地领悟，强烈地感受原作那样，感受和领悟译作。
>
> ——泰特勒

> **▋讨论时间**
> 1. 商务英语有哪些句法现象？
> 2. 要做好商务英语长句翻译工作应注意哪些方面？
> 3. 如何在翻译中转换被动句？

在长期的商务活动中，商务英语的句式也形成了自己的特色，例如：一般的商贸函电大多采用短句、简单句、并列句，而在较为正式的商贸文件及洽谈中多用长句、复合句、插入语、倒装句、被动句或特殊句型。掌握这些特点，有助于更好地进行商务翻译。

第一节　商务英语句式特点

一、商务英语的句子结构

商务英语的句子大多冗长、层次多、逻辑关系复杂，但表述严谨、清楚。

译例1 You may notice that the prices for these commodities have gone up a lot in the international market since last month because the cost of production has risen a great deal recently and we also have to adjust our selling price accordingly.

译文 你也许注意到了，由于自上个月以来生产成本涨了许多，导致这些商品在国际市场上的价格大大上涨了，因此我们也不得不相应地调整我方的销售价。

此长句有三个意义段，分别是"you may notice..."、"because..."、"and we also..."。句子由两大部分构成，一个是"notice"后由"that"引导的宾语从句，另一个是"and"之后承上启下以表示结果的语句。在"that"引导的宾语从句下又有一个由"because"引导的原因状语从句，其中"for these commodities"和"since last month"分别为从句中的定语短语与时间状语。根据上述分析，可以清楚地看到，该句虽然层次较多，逻辑关系较复杂，但表述相当明确。

上述特征在商务合同协议等正式文体中更为明显，因为英文经贸合同是具有法律约束力的合约,其性质决定了其具有措辞缜密严谨、准确规范、条理清楚的文体特征。

译例 2 Should any cases happen and prevent either party from executing the contract, such as war, serious fire, typhoon, earthquake, floods and other cases which could not be foreseen, controlled, avoided and overcome, the prevented party shall inform the other party by fax and send by registered airmail a certificate issued by competent authority concerning confirmation of the force majeure within fourteen working days following the occurrence of the case of force majeure.

译文 如果任何一方当事人受战争、严重的火灾、台风、地震、洪水以及其他不能预见、不能控制、不能避免且不能克服的事件的影响而无法执行合同,受影响的一方当事人应以传真方式通知另一方当事人,并应在不可抗力事件发生后十四个工作日内以航空挂号信,将有关当局出具的证明文件提交给另一方当事人。

为了使要表达的意思更准确,或界定适用的范围,在起草合同的时候,经常使用现成的套话。例如:"shall not operate as a waiver","shall be deemed a consent","including but not limited to","or other similar or dissimilar causes","without prejudice to"等等。这种特有的套话在普通英语里是找不到的,因此更能反映合同英语的特点。

此外,有些商务英语的句式结构则趋于简短。例如:

We hereby confirm.../This is to confirm...	兹确认……
Our firm had a bad year last year.	去年我公司年景不佳。
Enclosed please find...	随函附上……,请查收。
I can't share your view on that.	对此本人不敢苟同。

二、商务英语的表述

与日常英语相比,商务英语的表述追求精确和严密,其突出的特点是客观公正、不带主观色彩。因而句子中人称主语出现得较少,被动语态使用较多,无人称的使用突出了文本的内容而不是强调文本的产生者和接受者,可以避免给人以主观臆断的感觉,使文本表现得更为客观、正式、真实可信、语气更加委婉。

译例 3 Business contracts can be classified according to their validity into several categories: valid, void, avoidable or illegal.

译文 商务合同按照其效力不同可以分为以下几种:有效的、无效的、可撤销的、违法的。

同时,在没有具体人物执行某一动作,或表达重点在于动作本身而不在动作执行者的情况下,把动词转化为抽象的名词可以体现商务合同英语庄重刻板的文体特点。名词化结构语言简练,结构严谨,表意简洁,同时也保证了文本的客观真实,因此,名词化结构的使用日益广泛,它不仅挤掉了其他一些词类,而且顶替了很多语法结构。例如:Smuggling of goods whose import or export are subject to prohibitions, which constitutes criminal offences, shall be subject to...(走私禁止进出口的货物,构成犯罪的,依照……)

汉语属于意合语言,重视内在的逻辑关系而不是形式的屈折变化,在语态上表现为受事格施事化倾向。大部分情况下,汉语靠主动句的语义逻辑来显现被动意义,按照汉族人的思维方式,即使是受事者做主语,也常用主动形式来表达被动意义。例如:"项目做好了"、"合同完成了"等。由于汉语中被动结构用得较少,商务翻译时,在遣词造句方面应注意原文的语气特点,努力保持英语中被动结构体现的礼貌、委婉和严谨,传达出被动语态的语用功能。

译例 4 Your firm has been recommended to me by Mr Charles, with whom we have done business for many years.

译文 与敝公司有多年生意来往的查尔斯先生向在下推荐了贵公司。

译例 5 Your early reply will be highly appreciated.

译文 如蒙早复,不胜感激。

译例 6 After the said license is approved, we shall establish an L/C in your favor.

译文 许可证获准后,即开立以你方为受益人的信用证。

第二节 商务英语句子的翻译方法

商务英语中的语句通常结构严谨,注重显性接应及句子形式与完整,以形显义;而同等环境下的汉语语句则极少用形式连接手段,结构简单,注重隐性连贯。因此,在进行商务翻译时,要注意针对语句特点,弄清英汉两种语言在结构、语序、语态方面的差异,并且在此基础上处理好句中各种成分之间复杂的语法修辞关系和内在的逻辑关系,然后再对其进行拆合、调整语序,或改变原文语言结构形式,从而达到较高质量的翻译效果。

一、顺序法

英语和汉语是两种不同的语言,但在句子结构上还是有相同点,大体上都具有"主、谓、宾"的基本框架。只要英语句子可以按其原有的成分排列顺序转换成结构大致相同的汉语句子,翻译时就可以照搬,不必另起炉灶,更不能随意偏离翻译的基本原则,把翻译当做释义。

译例 1 You are very likely to give other sellers a quick glance to size them up and to assure them that you do not mean to threat.

译文 你很可能迅速地瞥一眼其他卖主,以此来打量他们,并让他们确信你对他们没有威胁。

译例 2 Each of the Shareholders shall exercise all voting rights and other powers of control available to it in relation to the Company so as to procure (so far as it is able by the exercise of such rights and powers) that at all times during the term of this Agreement, the provisions concerning the structure and organisation of the Company, and the regulation of its affairs set out in this Agreement, are duly observed and given full force and effect, and all actions reserved and given full force and effect, and all actions required of the Shareholders under this Agreement are carried out in a timely manner, and in particular (but not in derogation of the generality of the foregoing), that any meeting of the Board and every general meeting of the Company has the necessary quorum throughout and is conducted in accordance with the provisions of this Agreement, and shall execute and do and procure all other third parties, if necessary, to execute and do all such further acts, deeds, assurances and things as may be reasonably required so that full effect may be given to the terms and conditions of this Agreement.

译文 各股东应行使其具有的与公司相关的所有表决权和其他控制权,以保证(就通过行使该权利和权力可以保证而言)在本协议期限内任何时候,关于公司结构和组织的规定和本协议规定的公司事务的管理规则得到遵守并具有完全的效力,本协议项下要求股东采取的一切行动均已及时采取,特别是(但不得损害前述一般性原则)公司的任何董事会会议和每一次股东大会自始至终达到必需的法定人数,且根据本协议的规定召开,而且应签署和执行,并在必要时保证所有其他第三方签署和进行可能合理要求的一切进一步行动、契约、保证和事宜,以使本协议的条款和条件可以具有完全的效力。

这个句子中,主语有两个并立的"谓语+宾语"的动宾词组"shall exercise all voting rights and other powers of control"和"shall execute and do and procure all other third parties, if necessary, to execute and do all such further acts, deeds, assurances and things",而且紧随其后又都是表示目的的状语,翻译是按原句的这一基本结构进行的。

译例 3 If in any case Party A, after having become bound to transfer any Shares and Loans pursuant to the provisions of this Clause X to Party B or a third party, shall fail or refuse to do so, the Company Secretary or any other person appointed by the Board shall be deemed to have been irrevocably authorized by Party A, with full power to execute, complete and deliver, in the name and on behalf of Party A, transfers of the Board may then register the purchaser or its nominee as holder of the Shares and issue to the purchaser or its nominee (as the case may be) a certificate of the same, and thereupon, Party A shall be bound to deliver up the certificates for the Shares, and upon such delivery, shall be entitled to receive the purchase price therefore without interest.

译文 如果甲方应有义务根据本条规定向乙方或第三方转让任何股份或贷款,而甲方却未进行或拒绝进行转让,公司秘书或董事会委派的任何其他人应被视为经甲方不可撤销的授权,有全权在购买人向公司支付购买价款后,以甲方的名义并代表甲方签署、完成并向购买人交付股份和贷款转让证,而后董事会将购买人或其指定的人登记为股份持有人,并向购买人或其指定的人(视情况而定)签发股权证,据此,甲方有义务交付股权证,交付后则有权获得不计利息的购买价款。

上面的译文基本上也是按原句的顺序编排的,只有其中的一个状语"against payment of the purchase price therefore to the Company"根据汉语时间状语的习惯位置向前推移了一步。

二、变序法

有些英语长句的表达次序与汉语表达习惯不同,甚至完全相反,因此翻译时必须改变原来的词序,使之更能为读者所接受。

译例 4 Such is a human nature in the West that a great many people are often willing to sacrifice higher pay for the privilege of becoming white collar workers.

译文 许多人宁愿牺牲比较高的工资以换取成为白领工人的社会地位,这在西方倒是人之常情。

译例 5 We were most impressed by the fact that even those investors who were not told of the serious situation were quite aware of its potential outcome.

译文 即使是那些没有被告知情况严重的投资者都很清楚可能产生的后果,这一事实给我们留下了极其深刻的印象。

译例 6 Each Party hereby agree to indemnify, hold harmless and defend the other Party from and against any and all claims, suits, losses, damages and disbursements (including legal and management costs) arising out of any alleged or actual breach of failure to comply with the terms and conditions hereof including but not limited to any infringement of the other Party's intellectual property or other rights occurring as a result of or the offending Party's fault, omission or activities in connection with the Project.

译文 各方谨此同意,因一方被指控违反、实际违反或未遵守本协议条款和条件包括但不限于由于违约方与项目有关的过错、不作为或活动导致对另一方和知识产权或其他权利的侵犯,而引起的任何和所有索赔、诉讼、损害和支出(包括律师费和管理费),该违约方须向另一方做出赔偿,使另一方免受损害,并为其进行抗辩。

英语常把信息的重心放在句首,先表明各方同意的事项,如句中的"indemnify"、"hold harmless and defend the other Party",然后规定因什么原因引起的损失和损害才会给予赔偿,如句中的"arising out of any alleged or actual breach or failure to comply with the terms and conditions"。作为补充内容,句中夹入包括因其他原因,如"as a result of the offending Party's fault","omission or activities in connection with the Project"发生的侵权,如"infringement of the other Party's intellectual property or other rights"。译文则按汉语的逻辑思路,先表明因何原因,一方才向另一方做出赔偿。

三、分译法

英语语法结构较注重形合,为了完整地表达某个意义,常常需要借助各种修饰成分,如单词、短语或从句等对某个中心词进行完整而明确的阐述,结果往往使句子变长、结构复杂;而汉语则较注重意合,常常用一个或多个短句子来完整地表达某个意义。因此,翻译比较长的英语句子时,大都采取拆译的方法,将它拆分成几个具有完整意义的短句子,使译文符合汉语的表达习惯,并且使读者比较容易理解。

译例 7 The joint venture enabled the participants to raise the money to build the square and also gave them the strength to survive several unanticipated challenges and delays that might have prevented the square's completion.

译文 1 合资企业使其参与者能够募集起资金去修建广场,同时还给予他们那种使他们在遭受几次突如其来的、有可能阻止广场竣工的困难和工程延期后幸存下来的力量。

译文 2 合资企业使其参与者能够募集起资金去修建广场,同时还给予他们一种力量。在遭受几次突如其来的、有可能阻止广场竣工的困难和工程延期之后,这种力量使他们依然幸存下来。

译文 1 比较累赘,晦涩难懂。译者没有注意到英汉语言结构上的差异,照搬原句的结构进行翻译,使译句长而难懂。译文 2 将后半句拆分两个短句子进行翻译,就比较容易理解,效果更好。

译例 8 ▶ Long after the crisis, disappointed stockholders were still angry with the disputed decisions that denied their dividends. Two researchers were appointed to study the performance of board of directors.

译文 ▶ 在危机过去很久以后,失望的股东们仍对那些有争议的决定感到愤怒,这些决定使他们与红利无缘。两名研究人员被指派去研究董事会的绩效。

第三节 从句的处理

商务英语中有大量的从句,这些句子包含一个或多个定语从句或状语从句。对于这些句子的翻译,并没有统一的标准。通常,译者要首先正确划分句子成分,并在此基础上正确理解从句与主句的逻辑关系,然后再作适当变通,使译文更符合汉语的表达习惯。

英汉两种语言句子中主要成分,如主语、谓语、宾语的语序基本上是一致的,差异较大的是状语和定语的位置。由于它们的修饰性作用在句子中占了很大比例,状语、定语从句和句子其他成分间复杂的语法修饰关系和内在逻辑关系就成了理解和翻译英语复合句的最大障碍。对这种关系理解的正确与否,直接影响译文的正确性。而名词性从句的翻译则相对比较简单。

一、关于状语从句的处理

英语中的状语从句一般位于宾语后面,处于句尾,即:主+谓+宾+状,但是它有时也出现在句首;而汉语中状语的位置则比较固定,它往往位于主、谓语的中间,即:主+状+谓+宾,有时为了强调,也把状语放在主语之前。因此,在进行商务英汉翻译时,往往将状语前置到主谓语之间或者句首。

译例 1 ▶ You may also need resumes and appropriate cover letters if you decide to send out unsolicited applications to the companies you have discovered in your initial search.

译文 ▶ 如果你决定向那些首次搜寻中所发现的公司主动投寄简历的话,也许还是需要简历和相应的自荐信。

句中的"You may also need resumes and appropriate cover letters"是主句,"if you decide to send out unsolicited applications to the companies you have discovered in your initial search"是条件状语从句。由于英汉语言中状语位置的不同,在进行英译汉时,需要将条件状语从句放到主谓语之间。

译例 2 ▶ Marketing inside China is very difficult for foreign firms unless they are joint-venture partners of Chinese firms already involved in domestic marketing.

译文 ▶ 除非外国公司成为那些已在进行国内营销的中国公司的合资伙伴,否则他们将很难在中国进行营销。

此句中的"Marketing inside China is very difficult for foreign firms"是主句,"unless they are joint-venture partners of Chinese firms already involved in domestic marketing"是条件状语从句,考虑到英汉两种语言中状语位置的差异,翻译时宜将条件状语前置到句首。

译例 3 ▶ Your claim can hardly be accepted as it was based on a non-fact complaint.

译文 因为你方的投诉与事实不符,所以我方不能接受你方的索赔要求。

此句中的"as it was based on a non-fact complaint"是原因状语从句,汉译时放在句首,并在句中加"因为"、"所以"等连词以突出因果关系。

二、关于定语从句的处理

英汉两种语言中的定语位置也有差异。汉语中的定语总是放在名词中心词前面,英语中定语的位置比较灵活。英语中单个词作定语时,除少数情况外,一般都放在中心词的前面;而较长的定语,如词组、介词短语、从句等作定语时,则一般放在中心词的后面。在商务翻译实践中,可以尝试以下几种翻译方法:

(一) 前置定语从句

当定语从句为限制性定语从句,或定语从句较短时,通常可将定语从句前置到它所修饰的名词中心词前面。

译例 4 The role of selling in our society is to identify and provide the goods and services that will satisfy the needs of the consumers.

译文 销售在社会上扮演的角色,就是识别并提供那些能够满足消费者需求的商品和服务。

句中的限制性定语从句"that will satisfy the needs and wants of the consumers"被用来修饰其名词中心词"goods and services",该定语从句比较短,就将其前置到它的名词中心词前面,使译文符合汉语的表达习惯。

译例 5 Employers believe that anyone who does not take trouble to make a cover letter or resume perfect will most likely be equally careless on the job.

译文 雇主认为,任何一个不尽心尽力制作完美自荐信或简历的人很有可能在工作中也同样粗心大意。

句中的限制性定语从句"who does not take trouble to make a cover letter or resume perfect"用来修饰前面的中心词"anyone",该定语从句不太长,也可以将它前置到中心词之前。

(二) 拆译

当定语从句为非限制性定语从句或定语从句较长时,往往可以采取拆译的方法,从定语从句的引导词处,将该句子拆分成两个意义完整的短句子,使译文比较容易理解。

译例 6 The fact that these early entrepreneurs built great industries out of very little made them seem to millions of Americans like the heroes of the early frontier days who went into the vast wilderness of the United States and turned the forests into farms, villages, and small cities.

译文 这些早期的企业家几乎白手起家却创造了宏大的产业,在千百万美国人看来,他们恰如早期拓荒时代的英雄,走进美国一望无际的荒野,将森林变成了农场、村庄和小城镇。

句中的限制性定语从句"who went into the vast wilderness of the United States and turned the forests into farms, villages, and small cities"用来修饰其名词中心词"heroes of the early frontier days",这个定语从句比较长,如果将其前置到名词中心词前面译成定语,译文比较累赘,也使人很难理解。在这种情况下,可以在定语从句的引导词处将长句子拆译成两个或者多个短句子。

译例 7 ▶ A token money is a means of payment whose value or purchasing power as money greatly exceeds its cost of production or value in uses other than as money.

译文 ▶ 代币是一种支付手段,它的货币价值或购买力远远超过了它的生产成本或者除货币之外的其他价值。

句中的"whose value or purchasing power as money greatly exceeds its cost of production or value in uses other than as money"是限制性定语从句,用来修饰前面的名词中心词"A token money",这个定语从句很长,在翻译过程中很难将其前置到中心词之前。在这种情况下,就需要拆译,在定语从句的引导词"whose"所在的地方,将该长句拆成两个具有完整意义的短句子。

译例 8 ▶ The strong influence of the success stories of the early entrepreneurs on the masses of Americans can be found in the great popularity of the novels of Alger, which were published in late nineteenth and early twentieth century America.

译文 ▶ 阿尔杰的小说大受欢迎,我们可以从中发现早期企业家的成功故事对美国大众所产生的强烈影响,这些小说于19世纪末20世纪初发行于美国。

句中的非限制性定语从句"which were published in late nineteenth and early twentieth century America"用来修饰其名词中心词"the novels of Alger",在翻译这类定语从句时,也应该采用拆译的方法,使译文符合汉语的表达习惯。

(三) 转译

当定语从句与主句在逻辑上存在目的、条件、因果等关系时,需要将定语从句转译成状语从句,并与主句并列,以便更清晰明确地显示句子中的逻辑关系,使读者更深刻地理解句子含义。

译例 9 ▶ An automatic production line is excellent for the automotive industry where thousands of identical parts are produced.

译文 ▶ 自动生产线非常适用汽车工业,因为要在那里生产成千上万个同样的零件。

句中的"An automatic production line is excellent for the automotive industry"是主句,"where thousands of identical parts are produced"是一个限制性的定语从句。虽然从语法意义上看,该定语从句用来修饰它前面的名词中心词"the automotive industry",但是从逻辑意义上看,该定语从句与主句之间存在着因果关系。在翻译时,宜将该定语从句转译成原因状语从句,以表明句子间的逻辑关系。

译例 10 ▶ We apologize for the inconvenience on you that has caused by our delay in delivery.

译文 ▶ 由于我们未能及时发货,给你方造成了不便,我方表示歉意。

三、主语从句、宾语从句和表语从句的处理

翻译主语从句、宾语从句和表语从句时,可大致按英文的语序译成相对应的汉语。

译例 11 ▶ What has happened in the investment of this project is no surprise to us.

译文 ▶ 这个项目的投资中所发生的事对于我们来说并不奇怪。（主语从句）

译例 12 ▶ Experts estimated that a majority of the funding currently committed to venture capital entities has been provided by public or private pension funds.

译文 ▶ 专家估计，目前投入风险资本实体的资金大都是由公共养老金基金或私人养老金提供的。（宾语从句）

译例 13 ▶ The fact is that we have already lost the chance to make the company supply more products.

译文 ▶ 事实是，我们已经无法让公司提供更多的产品了。（表语从句）

第四节　被动语态的处理

商务英语中被动语态使用范围很广，凡是在不必说出主动者、不愿说出主动者、无从说出主动者或者是为了便于连贯上下文等情形下，往往都用被动语态。汉语中虽然也有被动语态，但是使用范围狭窄得多。商务英语中被动语态的句子，译成汉语时，很多情况下都可译成主动句，但也有一些可以保留被动语态。

一、保留被动语态

在进行英译汉时，语态不变，仍然保持原来的被动语态，但译者常常需要在主谓语之间加上一些汉语中表示被动的介词，如"被"、"给"、"遭"、"为……所"等。

译例 1 ▶ Competition in business is regarded to be a means to earn money.

译文 ▶ 商业竞争被认为是一种挣钱手段。

译例 2 ▶ Although Americans today are likely to think that Alger's stories are too good to be true, they continue to be inspired by the idea of earning wealth and success as an entrepreneur who makes it on his own.

译文 ▶ 尽管今天美国人有可能认为阿尔杰的故事好得令人难以置信，但是他们却依然为那种自力更生赢得财富和成功的企业家精神所鼓舞。

句中的"they continue to be inspired by the idea of earning wealth and success as an entrepreneur who makes it on his own"采用的是被动语态，在翻译成汉语时，可以保持原来的语态，只是在主谓语之间加上汉语中表示被动的介词："为……所"就可以了。

二、转换成主动语态

在有些情况下，可变换语态，将原来的被动语态转换成主动语态，使译文明确易懂。

译例 3 ▶ A contingency plan against bankruptcy was hastily drawn up.

译文 ▶ 防止破产倒闭的应急计划很快制定出来了。

译例 4 ▶ The special challenge that advertising presents can be illustrated by a statement made by the president of a major advertising agency in London.

译文 ▶ 伦敦一家主要广告公司的总裁所做的陈述，可以阐释当前广告业所面临的特殊困难。

译例 5 This Contract is made by and between the Buyer and the Seller, whereby the Buyer agrees to buy and the Seller agrees to sell the under mentioned commodity according to the terms and conditions stipulated below.

译文 买卖双方同意按下列条款买卖下述商品,并签订本合同。

三、"A be done"结构的处理

有时由于种种原因,英语被动句中省略了谓语动词的施动者,构成"A be done"结构。如果翻译时将其转换成主动语态,就变成了"do A"结构。在这种情况下,往往需要加上泛指性的主语,如"我们"、"人们"、"大家"、"有人"等,或者将其翻译成汉语的无主句。

译例 6 The daily closing balance per account shall be checked against actual cash on hand.

译文 1 每日终了,我们应结出账面余额,并与实际库存核对相符。

译文 2 每日终了,应结出账面余额,并与实际库存核对相符。

上句使用的是被动语态,句子中没有施动者。在进行翻译时,可以在句首加上泛指性主语"我们",如译文1,也可以将其翻译成汉语的无主句,如译文2。

译例 7 It is essentially stressed that the Buyers are requested to sign and return the duplicate of this Contract within 3 days from the date of receipt. In the event of failure to do this, the Sellers reserve the right to cancel the Contract.

译文 必须强调:买方应于收到本合同之日起3日内签字并返还合同的副本,如买方不这样做,卖方保留取消合同的权利。

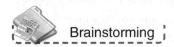

翻译趣闻与花絮

给中央领导人担任翻译既是荣誉,又是挑战,难度极大。

翻译必须有很广的知识面,有时甚至还需进行一些公制和市制换算。例如:李鹏担任总理时,经常谈到三峡,提到发电量时,习惯用千瓦做计量单位,而国际上通用的是兆瓦,这就需要翻译在短时间内进行换算。还有一次,李鹏和外宾谈到棉花产量时,用了"万担"这个计量单位。高翻一下子就"卡壳"了。

此外,有的领导人说话口音比较重,有些音很难分辨,例如"四"和"十"。1988年,邓小平会见挪威首相布伦特兰夫人,主宾交谈甚欢。邓小平同志对客人说:"我今年84岁,该退休了。"没想到,翻译一不小心把"84岁"误译成了"48岁"。顿时,会客大厅里一片欢笑声。

有时,翻译还必须迅速地随机应变。例如:1975年美国总统福特来华访问时,受到毛泽东的接见。当时毛泽东的身体每况愈下,他以特有的幽默对福特说:"我想我就要接到上帝的请帖了,但到现在还没走成。"福特没能理解毛泽东的话,居然答道:"没关系,我一定让基辛格赶紧把请帖发给你。"原来他是要请毛泽东到美国去走一走。包括基辛格在内,在场的

人都惊呆了,因为这根本就是两码事。倒是当时的翻译急中生智,翻译道:"总统说,主席能活上千儿八百岁,不碍事的。"

Practice in Class
课堂翻译与实践

1. Translate the following sentences into Chinese.

   1) As you know, we operate on a highly competitive market in which we have been forced to cut our prices to minimum to meet your requirements as we can.

   2) For any order the volume of which exceeds $10,000, we'll allow 3% special discount, and it goes up to 5% for your purchase exceeding $50,000 and 7% for $100,000 and prorate.

   3) In the event that the Company's operations are reduced substantially from the scale of operation originally anticipated by the parties, or the Company experience substantial and continuing losses resulting in negative retained earnings not anticipated by the Parties in the agreed Business Plan, or in any other circumstance permitted under Applicable Laws or agreed by the Parties, the Parties may agree to reduce the registered capital of the Company on a prorate basis.

   4) The instruments are to be packed in new strong wooden cases suitable for long distance ocean transportation and well protected against dampness, moisture, shock, rust and rough handling.

   5) However, if the parties agree otherwise in the contract, such provision prevails.

   6) Most manufacturers are hungry for the foreign orders but so strapped for cash that they could not buy the imported materials needed to fill them.

2. Translate the following passage into Chinese.

The sole mission of APEC is to promote economic cooperation. It should refrain from extending the scope of its discussions to social, political, security and other non-economic fields. It is necessary to concentrate our efforts on advancing economic cooperation in a spirit of doing certain things and refraining from doing other things.

Trade and investment liberalization is a relative and conditional concept for any APEC member economy. Diversity among APEC members and their actual circumstances should be fully taken into consideration and the principles of voluntarism, mutual benefit, and consensus be observed. In identifying sectors for early voluntary liberalization, members should be allowed to maintain the freedom of choice in terms of participation. Meanwhile, the differentiation between the two timetables should be acknowledged, and both the interests of member itself as well as those of other members should be considered so as to facilitate common development. Developed members should be encouraged to use their economic and technological advantages to help developing members on the basis of equality, mutual benefit and complementarity. By no means should the interests of the developing economies be compromised. Only in this way will more opportunities for cooperation be created for both developed and developing members.

"小菜一碟"用英语怎么说?

"简单"这个词看起来简单,翻译起来可就不一定简单了。

虽说有"easy"这个词可以用来抵挡一下,例如:把"真是易如反掌"译为"It's as easy as pie";把"太容易了!"译为"It's as easy as ABC!"但它并不通用,需要我们按照不同的语境进行不同的处理。例如:"这事很简单"可译为"It's really simple";"简单的很"可译为"It's a cinch";"这很简单,不用动什么脑筋"可译为"It's a no-brainer";"小事一桩"可译为"It's a piece of cake";"没什么难的"可译为"Nothing to it";"那一点都不难"可译为"That's no sweat at all";"没什么大不了的"可译为"It's no big deal";"我眼睛闭起来都能做"可译为"I can do it with my eyes closed"。

下次再遇到"小菜一碟",你会怎么翻译?

下篇 实务篇

商务英语语篇与文体翻译

第六章　商务名片的翻译

在翻译中,意义是第一位的,形式是第二位的。形式对应会抹煞原文的文化意义,即原文中的社会语言学特征,从而妨碍了跨文化交际。因此,翻译不仅仅是语言的操作,而且要把两个不同民族的世界联系起来。

——奈达

讨论时间

1. 什么是商务名片?商务名片一般包括哪些内容?
2. 商务名片语言有什么特点?
3. 商务名片翻译中应采取什么技巧和方法?

第一节　商务名片概述

现代名片是由西方传来,是商业交际活动的产物。由于我国对外经济和文化交流的日益频繁,名片的使用率和重要性也随之不断提高,尤其是在跨国商贸活动中,一张用词得体、表达准确无误的英文名片是跨国交际不可取代的中介。在现代商务活动中,与对方交换名片已成为一种常见的商务礼仪。

一、商务名片的定义

商务名片(business card,又称 name card,或简称为 card),是指商务交往中以名字为主体、用以介绍自我身份的小卡片。它带有关于公司和个人的商业信息,其中包括其持有者的姓名、身份、职衔和联系方式等有效信息。初次与交往对象见面时,除了必要的口头自我介绍外,还可以名片作为辅助的介绍工具。这样不仅可以方便交际双方更快速地了解对方的身份信息,并且能辅助记忆,可以节省时间,强化效果。由此可见,名片既可作为自我介绍的重要手段,又可长期保存以备日后联系。

我们常说的名片,一般多指公司或企业进行业务活动中使用的商务名片,这是日常生活中最为常见的一种名片。此类名片大多数是在白色卡片上印上简单的黑色文字。商业名片的主要特点为:名片上经常印有企业徽标、注册商标、企业业务范围,一般大公司有统一的名片印刷格式,使用较高档的纸张。

二、商务名片的内容

商务名片虽然千差万别,但是它们所包含的内容基本相同。归纳起来,名片的内容大致可以分为四个部分：1）供职单位及部门名称（通常带有徽标）；2）持有者姓名；3）职衔；4）联系方式，如街道地址、电话号码、传真号码、电子邮箱地址和网址等。有的名片还包括电传、银行账号、税务编号等。商务名片中一般置于首要位置的是持有者的姓名和公司名称（或公司的徽标），这样既可以突出持有者的身份所属，又可以树立并强化企业形象。名片毕竟能包含的内容只有这么多，更多的内容要其它的扩展渠道来展现，如公司网站、博客、网络名片地址等也会出现在名片中。此外，有些名片会显示学术能力和专业能力。如果公司有较为悠久的历史，把公司成立的时间放入名片也是益处多多。

译例 1

> **Golden Apple Garments Co., Ltd.**
> **Lily Green** Finance Dept. Accountant
>
> 1/F, 3 MANSFIELD RD, DERBY,
> DE1 3QY, ENGLAND
> Tel：(044) 0133 2343555
> Fax：(044) 0133 2343566
> Email：lillygreen@hotmail.com

译文

> 金苹果服装有限公司
> 莉莉·格林　　财务部 会计
>
> 地址：英国德比曼斯菲尔德3号1楼
> 邮编：DE1 3QY
> 电话：(044)0133 2343555 传真：(044)0133 2343566
> 电子邮件：lilygreen@hotmail.com

第二节　商务名片的功能与语言特点

随着对外经济交流的日益频繁，名片已成为日常交际中与外界交往的自我介绍卡，它是众多商务人员随身携带的必备品。名片，已经成为一种文化，名片如何递、如何接、如何放，都有一套完整的礼仪。但是，无论人类赋予名片多少文化内涵，它最原始的功能，依然是沟通、交流。

一、商务名片的功能

名片是简要介绍自己、便于他人记忆的一种固定形式，它能使交际双方在很短的时间内，通过一方小小纸片，对交际对象有一个较为清晰的直观印象。对于商界人士来说，名片既能使人们在初识时言行举止更得体，又可以为日后建立联系提供必需的信息，是开始商务活动的敲门砖和伏笔。有了名片的交换，双方的结识就迈出了第一步。归纳起来，名片主要有以下几种功能：

（一）交际功能

交际功能是商务名片最主要的功能。它是指名片可作为商务活动中与他人交往的有效手段，充分体现其交际功能。在商务交往中，如欲结交他人，往往可以本人名片表示结交之意。在这种情况下，对方一般会"礼尚往来"，将其名片也递过来，从而完成双方交往的第一步。使用名片可以使人们在初识时就能充分利用时间交流思想感情，无需忙于记忆。

（二）宣传功能

名片还具有宣传持卡者及其所供职企业的功能。名片是持有者及企业形象的代表。它既是自我身份的简短介绍，同时也是企业的微型广告，可以用作公司和品牌宣传。这是一种采用无声语言推销的好工具。商场上初次见面都会交换名片，这是向别人介绍和推销自我的一种最直接最简单的方式，同时也是身份的象征、成功的标志。商务名片一般把公司和企业名称、徽标(logo)、业务等放在比较重要的位置，主要是为了树立和推广企业形象。

（三）信息功能

所谓信息功能指的是，在相互交往中，人们常常要描绘、叙述或说明有关事物的情况。名片在业务往来、商务洽谈中传递信息最为直接，它可以提供今后联系所必需的信息。商务人士在相互交往中通过名片传递信息，这不仅仅是为方便初次相识，得体交往，更重要的是名片便于保存并能方便日后的联系。要确保联系的顺畅，名片上必须提供齐全的联系信息。利用名片上提供的联系信息，即可与对方取得并保持联系、促进交往。

（四）特殊功能

除此之外，名片还有一些特殊功能。比如在这个快节奏的时代，名片可以代替正式的拜访，还可以起到信函的作用。在国际商务交往中，人们有时会以名片代替一封简洁的信函，在社交名片的左下角写上一行字或一句短语，然后装入信封寄交他人。

二、名片的语言特点

一张成功的名片能反映企业的总体形象，但是这往往很难做到，因为在名片小小的空间里不可能展示关于公司的整个故事。一般来说，名片应该展示容易为人们所记住的企业的专业形象。名片中的语言表达很重要，它对公司形象影响很大。清楚简洁、通俗易懂、专业有效是名片的语言特色。对于名片语言的把握需要注意以下几点：

（一）清楚简洁

由于文字较多，版式上就要力求简洁。保持名片的简单，商务名片一般需要列明你的名字、职衔、公司、联系信息。除此之外的信息往往是多余的。不要在卡上塞满太多信息，不需要的东西尽量略去，个人职衔应择要而取。

（二）通俗易懂

名片是商务交际中自我介绍的简要方式，所以语言必须通俗易懂，在初次会面的时候容易给交际对方留下印象。同时要确保名字和公司名称容易辨认，名片内容直白、易读。

（三）专业有效

名片是企业和个人的微型广告，代表企业形象，名片的语言必须显示专业性和效率。同时要注意用词得体、表达准确、拼写正确、语法规范,这些都至关名片的专业有效性。

以下是一则名片译例,它清楚地展现了名片的语言特征。

译例 1

> **Texas Pipe and Supply Company**
> **Andrew Edwards**
>
> Marketing Dept. Manager
> 2330 Holmes Road,Houston,
> TX 77051-1098
> Tel:001713-7999235
> Fax:001713-7998701
> Email:andrewed@texaspipe.com
> Website:http://www.texaspipe.com

译文

> **德克萨斯州管道产品供应公司**
> **安德鲁·爱德华**
>
> 市场营销部   经理
>
> 地址:美国得克萨斯州休斯敦霍尔摩斯路 2330 号
> 邮编:77051-1098
> 电话:001713-7999235
> 传真:001713-7998701
> 电子邮件:andrewed@texaspipe.com
> 网址:http://www.texaspipe.com

第三节　商务名片翻译的原则

　　现代的名片不仅制作精美、内容丰富,语言也由过去的单一语言变为多种语言。名片翻译或名片的本土化是指按照交际伙伴所在国的语言、风格、用法翻译名片,目前这已成为很多发展型国际企业的普遍做法。很多商务人士已经认识到提供翻译成目的语的名片不仅显示了尊重,而且是确保企业及职衔等重要信息传递、获得对方认可的有效方法。在我们生活的这个时代,涉及国际商务的人数众多,在参与国际会议、谈判和业务联系过程中,人际交往不可避免,需要自我介绍、交流工作、完成一定的业务,为了确保在国际交往中占有一席之地,名片的正确翻译非常重要。

　　名片翻译并不等同于简单地把一种语言翻译成为另外一种语言。一般名片使用者,包括有一定英语基础的人,对于名片中的有关词语的翻译也会感到无从着手,例如供职单位、部门、地址的正确翻译,职衔的对等表达等等,都还存在着一些误解、误译的现象。商务名片的翻译要结合翻译的基本准则和商务交际的原则,充分体现名片的交际功能、宣传功能与信息功能。小小的名片看上去很简单,但是在它被翻译成另一种文字时,特别需要注意一些语言上的和文化上的因素,归纳起来要把握好以下几点要求:

一、遵循定译的原则

定译法(traditional method),意为固定的构件或方法。名片翻译时,无论是供职单位、持有者姓名、职衔还是地址的翻译,首先要查阅有关资料,确定是否已经有被大众普遍接受的固定译法。如果已有定译,原则上应采用定译名,尤其是我国正式对外使用的译名,不宜重译或随便改换,否则译文不被大家接受。例如国家外汇管理局译为"State Administration of Foreign Exchange",而不是译为"Foreign Exchange Administrative Bureau"中国工艺品进出口总公司译为"China National Arts and Crafts Import & Export Corporation"等。这些用法已经为人们所一致公认和接受,一般都不轻易加以改动。因为这些英语译名沿袭使用已久,形成固定用语,最好将其先继承下来。对外传播中需要采用一致的译法规范表达,对于已经约定俗成的,在世界范围内得到认可的汉译,应该遵循定译,不需要再进行创新翻译。当译文与原文意思差别较大时,一般的翻译理论在这种情况下要求采用注释或重译的办法来处理。但名片不同于其他语篇,无法加注,只要不影响正常的交际功能,仍可采用定译法来处理。

二、遵循简明准确原则

按照名片清楚简洁的语言特色,名片翻译时也应尽量简单准确,以减少困惑和误会的产生。有的职衔很复杂、难以让人理解,翻译时尽可能简化,使职衔简单易懂。其次,翻译时依然要保持名片的简洁,只要让对方知道联系人的名字、职衔、公司和联系方式即可,其他信息是多余的,而且这还能降低翻译费用。总而言之,翻译时力求把名片中的重要信息简洁、准确地表达出来,避免误读、误译和含糊其辞或模棱两可,以致产生歧义,引起交际双方的误解或曲解。

译例1 ▶ 浙江吉利控股济南分厂

译文 ▶ Zhejiang Geely Holding Group, Jinan Branch

该公司名称的翻译准确到位,同时符合名片简明的特征。

三、遵循入乡随俗原则

要使译文达到翻译的目的,起到好的宣传效果,译者应该也必须遵循目的语国家商务应用文体所通用的规范格式和"习惯的语言表达方式"。名片的翻译需要入乡随俗,表达尽量地道。要考虑文化上的细微差别,确保名片在目的语文化中有同样的吸引力。在名片翻译过程中,还会常常碰到各种各样的厂家、公司等企业名称,在翻译时一定要酌情处理,使译文规范正确。此外,名片上的数字排列要正确,以免引起不必要的误会。

译例2 ▶ 宁波市鄞州区东裕新村18号302室

译文1 ▶ Ningbo, Yinzhou District, Dongyu New Village, No. 18, Room 302

译文2 ▶ Rm. 302, No. 18, Dongyu Residential Quarter, Yinzhou District, Ningbo

译文1不符合英文的表达习惯,英文中地址的表达是从小到大,正好与中文相反。其次,汉语中的"新村"指的是居民小区,而不是指农村,"New Village"的中文意思是"新建的村庄",英文中的"village"是个与"city"相对的概念。因此,可以采用入乡随俗的方法将"新村"译为"Residential Quarter"。

四、灵活翻译

如果在目的语中找不到语义、功能对应的词,出现词汇空缺时,翻译时一定要根据实际情况灵活把握。假如目的语中没有对应的职衔,有时不译是最好的策略。此外,必须注意源语文化与目的语文化的异同点,翻译时灵活处理。例如"办公室主任"一职就很难翻译,在英美等国家没有功能等值的词,在英美等国家不存在"办公室主任"这一职务。众所周知,在中国"办公室主任"的主要职责是协助本单位或本部门的领导人处理日常事务,相当于英语中的"secretary"。但是办公室主任和秘书在职务上有很大的差异,如果翻译为"office head"、"office director",则有可能引起外国人士的误解,不会想到是其下属的办公室主任。"Director"相对应的中文应该是"总监"。在外国人士可能会误认为是单位或部门的领导人。因此,我们可以采用功能等值翻译原则,灵活地将这一职务翻译为"office manager"比较合适,因为"manager"一词的基本词意是某个部门的负责人。

五、大量使用缩略语

简约而不简单,这是名片的特征使然。名片特殊的语体特征和有限空间使其译文不宜有过多的解释说明,再加上英文一般总比同等意义的中文来得长,因此,翻译时需要精益求精,其方式之一就是压缩语言量,增加语言载体的信息量。缩略语由于其自身的特点,虽表面简洁,但内涵丰富。简洁就是用最少的语言来表达说话人要说的话,但不牺牲其他写作原则。采用缩略形式缩短长度,以最简洁的语言表达最丰富的交际信息,达到节省时间和空间的目的。缩略语虽然经济,但是在跨文化交际中如果不知道它们的内涵就会造成理解和交流的障碍。例如名片中"E-mail"就是"electronic mail"(电子邮件)的缩略语。"Telephone"常常缩写为"Tel.","address"常缩略为"Add.","road"则缩略为"Rd."。

译例 3 浙江东方集团有限公司

译文 Zhejiang Orient Holdings Co., Ltd.

上述译文中采用了缩略的格式,"Co."是"Corporation"(公司)的缩略语,"Ltd."是"Limited"(有限)的缩略语。

总之,名片虽小,蕴涵的内容却很丰富,翻译时小小的疏忽都会影响到商务交际的效度。成功的名片翻译能真正体现名片的价值,实现名片辅助记忆和建立持久关系的作用。就目前名片翻译的现状来说,名片的翻译质量仍然有待提高,翻译的技巧有待进一步的探索与研究。

第四节 名片翻译的基本策略

商务名片翻译的成功与否在社交场合发挥着越来越重要的作用。用词得体、语法规范、翻译准确的英文名片能真正体现名片的价值,并给人留下很好的第一印象。

一、供职单位及部门名称的翻译

单位、部门名称在英语中属于专有名词范畴,有其固定的表达,一般词语排列及组合、缩写形式都应该统一不变,如"中国建设银行"对应的英译为"China Construction Bank",缩写为"CCB",不能作任何更改,如果按字面意思译成"Chinese Construction Bank"或"the Construction Bank of China",都是不准确的。按此原则,在翻译单位名称时,应首先查阅有关资料,确定是否有普遍接受的定译,优先选择人们普遍接受的。按照英语语法,专有名词的词首字母应大写,但是像 of、the、and 等虚词一般小写,单位名称中包含地名或人名的,应用汉语拼音,如"宁波"应音译为"Ningbo",而不能意译为"Peaceful Wave"。使用汉语拼音一般来说是较为简便及稳妥的方法。但是,也有的名片在翻译时不负责任地把公司的名称简单写成拼音,这非但不能让名片在国际交往中发挥其特殊功能,而且会产生负面的影响。例如把"四明眼镜公司"直接音译为"Si Ming Yan Jing Gong Si",正确的译法应该是"Si Ming Optical Company"。

单位与部门名称的翻译往往是名片翻译中令人感到头痛的问题。一般来说,在英文中都能找到与中文功能对应的词语,这种情况下翻译时就相对比较容易。例如"department"(部门)、"office"(办公室)、"market"(市场)等。但是有的词带有一定的社会和文化色彩,在翻译时很难在目语中找到语义内涵都完全对应的词,出现词汇空缺的现象,这就给名片的翻译增加了难度。当单位、部门名称在被译成英语时,若英语中缺乏对应词,大多数情况下可采用直译法,即把汉语名称逐字译成英语。当然当有些汉语在英语中难以找到在其语义内涵上都完全吻合的对应的词语,即出现词汇空缺的现象,若采用直译法处理,恐怕会影响原词的含义,可采用功能对等意译法来处理。如对"开发公司"翻译,"开发"一词可略而不译,如房地产开发公司可译为:"real estate corp."。翻译时必须好好把握,如果选择不当,就会产生误解。例如中文中的"公司"一词在英文中就有很多种译法,必须了解词汇的内涵才能选择正确的译法。"company"一般是指"已经登记注册、具有法人资格的公司,多指从事买卖活动的中小贸易公司";"corporation"一般是指"具有法人资格、能够独立经营的大型营业机构,常用于指总公司";这两个词还有英美习惯用法的不同,英国人喜欢用"company",美国人倾向于"corporation"。"incorporation"一般是指"股份公司,强调企业的股份制性质,可缩写为 Inc."。此外还有如"firm"、"group"、"holding(s)"等等。因此,不能一见到"公司"一词便盲目译成"company"或"corporation",而要根据公司具体业务性质确定一个恰当的英语名称。"firm"指"两人以上合办的企业或指从事商贸、经济活动的单位",常译为"商号"、"公司"、"事务所"等;"agency"指的是"从事代理业务活动的组织";"stores"中文中常指"百货公司";"services"主要指"服务性质的公司"。以下是常见的公司、企业部门名称的英译。

(一)领导、决策层

Administration Dept. 行政管理办公室   Board of Directors 董事会
Branch Office 分公司   General Manager Office 总经理室
Head Office 总公司   Headquarters 总部

(二)生产环节

Engineering Dept. 工程部   Packing Dept. 包装科

Planning Dept. 企划部　　　　　　　　Product Dept. 产品部
Production Dept. 生产部　　　　　　　Q & C Dept. 质检部
Project Dept. 项目部　　　　　　　　R & D Dept. 研究开发部

（三）流通环节

Dispatch Dept. 发货部　　　　　　　Logistics Dept. 物流部
Materials Dept. 材料科　　　　　　　Purchasing Dept. 采购部

（四）销售环节

After-sales Dept. 售后服务部　　　　Business Dept. 业务部
Customer Service Section 客户服务部　Import & Export Dept. 进出口部
Marketing Dept. 营销部　　　　　　　Order Processing Dept. 订单处理部
Sales Dept. 销售部　　　　　　　　　Trade Dept. 贸易部

（五）服务及其他环节

Human Resources Dept. 人力资源部　　Accounts Dept. 财务部
Advertising Dept. 广告部　　　　　　Bookkeeping Room 簿记室
Finance Dept. 财务部　　　　　　　　IT Dept. 信息技术部
Public Relations Dept. 公关部　　　　Technology Dept. 技术部
Training Dept. 培训部

二、持有者姓名的翻译

随着人们对外商贸交往的日益增多，外事活动中使用名片也日趋频繁。目前我国许多涉外人员使用英文名片或在汉语名片上加印英文翻译，形成汉英对照式名片。一些外国朋友来华也常常请一些翻译公司把他们的名片翻译成相应的汉语。名片是涉外、社交场合等与他人交往的窗口，名片的翻译尤其是姓名的翻译会直接影响到涉外交际。"名不正则言不顺"，这句话充分反映了在人际交往中姓名的重要性。姓名是人们为区别个体，通过语言信息赋予每个个体的特定符号。汉语和英语的共同点是姓名都是由姓氏和名字两部分构成，两者不同点是汉语人名的写法是姓在前、名在后，而英语人名的写法是名在前、姓在后。这种姓名排列上的差异有着深厚的宗教、社会制度、价值观等方面的原因。汉民族中姓氏代表祖宗、家族和群体，远比名字重要得多，排在首位；而英语民族深受宗教的影响，小孩出生一周左右要到教堂接受洗礼并为孩子取名，所以名排在第一位。翻译时一定要把握好文化差异。名片翻译的使用一般是在比较正式的交际场合，因此要符合一定礼仪，名片翻译时姓名应当完整。姓名的翻译要遵循两个原则："约定俗成原则"和"名从主人原则"。

（一）英文名字的汉译

英文名字的汉译要牵涉两种文化各自的语言特点。按照英文习惯，通常都是先名后姓，翻译成中文时要尊重英文的表达习惯，采用直译法，赋予其吉祥美好的含义，同时译名要注意体现人的性别。另外书写时在名和姓之间要加一点。如"Chris Gardner"（克里斯·加纳）。翻译时也要注意一些已有定译的名字，翻译前应查阅有关资料，首选约定俗成的译法。那些约定俗成、已经通用并为大家熟知的译名就采用原译。如果有定译而不用，一则吃力不讨好,二则翻译不地道。例如"Alice"(爱丽丝)、"Mary"(玛丽)、"Jack"(杰克)、"Bruce"(布鲁斯)等。译者虽然在主观上可以对原语名称进行译写,但名片翻译中人名的翻译毕竟是跨语种跨文化的行为,源语和目的语及它们承载的文化体系必然对这种自由有所制约,并且考虑到目的语规范化的需要也不提倡这种重新命名的做法。所以在名片翻译中碰到这些情况首先要考虑客户的要求,看其是需要音译还是取其已有的中文名。有些外国人为自己取了中文名,翻译时要尊重他们的本意,但最常用的方法还是按照国家出版的《英语姓名译名手册》音译。

当英语人名中包含缩写时,通常采用部分翻译的方法,即汉化时不译、保留其字母缩写,其他部分采用音译的方法。如"D. H. Lawrence"汉译为"D. H. 劳伦斯"。

下面是名片翻译中英语姓名汉译的几个例子:

译例1 Mark Zuckerberg

译文 马克·扎克伯格

译例2 Larry Page

译文 拉里·佩奇

译例3 Scarlett O'Hara

译文 郝思嘉

(二) 中文姓名的英译

我国的姓氏源远流长,中文的姓与名有着丰富的文化背景,蕴涵取名者所赋予的美好含义。取名所用的词语一般都有吉祥、幸福、志向等象征意思。我国人名的英译,一般采用汉语普通话拼音,实际上是一种音译。由于拼音只是音译的指称人的符号,原有的语义信息没有传递出来。如"韩忠良"中的"忠良"二字,让人联想到"忠诚善良",但是,采用音译后,"Han Zhongliang"中的"Zhongliang"无法向外国朋友传递中文名字中同样的文化信息。此外中文名字的英译体现不出性别信息。我国的人名一般用"丽"、"花"、"珍"、"娟"等字给女性命名,而"刚"、"军"、"强"等字则多用于男性名字中。例如"李晓娟"这个名字很清楚地传递出女性的身份,而"杜强"一般都用于男性的命名。但是,它们的拼音"Li Xiaojuan"和"Du Qiang"反映不出性别差异。

因为中国人家族观念很强,所以姓名的构成为姓在前而名在后,这就造成了翻译上的困难。例如把林丽(Lin Li)拼写成"Li Lin",就会容易与"李琳"、"黎林"等姓名的英语拼写混淆,并且也不适合我国民族文化特点。汉语姓名的拼写通常有这些规范:姓名顺序保留汉语习惯,即姓氏在前,名在后;姓和名分开书写,复姓连写,双名连写;姓和名的首字母都要大写。如:"李华"译为"Li Hua","赵自成"可译为"Zhao Zicheng","欧阳琴"可译为"Ouyang Qin"。最近出现一种新的姓名拼写方法,即人名中的姓采用全部大写的方法,以起到突出醒目的作用,同时也表明是姓名中的"姓",以免外国人将姓与名搞错。例如:翁镇宇的英译为"WENG Zhenyu",约定俗成以后,就知道这个人的姓是 Weng。

翻译中文姓名时,要注意连字符与隔音符的运用。中文姓名的名有时包含两个或两个以上的字,在翻译时会遇到 a、e、o 开头的音节连接在其他音节后,容易导致读音的混淆,这时需要用连字符"-"或隔音符"'"隔开,以免引起误解。如"陈谷安"译为"Chen Gu-an"或"Chen Gu'an"。

(三) 英语姓名的来源

据记载,古代英国人只有名,没有姓。1066年诺曼人入侵英国,同时也把他们的姓氏制度带进了英国。在其后的500年间,英国人逐步形成了自己完整的姓氏体系。英语国家的姓氏体系基本上是一致的,都采用比较固定的姓名构成方式和名在前姓在后的排列次序。英语姓名虽然千差万别五花八门,但大体上可以分为两类:

1. 名字(first name, given name),中间名(middle name)和姓氏(surname, family name 或 last name)。如 Ronald Wilson Reagan(罗纳德·威尔逊·里根),Victoria Caroline Adams(维多利亚·卡若琳·亚当斯)。通常,人们只用名和姓,中间名略去不用或缩写,如:Ronald Reagan 或 Ronald W. Reagan。只有在处理公务或签署文件等较正式的场合下才用全名。

2. 名字和姓氏。例如 Benjamin Franklin(本杰明·富兰克林),Thomas Jefferson(托马斯·杰斐逊)等。

英文名字主要来源大致有以下几种情况:

1. 圣经、希腊罗马神话、古代名人或文学名著中的人名。例如圣经中的 Adam(亚当)、夏娃(Eve),Abraham(亚伯拉罕),David(大卫),John(约翰),Mark(马可),Paul(保罗),古希腊神话中的 Iris(彩虹女神伊里斯),Athena(智慧女神雅典娜),Irene(和平女神艾琳),Daphne(大地女神达芙妮),古罗马 Diana(战争女神戴安娜),Juno(月神朱诺),Vista(灶神维斯塔),古代名人 William(威廉),Henry(亨利),Elizabeth(伊丽莎白)。

2. 采用祖先的籍贯,山川河流,鸟兽鱼虫,花卉树木等的名称。例如 Ashley(来自梣树林的人),Lee(来自牧场之人),Stanley(来自牧草地),Wesley(来自西方草原);Hill(山脉),Rose(玫瑰花),Apple(苹果),源自 cat 的 Cathy 和 Kitty 等。

3. 教名的不同异体。例如 Don(Donald),Tim(Timothy),Tony(Anthony),Andy(Andrew),Larry(Lawrence)等。

4. 采用昵称(小名)。如 Bill 是 William 的一个昵称,Kenny 是 Kenneth 的昵称,Ronald 的昵称就是 Ronny,Lincoln 的昵称就是 Linc。

英国人在历史上很长一段时间内只有名,没有姓。直到11世纪,一些贵族家庭才开始用封地或住宅名称来称呼一家之长,后来世代相袭成了英美人的姓氏。姓氏原来是有含义的,随着时间的推移,它们大多数失去了原义,只是一种符号而已。虽然英语姓氏产生较晚,但其数量却远比名字多。英美人的姓氏来源很多,主要有以下几种:

1. 直接借用教名。如 George(乔治)、Henry(亨利)、David(大卫)、Clinton(克林顿)、Macadam(麦克亚当)。

2. 在教名上加上表示血统关系的词缀。如后缀 -s, -son, -ing;前缀 M-, Mc-, Mac-, Fitz- 等均表示某某之子或后代。例如 Johnson, Thompson, Jones, Macdonald 等。

3. 在教名前附加表示身份的词缀。例如 St.-, De-, Du-, La-, Le- 等。如 St. Leger(圣·里格)。

4. 地名,地貌或环境特征。例如 Hall 霍尔(礼堂)、Kent 肯特(英格兰东南部的郡)、Brook 布鲁克(小溪)、Churchill 丘吉尔(山丘)、Hill 希尔(山)、Lake 雷克(湖)、Field 菲尔德(田野、原野)、Green 格林(草地、草坪)、Wood 伍德(森林)、Well 韦尔(水井、泉)。

5. 身份或职业。例如 Baker 贝克(面包师)、Smith 史密斯(铁匠)、Carpenter 卡朋特(木匠)、Miller 米勒(磨房主)、Portman 波特曼(码头工人)、Hunter 亨特(猎人)Carter 卡特(马车夫)、Cook 库克(厨师)等。

6. 个人特征。例如 Black 布莱克(黑色)、Brown 布朗(棕色的)、White 怀特(白色)、Longman 朗曼(高个子)、Short 肖特(个子矮的)、Sharp 夏普(精明的)、Hard 哈代(吃苦耐劳的)、Young 扬(年轻的)等。

7. 借用动植物名称。例如 Bush 布什(灌木丛)、Hawk 霍克(鹰)、Bird 伯德(鸟)、Bull 布尔(公牛)、Fox 福克斯(狐狸)、Cotton 克顿(棉花)、Rice(莱斯)、Reed 里德(芦苇)、Fish 费什(鱼)等。

三、职衔的翻译

职衔问题是个非常有趣而敏感的问题,体现个人资历和社会地位的职衔的翻译非常重要,但是要做到准确再现源语中的含义是十分困难的。有些职衔可以和国际接轨,翻译时相对容易处理。但由于中英两国政治文化的差异,英汉两种语言表达的职衔也同样存在着不对等的现象。一般而言,最好的方法就是首选约定俗成的翻译,不宜音译或随意更改。在名片翻译时,需先查阅有关资料,确定是否存在已经被大家普遍接受的定译。英文中对应的"副"职有几种不同的译法,主要根据约定俗成的搭配选择适当的单词。Vice 常与 President,Chairman 等职位较高的词连用,例如:Vice-Chairman(副主席),Vice-President(副总裁)。Deputy 主要用来表示企业、事业及行政部门的副职,例如:Deputy Marketing Director(营销部副主任),Deputy General Manager(副总经理)。Assistant 表示"助理",例如:Assistant Manager(助理经理)。Sub 表示比较的意味,指级别较低的,例如:Sub-Agent(副代理人)。

我国的许多职衔和行政职务在英语里都有国际通用的功能等值词可直接借用。如秘书(secretary)、推销员(salesclerk)、经理(manager)、董事长(chairman of board)等。但也有一些英语中缺乏对应词的难译词。名片翻译中体现个人资历和社会地位的职称、职务名称的翻译非常重要,且由于汉语称谓的丰富多样,要做到准确再现原称谓名的含义也是十分困难的。在实际翻译过程中,主要是参照英语国家既有的名称进行对照翻译,采用大部分国内已有普遍认同的定译,如总经理译为:General Manager,董事长译为:Chairman。

但另一方面,由于我国机构繁多,各类机构管理人员及从业人员的称谓也纷繁复杂,各类职称、职务名称具有特定内涵,体现出具体级别,在名片翻译中又不能机械照搬国外名称。由于中外文化迥然不同,在翻译时一定要字斟句酌,使名片的翻译准确规范,尽量让外国人基本明白。以下是一些常用职衔的英译:

(一) 领导、决策层

Assistant Manager 副经理

CEO (Chief Executive Officer) 首席执行官

Chairman 董事长

Deputy General Manager 副总经理

General Manager Assistant 总经理助理

President 总裁

Vice-Chairman 副董事长

(二) 生产环节

Assistant Engineer 助理工程师

Chief Engineer 总工程师

COO(Chief Operating Officer)生产主管

Engineering Technician 工程技术员

Line Supervisor 生产线主管

Manufacturing Engineer 制造工程师

Manufacturing Worker 生产员工

Production Engineer 产品工程师

Production Manager 生产部经理

Quality Control Engineer 质量管理工程师

(三) 流通环节

Distributor 经销商

Buyer 采购员

Purchasing Manager 采购部经理

(四) 销售环节

Export Sales Manager 外销部经理

Import Sales Manager 进口部经理

Marketing Assistant 销售助理

Market Development Manager 市场开发部经理

Marketing Manager 营销部经理

Marketing Executive 销售主管

Marketing Representative 销售代表

Public Relations Manager 公关部经理

(五) 服务及其他环节

Accounting Manager 会计部经理

Accounting Assistant 会计助理

Accounting Supervisor 会计主管

Administration Manager 行政经理

Cashier 出纳员

CFO (Chief Finance Officer) 财务总监

Clerk 职员

Computer Operator 电脑操作员

Financial Controller 财务主任

General Auditor 审计长

Office Manager 办公室主任
Personnel Manager 人事部经理
Receptionist 接待员
Service Manager 服务部经理
Trainee Manager 培训部经理

四、地址的翻译

名片的主要功能是联系,所以在名片上写上详细的单位通讯地址是必不可少的。翻译地址时,首先查看相关资料,看有没有官方定译。如没有,再看看有没有最普遍的译法,尽量采用多数人使用的译法。有些英文地名、路名已经形成约定俗成的译法,在翻译时应首选这些固定的译法,以免产生歧义。如"Paris"在中文中对应的是"巴黎"、"New York"对应的是"纽约","Venice"对应的是"威尼斯",这些一般都能在地名词典中可以找到。"上海金茂大厦"分别被译为"Jinmao Building"、"Jinmao Mansion"以及"Jinmao Tower",首选译文应该是官方定译"Jinmao Tower"。一般由普通名词构成的地名采用音译法,如"Wall Street"被译为"华尔街"而不是"围墙街";"Downing Street"被译为"唐宁街"而不是"下街"。也有一些普通名词构成的地名采用直译法,如"Times Square"直译为"时代广场"而非"泰姆士广场"。还有少数英文地名是意译的,可用意译来翻译的地名多具描绘性色彩,反映该地区的地理风貌或方位,例如:"Oxford"对应的是"牛津","The Pacific Ocean"对应的是"太平洋"。

英文名片的地址和门牌的写法与英文信函书写的地址是一样的,即采用由小到大的原则,恰好与汉语的规则相反。地址在名片上应该保持一定的完整性。门牌号与街道名不可分开写,必须在同一行,不可断行。中文里地名、路名中第二个字的拼音以元音开始的,两个字的拼音之间需用隔音符隔开,以免发生概念混淆。如果是单字地名,英译时习惯上把该地名中表示泛指的字加进去,使译名所指更明确。例如:北京街 Beijing Street,西安路 Xi'an Road,华县 Huaxian County。在翻译路名、地名时应当注意,英译名是给不懂汉语的外籍人士看的,所提供的英译要为他们着想,从他们的角度考察、琢磨一下译文是否妥当,是否被接受和理解。

译例 4 ▶ 中山西路 287 号

译文 1 ▶ No. 287, Zhongshan Xi Road

译文 2 ▶ No. 287, Zhongshan West Road

译文 3 ▶ No. 287, West Zhongshan Road

"中山西路"、"中山东路"原本是同一条街的两段,若被简单地翻译成为"Zhongshan Xi Road"或"Zhongshan Dong Road","Zhongshan West Road"或"Zhongshan East Road",这会让外国人还以为是几条不相干的马路。如果翻译为"West Zhongshan Road"和"East Zhongshan Road"可能会好些。地名翻译时,应先从方向词和中间数词开始翻译,然后是道路的名称,最后加上 Road,不可以颠倒。例如:"天童南路"英译为"South Tiantong Road"。方位词包括东(East)、西(West)、南(South)、北(North)、中(Middle)。不要将"南"翻成"Southern",也不可以将"北"翻译成"Northern",或者将"中"翻译成"Center"。带有数字编号的路名、地名等,一般可按"序数词加路名"的方式翻译,路名中的数字应以序数词处理(但一般是这个数字前面已经有两个中文字的情况)。例如:"中山东二路"可译为"Second

East Zhongshan Road","高新一路"译为"First Gaoxin Road",但是如果路名之前只有一个中文字,一般都翻译成拼音,例如"天一街"英译为"Tianyi Street"而不是"First Tian Street"。翻译三字路名时,一般前两个字翻成拼音,最后加上 Road 即可。例如:"前小巷"英译为"Qianxiao Alley",不能译为"Front Little Alley"。路名一般不需要用到意译。例如"高新一路(First Gaoxin Road)"中的"高新"完全只用拼音来处理,翻译成"Gaoxin",假如翻译为"High New First Road"则会贻笑大方。路名翻译时,只有最后一个道路词(即:路、街、巷等)才应使用意译。

表示道路最常用单词是"路",英译为"Road"。在翻译地址时,"大街"和"街"都是一样地翻译为"Street","南大街"译为"South Street"而不是"NanDa Street"。"道"或"大道"一样译为 Avenue。"巷"一般译为"Alley"。"里"译为"Lane"。"号"译为"No.",(道路名称中有门牌号码的,一定要写出来"No.",不可以直接写一个数字)。"室"译为"Room"或"Suite"。"楼"一般译为"F","喜庆大厦3楼"可译为"F3, Xiqing Building"。"大厦"英译为"Building"。"村"在英文中对应的词是"Village"。"镇"对应"Town"。"乡"对应"Township"。"区"对应词为"District"(与"小区"不同,"小区"指的是"生活小区",不是城市中的"区域、地区")。"小区"英译为"Residential Quarter"(与"区"必须区分开来)。例如:"中兴小区"可译为"Zhongxing Residential Quarter"。

译例5 高新技术产业开发区

译文 High-Tech Industrial Development Zone

此外,学会使用缩略词语。由于名片的面积很小,要在有限的空间内提供尽可能多的信息,故经常采用一些缩略词语。如 road(Rd.)、street(St.)、avenue(Av.)、apartment(Apt.)、floor(Fl.)、room(Rm.)、department(Dept.)等。以下是常用地址及其缩略语:

室/房:Room,缩写:Rm.　　　　　　村(乡):Village,缩写:Vil.
号:Number,缩写:No.　　　　　　　楼/层:Floor,缩写:Fl.
巷/弄:Lane　　　　　　　　　　　单元:Unit
寓所:Apartment,缩写:Apt.　　　　 楼/幢:Building,缩写:Bldg.
大街:Avenue,缩写:Ave.　　　　　 路:Road,缩写:Rd.
街:Street,缩写:St.　　　　　　　　县:County
镇:Town　　　　　　　　　　　　市:City
区:District,缩写:Dist.　　　　　　 街区:Block,缩写:Blc.
信箱:Mailbox　　　　　　　　　　省:Province,缩写:Prov.

译例6 宁波市江东区东郊路8弄10号创业大厦702室,邮编315040

译文 Rm. 702, Chuangye Bldg., No. 10, Lane 8, Dongjiao Rd., Jiangdong Dist. Ningbo, 315040

译例7 8000 Main St., Los Angeles, CA, 90046, USA

译文 美国加利福尼亚州洛杉矶市缅因街8000号,邮编90046

把译例7的地名分解开来看,8000是门牌号,Main Street是街道,Los Angeles是洛杉矶市,CA是加利福尼亚州的缩写,90046是邮政编码。在跟邮政编码合用时,州名一般均以缩写形式出现。

对照上例,地名翻译时需要注意整串长地址的翻译。原则上是从最小的单位翻译到最大的单位。中文地址的排列顺序是由大到小,而英文地址则刚好相反,是由小到大。地名专名部分(例如译例 6 中"江东区"的"江东"部分)应使用汉语拼音,且需连写,可译为"Jiang-dong"而不宜写成"Jiang Dong"。各地址单元间要加逗号隔开。

第五节 商务名片翻译中的文化因素

  翻译之所以不那么容易,是因为语言反映文化,承载着丰厚的文化内涵,并受文化的制约。一旦语言进入交际,便存在对文化内涵的理解和表达问题。这就要求译者不但要有双语能力,而且还有双文化乃至多文化的知识,特别是要对两种语言的民族心理意识、文化形成过程、历史习俗传统、宗教文化以及地域风貌特性等一系列互变因素均有一定的了解。正是以上这些互变因素,英汉民族的语言文化体现出各自特有的民族色彩。要准确地把握好翻译中文化因素,就必须考虑这三个要素:不同语域的民族文化传统、文化内容和文化心理。从宏观上,译者要了解文化的蕴含、翻译的基本理论及技巧,在微观上要仔细观察以上三要素的差异并且加以对比和分析。总之,只有在考虑异域文化的前提下把"信、达、雅"融为一体,使译文"神、形"并茂,这样才能真正地做好文化翻译。

  名片翻译的本土化过程也是个文化适应的过程,不仅仅是把信息从一种语言转换为它在另一种语言中相对应的意思。如此简单翻译而不考虑文化因素,那样的翻译结构往往是不够准确的。名片翻译要适应目的语的语言表达习惯和道德价值观、审美观等,使名片的翻译实现"入乡随俗"。鉴于名片翻译有着言简意赅的特点,文化因素常常又很难兼顾,因此是此类翻译中最为棘手的问题之一。

  不同文化环境里,不同民族对颜色的偏好也是不同的。一种文化中的形象和颜色未必在另外一种文化中起到同样的作用,这点必须引起注意。例如在中国,红色和金色被认为是吉利的颜色,而偏好绿色的意大利人不喜欢红色和黄色。此外,巴西人忌绿色、日本人忌黄色、泰国人忌红色、比利时人忌蓝色等等。

  在我国,姓氏与名有着丰富的文化含义,名字还蕴涵取名者所赋予的含义。这样就造成了翻译上的困难。我国人名的英译,一般采用音译,其原有的语义信息无法传递。如"朱贤芬"一名中所蕴涵的"贤惠"、"美好"之意,也不能反映名片持有者的性别,只能在指称意义上达到对等,而无法实现文化信息对等。不少名片在姓名翻译上存在着一些瑕疵,例如下面几则中文名字的英译:

  译例 1 ▶ 钱富来
  误译 ▶ Qian Fu Lai
  正译 ▶ Qian Fulai
  译例 2 ▶ 周祥和
  误译 ▶ Xianghe Zhou
  正译 ▶ Zhou Xianghe
  译例 3 ▶ 李高登
  误译 1 ▶ Ligao Deng
  误译 2 ▶ Golden Li

正译 ▶ Li Gaodeng

以上各例名字的译法都存在着误译现象。众所周知,中国人的姓名是姓在前、名在后,并且大部分人的名是两个汉字组成,如上例都是双字名;而英语国家姓名的一般结构为:教名、自取名(中名)、姓氏,中名在很多场合往往省略或以首字母缩写。如:George W. Bush 或 George Bush。对于这些差异的不敏感就会造成名片翻译时的误译。译例 1 中的姓名翻译完全是对应中文的拼写,而且每个音节的首字母都大写,不符合规范,因为规范的英译文本应为"Qian Fulai"。译例 2 中名字在前,姓在后的,虽然照顾到了英语民族的文化特征,但也容易造成误解。如李白(Li Bai)如拼写成 Bai Li 就会容易与"白莉"等姓名的英语拼写混淆,并且也不适合我国民族文化特点。再者,中国人看重姓氏,如果把名字倒过来写会让人感觉不愉快。译例 3 中译文 1 的拼写不符合规范,译文 2 采用了英文名加中国姓的情况。虽然现在越来越多的涉外人员都喜欢采用,但是这也会令有些了解中西差异的外国人困惑。所以,在汉语姓名的名片翻译中,应该符合中国人姓名书写习惯姓在前、名在后的文化传统习惯。按照国家规定用汉语拼音拼写,姓与名之间要留空格,但第一个字母须大写等,但不主张全部用大写字母拼写,因为这不符合英文习惯,很少有外国人士把自己的名字全部用大写字母拼写的。

商务名片上的职衔也常常是翻译中的一大难题。翻译职衔时不容出错,要求务必准确。职衔的原意要在概念上和文化上得以保留,翻译相当困难,翻译为非拉丁文字时难度更大。如果因为文化的差异,原名片上的内在含义很难为译文的读者所领会时,译者就必须根据两种语言和文化的各自特点,采用创造性的翻译方法,设法消除文化差异造成的沟通障碍。"干事"一职独具中国特色,由于英文中缺乏对应的词,所以翻译时可以灵活地译为"clerk",甚至可以不译,只写名字就可以了,因为有时译了反而可能产生某种"误导"。

英文名片在对外交流中起着日益重要的作用,但中西方社会文化差异给名片翻译带来额外的挑战。提高名片的翻译质量,并利用名片这一小小的窗口快速而真实地传递个人信息,可以最大程度实现名片在中西方交流中的价值,促进跨文化交际的顺利进行。

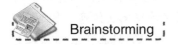

翻译趣闻与花絮

"赵、钱、孙、李、周、吴、郑、王"这几个妇孺皆知的姓氏出自中国的"百家姓",但是你知道吗?在西方,洋人们也拥有他们的"百家姓",姓名是西方文字中现存的、极为珍贵稀有的"原生态"单词,它们像活化石一样记载着西方古老的造字智慧,姓名研究可以帮助我们解开很多重要的西方文字造字之谜。例如"亚当(Adam)"这个名字,英文字母"a"有"首先、在先、第一"的意思,字母"d"含有"降落、下降、落下"的意思,"亚当"的意思是"第一个降生到世界的人"。

现在给自己取个洋名的人不在少数,人们一般都会按自己中文姓名的谐音来取名。如果你正在翻烂英语字典找洋名的话,千万小心,别给自己取个俗不可耐的洋名。假如你给自己选了个英文名字叫"乔治·布什",你一定觉得这名字非常大气吧,与两位美国前总统同名呢。但是你错了,"乔治(George)"是"农夫"的意思,它的造字本意同"go",指在田地里来回走的人,"布什(Bush)"是"灌木丛"的意思,这个名字够老土!

那再想想,换"培根(Bacon)"吧,听上去像个哲学家,结果是"烤肉"。用"克里斯蒂安(Christian)"吧,成了"基督徒"。"比尔(Bill)"听上去如何?那说明你是个财迷,因为"Bill"在英文中有着"账单、钞票"之意。那叫"史密斯(Smith)"吧,结果是"铁匠"的意思。换个"库克(Cook)",结果成了"厨子"。换个"卡尔(Carl)",成了"乡下人"。换个"卡特(Carter)",结果是"马车夫"的意思(王侯将相宁有种乎?叫农夫、马车夫的人都当过美国总统)。听上去洋气的"约克(York)"最土,是"养猪的人";还有"克鲁克(Crook)",是"骗子"的意思;最容易上当的是"杰克(Jack)"和"珍尼(Jenny)",这两个听上去最动听的洋名结果分别是"公驴"和"母驴"的意思。如果你中意"杰克逊(Jackson)"这个洋名,那更倒霉,因为它是"公驴的儿子"。

当然经过精心挑选,还是能为自己取个好听的英文名字。适合女生的名字有"Alice(真理)"、"Angel(天使)"、"Belle(美女)"、"Cherry(樱桃)"、"Daisy(雏菊)"、"Joy(快乐)"、"Kitty(猫咪)"、"Pearl(珍珠)"、"Rose(玫瑰)"等。适合男生的名字有"Charles(男子汉)"、"Lucius(光)"、"Frank(坦率)"、"Jason(医治者)"、"Leo(狮子)"、"Owen(出身名门的年轻战士)"、"Richard(坚强、勇敢)"等。

Practice in Class
课堂翻译与实践

1. Translate the following business address.
   1) 73,Cato St. North,Birmingham, West Midlands,B75AP
   2) 388 Atlantic Ave. ,Brooklyn,NY 11217
   3) 202 W. 1st St. Los Angeles,CA 90012
   4) 宁波市中兴路717号华宏国际中心3楼
   5) 中国北京市海淀区中关村北一条巷9号
   6) 上海市浦东新区芳甸路333巷11号801室

2. Translate the following business cards.

   | 凯瑞汽车贸易有限公司 |
   | 周富贵 财务部经理 |
   | |
   | 地址:杭州市天目山路111号 |
   | 邮编:310000 |
   | 电话:0571-88888888 |
   | 传真:0571-88888866 |
   | Email: zhoufg@carry.com.cn |

```
              星光贸易
         刘  镇    副总经理

地址：宁波市中山东路35号星光大厦B座702室
邮编：315000
电话：0574-88888888
传真：0574-88888888
手机：13500000000
Email：liuzhen@168.com
```

```
              Kraft Foods Inc.
         Lisa Thompson    Sales Representative

226-236 CITY Rd.
Email：lisa@kraft.com.uk
London EC IV 2TT
www.kraft.com.uk
Tel：(044) 020 8888 8888
Fax：(044) 020 8888 8866
```

```
              Progress Ink Co.
     Jerry Williams    Director of Human Resources

1001 West Paul Ave. Milwaukee, WI 52132 USA
Email：jerry@progressink.com
Phone：(800) 233-6121
Fax：(800) 233-6122
www.progressink.com
```

3. Design an English business card.

交换名片的礼仪

　　名片是商务人士必备的沟通与交流工具，递送名片的同时，也是在告知对方自己的姓名、职务、地址和联络方式。名片可以直接递送，也可随鲜花或礼物赠送，在发送介绍信、致谢信、邀请信、慰问信等时也能使用。如果在名片上面留下简短附言，既展现个人风格，又能使名片更为个性化。

　　名片的使用，如今已成为一种文化，名片如何递、如何接、如何放，都有一套完整的礼仪。具备一些名片的礼仪知识，有助于商务交流的顺利开展。

　　出席重要商务场合时，最好携带自己的名片前往。事先要准备充足的名片，并且整齐地放置于名片夹(business card folder)或口袋中，要放在易于掏出的口袋或皮包里，不要把自己的名片和他人的名片或其它杂物混在一起，以免用时手忙脚乱或掏错名片。

　　名片的递送也有一定的技巧。递送名片时需观察对方的意愿，把握好时机。到别处拜访时,需经上司介绍后再递名片。接名片时,如果是坐着,尽可能起身并双手接过对方递来的名片;口头致谢;接受名片后,应仔细阅读并放置到位。

以下是名片使用中的一些外行表现,应当尽量避免:到处翻找名片;使用破旧或有皱折的名片;从后兜掏名片、把对方名片放入裤兜里;无意识地玩弄对方的名片;当场在对方名片上写备忘事情或随意涂改;先于上司向客人递交名片;递名片时不告知姓名等。

若想适时地发送名片,使对方接受并收到最好的效果,还必须注意下列事项:

1. 处在一群彼此不认识的人当中,最好让别人先发送名片。名片的发送可以安排在刚见面或即将告别的时候,但如果自己要发表意见,那就在说话之前发名片给周围的人,以帮助他们认识你。

2. 不要在一群陌生人中到处传发自己的名片,这会让人误以为你想推销什么产品,反而不受重视。在商业社交活动中,尤其要有选择地提供名片,才不致使人以为你在替公司搞宣传、拉业务。

3. 递交名片要用双手或右手,用双手拇指和食指执名片两角,让文字正面朝着对方,递交时要目光注视对方,微笑致意,并且可顺带一句"请多多关照"。

4. 接名片时要用双手,并认真看一遍上面的内容。如果接下来与对方谈话,不要将名片收起来,而应该放在桌子上,并保证不被其他东西压起来,使对方感觉到你对他的重视。

5. 交换名片时,如果名片用完,可用干净的纸代替,在上面写下个人资料。

第七章 商务广告翻译

翻译是跨语言跨文化的交流。"语际转换"不可理解为单纯的、机械的两种语言的转换。首先,任何一种语言都有其特殊的规律和法则;其次,语言与文化不可分,任何一种语言都有其独特的文化内涵。

——沈苏儒

> **讨论时间**
> 1. 商务广告有什么目的和功能?
> 2. 如何把握商务广告翻译的基本原则?
> 3. 商务广告翻译有什么技巧?

第一节 商务广告的目的和功能

一、广告的概念

(一)广告的由来

广告(advertise)一词,源于拉丁文 advertere,其意为注意与引导。作为广告一部分的商品信息目的在于吸引人们的注意并取得回应。中古英语时代(约公元 1300—1475 年),演变为 Advertise,其含义衍化为"使某人注意到某件事",或"通知别人某件事,以引起他人的注意"。直到 17 世纪末英国开始进行大规模的商业活动,广告一词才广泛地流行并被使用。

广告历史悠久。在古代它曾以符号形式存在于市场中,用来为器皿做广告。世界上最早的广告是通过声音进行的,叫口头广告,又称叫卖广告,这是最原始、最简单的广告形式。早在奴隶社会初期的古希腊,人们通过叫卖贩卖奴隶、牲畜,公开宣传并吆喝出有节奏的广告。古罗马大街上充满了商贩的叫卖声。在欧洲和殖民地时期的美国,店主常常会雇人在镇上喊叫某个信息。

在商品经济高度发展的今天,几乎没有一个空间不在传递广告信息,广告已渗透到人们生活的各个方面,报刊与电视台、电台等各种媒体到处可见广告的影子,人们几乎没有可能逃脱广告的影响。

(二)广告的定义

广告是一种交际形式,旨在劝说受众(观众或听众)来购买产品、观念或服务或者对其采取某种行动。它包括产品或服务的名称以及产品或服务对消费者的益处、劝说目标市场购买或消费某个特定的品牌,而这些品牌通常是由登广告者付费并出现于各种传播的媒介。由此可见,广告对一项产品的推广起着极其重要的作用。广告不仅是一种经济活动,而且是传播文化的主要媒介。

著名的美国市场营销协会(American Marketing Association,简称 AMA)认为广告是由特定的广告主在付费的基础上,采用非人际传播的形式,通过各种媒体对观念、商品或劳务进行介绍、宣传的活动(Advertising is the nonpersonal communication of information usually paid for and usually persuasive in nature about products, services or ideas by identified sponsors through the various media)。

美国《广告时代》在 1932 年曾经公开征求广告定义,最后把广告的内涵重点定性为劝服和影响:"个人、商品、劳务、运动,以印刷、书写、口述或图画为表现方法,由广告者支付费用公开宣传,以促成销售、使用、投票或赞成为目的。"

《简明不列颠百科全书》对广告的解释:"广告是传播信息的一种方式,其目的在于推销商品、劳务,影响舆论,博得政治支持,推进一种事业或引起刊登广告者希望的其他反应。广告信息通过各种宣传工作,其中包括报纸、杂志、电视、无线电广播、张贴广告及直接邮递等,传递给它所想要吸引的观众或听众。广告不同于其他信息传递形式,它必须由登广告者付给传播信息的媒介以一定的报酬。"

我国 1980 年出版的《辞海》给广告下的定义也是类似的表述:"向公众介绍商品、报道服务内容或文娱节目等的一种宣传方式。一般通过报刊、电台、电视台、招贴、电影、幻灯、橱窗布置、商品陈列等形式来进行。"

广告包括商务广告和非商务广告。在现实生活中,绝大多数广告实为商务广告,即营利性的经济广告。非商务广告泛指一切营利性的和非营利性的广告。在本书中所研究和讨论的广告是指商务广告。

二、商务广告的目的和功能

戚云方教授曾说过:"广告之于商品,犹如戏剧之于人生,它既是商品,又高于商品。"进行商务广告翻译之前,我们首先必须了解商务广告的目的和功能。广告赋予物品某种身份,因而使之具有能见的价值,这便是广告所特有的力量。衡量成功的商务广告的标准之一是看它是否符合美国 E. S. Lewis 所提出的 4 项要求,即 AIDA 原则:Attention(引起注意)、Interest(发生兴趣)、Desire(产生欲望)和 Action(付诸行动)。广告会以不同的方式影响消费者,作为一种竞争性的商业行为,商业广告最主要的目的是争取消费者,促成其购买活动,进而实现消费者由 Attention — Interest — Desire — Action 的逐渐转变。

虽然广告的主要目的是劝说,但是达到这个目的有不同的方式。一般来说,广告主要有以下三个重要功能:

第一个重要的功能是识别功能。一则成功的广告要具备自己的个性,能引起人们的注意,获得人们的认识,从而区分其他产品。识别功能包括突出自己的鲜明特征、表明自己的独特优点,显示其与众不同的功效,其目的就是影响信息受众,由此创造对该产品的意识并提供了消费者选择该产品的基础,它有助于企业树立良好的市场形象。例如,爱迪生电气公司一条广告就是:"一切归功于'爱迪生'"。同样,万宝路的成功与它个性鲜明的广告词分不开,"哪里有男人,哪里就有万宝路"。一句精彩的广告语往往能捕获消费者的心。

广告的另外一个重要功能是传递产品信息,即信息功能。这对企业和消费者都是有益的。通过广告可以使企业把产品或劳务的信息传递给广大消费者,达到沟通产需之间联系的目的。要实现这一功能,广告必须要容易被理解。例如,福特卡车曾用过这样一则广告"美国就像福特卡车一样坚固"中,向公众传递的信息就是福特卡车的牢固特性。某银行为强调其服务范围的周全和便捷,推出了以下的广告:"您可在一个屋顶下办完所有的金融业务"。

广告的第三个功能是诱惑消费者购买产品,即劝说功能。广告以劝说性的方法以期改变或强化消费者的观念和行为。广告最终目的是劝说性及创造性地销售产品或服务,这也是商业广告翻译的最终目的。李奇教授在《广告英语》一书中提到,"广告是否可达到销售商品的目的是衡量广告成功的标准"。脑白金的广告无疑是成功的,"今年过年不收礼,收礼只收脑白金",语言简洁直白却极有劝说力。"千万别忘了上一次大水灾",这则保险公司的广告同样是以理服人、以情动人。"请喝可口可乐",同样这则可口可乐公司的广告里只有请求而没有丝毫的强迫。

随着国际经济技术交流的日益频繁,国际市场竞争愈演愈烈。广告对于商品的推销和品牌声誉的建立有着不可忽略的影响。在二十一世纪的今天,作为一种经济手段的广告,还担负着传播文化的重任。现代广告是传播文化的主要媒介,它是中西方文化交流的重要桥梁,它能够帮助我们更好地了解西方文化,同时向世界传播中国文化。

第二节 对商务广告翻译基本原则的把握

随着全球经济一体化,广告翻译的重要性越来越突出。广告翻译在商品的宣传和推广过程中起着关键性作用,成功的广告翻译是对外推销商品、激发消费者购买欲望的重要保证。

翻译是跨语言跨文化的交流。"语际交流"不可理解为单纯的、机械的两种语言的转换。首先,任何一种语言都有其特殊的规律和法则;其次,语言与文化不可分,任何一种语言都有其独特的文化内涵。翻译是具有某一文化背景的发送者用某种语言(文字)所表达的内容尽可能充分地、有效地传达给使用另一种语言(文字)、具有另一种文化背景的接受者,以达到交流的目的。因此在广告翻译中,必须避免由于过分强调忠实而忽略翻译目的,忽略目的文化环境而导致的翻译失败。

著名翻译理论家奈达的功能对等翻译理论对商务广告翻译有一定的现实指导意义。奈达认为在翻译中,意义是第一位的,形式是第二位的。形式对应会抹煞原文的文化意义,即原文中的社会语言学特征,从而妨碍跨文化交际。也就是说广告的翻译要在语言的功能上与原文对等,而不仅仅是语言形式上的对等。因此,从某种程度上来讲,能实现广告主要目的的译文就是好译文。它不必完全忠实于原文,而最重要的是注重广告用语所产生的实际效果。

广告的主要功能就是要打动读者,诱发其消费欲望。广告翻译亦然,它强调的是译文的效果,不仅要提供明白易懂的商品信息,而且还要具有原文的感染力,让译文读者也能获得同样的感受。所以,广告翻译实际上就是以目的语文化为归宿的翻译,其成功的条件是研究和了解目的语文化。因此,在广告翻译中必须体现出英、汉语广告之间存在的差异。广告翻译跨越的不仅是语言的差异还有文化的差异。在对原文语言把握的同时,必须要把握文化差异带来的理解上的障碍,译文必须符合文化的表达习惯和审美心理。

一般说来,对于商务广告的翻译,我们可以把握以下三条基本原则:

一、简洁原则

好的广告必须具有警句所具有的一切简洁风格。就简洁来说,主要是使用简单词(短小、缩略词)、简单句和简单语法。语句干净利落,使人一目了然。一方面是为商家节约成本,另一方面是便于消费者接受。在广告翻译中,译者同样应遵循简洁原则,避免逐字逐句地对原文生搬硬套式翻译。译文需要生动、简洁,具有感召力,便于传诵,给人以深刻的印象。在广告领域,省力原则的运用尤为突出。通过简洁、经济的语言形式达到了各自的目的,即缩短了交际双方的交流时间,又满足了双方的省力欲望,提高了交际效率。

译例 1 When you're sipping Lipton, you're sipping something special.(立顿红茶广告)

译文 1 当您在品尝立顿红茶时,即在品尝其独特性。

译文 2 饮立顿红茶,品独到风味。

译文 1 只是对原文的逐字逐句的翻译,虽然忠实于原文,但是明显缺乏广告语的简短、生动的特点,无法吸引读者。译文 2 文字朗朗上口、通顺易记,符合广告文体简洁明快的语言特点。

译例 2 Winston tastes good like a cigarette should.(温斯顿香烟广告)

译文 1 温斯顿味道好,像是香烟应有的。

译文 2 温斯顿,好烟好味道。

译文 1 忠实于原文,但是稍显乏味,不能引人共鸣,更不能让人过目不忘。相比之下,译文 2 朴素自然,以简洁的力量打动读者。

译例 3 衣食住行,有龙则灵。(中国建设银行龙卡广告)

译文 1 Your everyday life is very busy, our LongCard can make it easy.

译文 2 LongCard makes your busy life easy.

对于这则建行龙卡广告的翻译中,译文 1 的问题同样在于过分拘泥于原文,不符合广告文体简洁的特点。相比之下,译文 2 的文字简洁明了,体现了原文的效果。在快节奏的现代社会中,冗长不生动的广告翻译无法打动消费者,甚至容易招致人们的厌恶和排斥。因此,商务广告英语翻译要符合目的语广告文体的语言风格,即言简意赅、一鸣惊人。

二、创新原则

广告中的创新性翻译是广告翻译的最高境界。跟忠实原文相比,创造性地翻译出通俗易懂、朗朗上口又有感染力的广告显得更为重要。创新性翻译需要译者充分理解,放弃仅仅在文字层面遵循原文,大胆创新,以把握其内涵与精髓。把一国的广告语言翻译成另一国的广告语言时,由于社会文化、语言、民族心理等方面的原因,这种翻译绝非只是一种一一对应的符码转换,而是要在保持深层结构的语义基本对等,功能相似的前提下,重组原语信息的表层形式。

宝洁公司的洗发用品Head & Shoulder 汉译为"海飞丝"就是一个佳例。如果仅仅依据原文直译为"头和肩"或像台湾翻译为"海伦仙杜丝",消费者都会茫然不解,而通过译者的创新,译为"海飞丝"后行文简练、意象鲜明,很容易就使人们联想起洗发类产品,从而激发强烈的购买欲望。

译例4 北京欢迎你。(2008年北京奥运会广告语)

译文1 Welcome to Beijing.

译文2 We are ready.

相比前一句的译文,后者在北京奥运会期间更受欢迎,效果也更好。它不仅表达了中国人民对奥运会的欢迎,更为重要的是它把握了原文的内涵,突出了中国在各方面都已为奥运做好充分准备,并期待世界各国人民的到来。

译例5 Apple thinks different.(苹果电脑广告)

译文1 苹果电脑,与众不同。

译文2 苹果电脑,不同凡"想"。

译文2的创意在于把"不同凡响"稍作改动,谐音置换"想",既把握了原文的内涵,又新颖别致。由此可见,创新的翻译往往能吸引受众的注意,更好地达到广告的预期效果。

三、适应性原则

在广告翻译时,译者要采用适应性翻译原则,首先译文适应目的语的语言规律和法则,其次必须适应目的语使用群体的社会心理和文化背景,克服两种不同文化所造成的障碍。这就是《跨文化翻译》的作者丹尼尔·肖所主张的忠实的翻译,即译文传译了原文的意义和原文的动态;而所谓原文的动态是指译文应使用目的语自然的语言结构,并使译文读者理解意义毫不费力。广告翻译中读者因素尤为重要,成功的译文应该尊重目的语的文化,把握目的语的文化适宜性。"Not all cars are created equal."这是日本的三菱汽车公司在美国市场的广告。它考虑到美国大众的文化适宜性,巧妙地套用了《美国独立宣言》中的名句"All men are created equal",同样充分发挥了适应性原则。反之亦然,如果不重视广告翻译的适应性原则,非但不能实现广告的积极作用,反而会给销售带来负面的影响。比如中国的"钢星牌"产品出口时被译成Gang Star,而gang一词在英语中有"帮、伙"的贬义,于是"钢星牌"产品就与"匪首"之间产生了关联,其销售业绩可想而知。百事可乐也是个很好的例子。百事可乐的"复活吧百事可乐(Come alive Pepsi!)"这个广告在美国取得了很大的成功,于是百事公司将其按字面意思原原本本地翻译成了其他国家的语言。可是翻译之后,广告所表达的意思却出现了偏差。在德国该宣传语被翻译成了"从坟墓中爬出来(Come out of the grave!)",而在中国却被翻译成了"百事把你的祖先从坟墓中召唤出来(Pepsi brings your ancestor back from the grave!)"。翻译不仅是语言之间的转变,更是文化之间的交流。

译例6 喝孔府酒,做天下文章。(孔府家酒广告)

译文1 Drink Kongfu Spirits and write No. 1 article.

译文2 Confucian Spirits provoke your mind.

这则广告有着浓厚的中国儒家文化因素,如果按译文1的直译法,不仅Kongfu会被老外误认为"功夫",而且"write No. 1 article"会让英语读者不知所云。相比之下,译文2更易被英语读者接受,获得认同感,进而达到广告的目的。译文的语言运用不但要有广告语言的特点,同样也要符合目的语环境中的语言表达习惯。

第三节 商务广告的文体特点与翻译

广告语言并不是一般的文学语言和应用文语言,广告是语言艺术与商业价值的有机结合体,它有着自身独特的文体特点。一般来说,广告须遵循 KISS 原则,即"keep it short and sweet"。商务广告的用词一般较为简洁,具有口语化倾向。广泛使用人称代词和充满诱惑力的形容词。句法上,较多使用简单句、祈使句、主动句及省略句,易懂易记有说服力。在修辞上,广告常使用双关、比喻及夸张等修辞手法,生动形象富有感召力。

语言是广告的基础,只有当译文语言运用恰当,读者才能准确无误地接收到相关广告所要表达的信息,从而发挥广告的作用,达到宣传的效果。为了保证商品的广告可以最大限度地吸引人的眼球,广告撰写者总是选择形象的词汇、简洁的语句和生动的修辞,以吸引消费者。简洁、灵活以及创意是广告语言的主要特点。在进行广告翻译的时候,考虑到语言文化的差异,在语篇层面上,我们要尽可能保留原文的构思,力求再现原文的创意美;在词句层面上,则不必拘泥于原文的表达方法,而应侧重传达其效果。

一、商务广告的词汇特点与翻译

在商品市场竞争的严峻考验下,商务广告的词汇越来越趋向于简洁凝练,以求在众多商品中让消费者一目了然、过目不忘,达到宣传的效果。在翻译中,对词意的把握很大程度上决定于上下文,包括与同一句子或同一段落中其他词的关系,也取决于文本产生的历史背景,还取决于文化。译者只有把词同时置于语义和文化背景中来了解,才可能把情景从一种文化成功地移植到另一种文化中去。译者对广告词语的理解不能只限于字面意义,还应了解它的引申意义和丰富的文化蕴涵。"字对字翻译"、"死译"、"硬译"不可取,因为这违背了翻译的本质和语言的规律,非但达不到交流的目的,还容易因文化因素产生误译。我们在翻译某个品牌广告语时,一定要先调查,了解该产品的基本情况和相关背景,切不可简单下笔。同时,翻译时要针对广告语的特点,尽量做到简洁。

(一) 形容词

西方广告学家们认为"广告的目的就是褒扬产品的优点,掩盖其中的缺陷"。因此,人们常常通过具有修饰和描绘作用的形容词来表示产品、服务的性质或状态,以实现广告的信息功能和劝说功能。在商务广告中,具有褒义色彩的形容词及其比较级和最高级在商务广告中出现的频率是相当高的。在广告所使用的形容词当中,带有褒义色彩的评价性形容词目的在于使消费者在意境和感情上产生共鸣,以增强广告的魅力。英国语言学家 G. H. Leech 经过调查发现英语广告中最常出现的形容词有:new,good/better/best,free,fresh, delicious,full,sure,wonderful,clean,special,crisp,fine,big,great,real,easy,bright,extra, safe,rich。译者在翻译时,不能简单一味地翻译为"好的",必须根据原文中商品特征灵活翻译。

虽然形容词的使用能给广告增加说服力,但是广告中形容词使用必须根据实际需要而定。此外,我国在1994年公布的《中华人民共和国广告法》中第七条就明确规定,在广告中不得使用国家级、最高级、最佳等用语。我国颁布的广告管理原则也同时适用于国际商业交往的管理。同时,世界其他国家对英语广告中的易于引起误导的广告语言都有一定的限制。如美国广告界对"New"的用法就有时间的限制。一般的"新"商品超过六个月以上就不允许称为"New"。

译例 1 Life is Good. (LG 广告)

译文 生活美好。

译例 2 Let us make things better. (飞利浦广告)

译文 让我们做得更好。

译例 3 Along the way, you will enjoy the warmest, most personal service. (某航空公司广告)

译文 一路上您将享受最热情、最周到的服务。

以上三个译例分别用了形容词及形容词的比较级和最高级描述其优点,加强了产品的魅力。虽然没有直接贬低别人,但自信的表达使购买者增强了信心。

(二)动词

商务英语广告中单音节动词使用非常频繁,其目的就是遵循 KISS 原则(keep it short and sweet),追求广告的简练、通俗和感召力。根据 Leech 的调查,单音节的动词在广告中出现的频率非常高,诸如:make, come, get, go, know, keep, look, see, need, buy, love, use, take, feel, like, start, taste, save, choose。这类单音节词简洁有力、通俗易懂,其含义要么与消费者对商品的态度有关,如 love, like, need;要么能反映消费者和商品之间的关系,如 take, keep, choose, taste, feel, buy, get 等等。这些动词基本上是站在消费者的立场上使用的,目的是要打动消费者,激起他们的消费欲望,唤起他们的消费冲动,最终选择或购买广告商所宣传的产品。

在翻译时,要把握好动词本身的蕴涵意义,要注意 have, get, give, buy, keep 等动词表达的是"消费者取得和拥有某种商品或服务"。take, use, have 可以表示"消费者使用某种商品的动作和过程",而 like, love, need 表示的是"消费者对商品的喜爱程度"。

译例 4 Feel the new space. (三星电子广告)

译文 感受新境界。

译例 5 Blow some my way. (切斯菲尔德香烟广告)

译文 吐出我自己的方式。

对于广告中简单动词的翻译,一般可以直接翻译。以上两则广告的翻译,就采用了直译的方法,简单、明快,符合原文的语境。

译例 6 Make yourself heard. (爱立信手机广告)

译文 理解就是沟通。

根据广告语体特征,当对等的中文表达比较冗长或不符合中文表达习惯时,翻译时可以采用意译的方法。

(三)人称代词

广告中经常会使用第一、第二人称,在拉近与消费者的距离、增强广告的亲和力的同时又能增加消费者的参与感,为广告增加感情色彩。翻译时可以直译,也可以省略。

译例 7 ▶ It's you we answer to.(英国电信广告)

译文 ▶ 我们为您提供服务。

译例 8 ▶ Have it your way.(Burger King 烤肉汉堡广告)

译文 ▶ 我选我味。

该译文把原文中的第二人称的"你"巧妙地翻译为第一人称的"我",改变虽小,但是更为符合中国消费者心理。

译例 9 ▶ Guinness is good for you.(健力士啤酒广告)

译文 ▶ Guinness 啤酒有益健康。

本广告使用第二人称 you,营造了一种亲切的气氛,仿佛是商家在以充满自信的口吻来与顾客交流,增强了广告的感染力。根据中文语言表达习惯,在翻译成中文时人称代词被省略了。广告中人称代词的妙用可以使读者消除情感隔阂,使语言更加活泼、生动亲切。同时能有效取悦读者,增强"感情联系"。

(四)新词

广告语言本身就充满极大的创造性。富有创意的广告商们善于玩文字游戏,有时故意把人们所熟悉的字或词拼错,弄成新词来突出产品的特征,赋予广告极大的魅力。这些新词精练生动,又可有效传播信息。例如"35% MORE OFFICECRUSHABLE",这则 Trident White(泰得无糖口香糖)广告里 officecrushable 是个新词。它是由 office 和 crushable 两个词组合而成。广告鼓吹这种口香糖能使男士更有魅力,因此在办公室里更受欢迎。

在翻译新词时,译者应首先了解广告设计的创新意图,理解新词与原词之间的区别和联系,注重译文所产生的实际效果,体现词汇创新的意义。知名化妆品 Clinique 来源于 clean 和 liquid 两词,在中国这款化妆品被翻译为倩碧,给人以美好的感受。广告商创造的新词、怪词用以暗示所指商品的性能与特征,也有一种引人入胜的感觉。

译例 10 ▶ Tiecoon—Men's clothing store in Dallas, Texas.

译文 ▶ 得克萨斯州达拉斯—巨头男装。

男装店当然少不了卖领带,所以这个词里面有一个 tie,另外,还和 Tycoon(企业大亨,巨头)谐音,作为男装店的名字,很有气势。

译例 11 ▶ Millionhair—Dog grooming service in Bath, England.

译文 ▶ "千毛"富翁—英格兰贝斯城狗狗美容店。

显然,Millionhair 是从 Millionaire 变化而来,突出了这家店的特点:给狗狗做美容,当然满地是毛。

(五)复合词

在广告英语中,复合词出现的频率也很高。复合词构词比较灵活,篇幅简短,具有极强的表现力。如:best-seller, shining-clean, top-quality, brand-new, easy-to-dress, wedding-white 等等。复合词如果翻译得当的话,可以同样保持原文的特色,语言口语化、结构新颖特殊、令人过目不忘。

译例 12 ▶ Evergreen. Round-the-world service.(长荣海运公司广告)

译文 ▶ 长荣,环球的服务。

这里使用了 round-the-world 这个复合形容词,修饰 service,突出的是长荣海运服务的品质。

译例 13 It's finger-licking good.(肯德基广告)

译文 吮指回味,其乐无穷。

这里复合词 finger-licking 的意思是"让人垂涎三尺",曾有人把它误译为"吃掉手指",让人捧腹大笑。

二、商务广告的句法特点与翻译

商务广告在句法上采用较多的是简单句、省略句、祈使句及疑问句,可读性强、有说服力。

(一)简单句

商务广告的风格更多地体现在简洁上。广告中普遍使用简短精练的简单句,只求明白醒目、重点突出,尽可能在第一时间内引起消费者的兴趣。简单句翻译时同样应该保持译文的简短,尽量使用简练的词句。特别简单的句子,多采用直译。

译例 14 I love this game.(美国 NBA 广告)

译文 我爱这比赛。

译例 15 We really do our part.(丰田汽车公司广告)

译文 我们尽我们的职责。

译例 16 A dimond lasts forever.(第比尔斯钻石广告)

译文 钻石恒久远,一颗永流传。

以上三则知名广告的语言简洁通顺、直白易懂、让人过目不忘,很好地达到了宣传的效果。

(二)省略句

在英语语言中,为了使语言简洁明了、重点突出或上下文更紧密相连,可以省去某些句子成分,但又保持句子原意不变,这种语言现象称之为省略。省略可以说是一种特殊的替代——零替代(substitution by zero)。省略句结构简单,语言生动,主题突出,加强了广告的传播效果。

译例 17 Your World. Delivered.(AT&T 公司广告)

译文 您的世界,我们传递。

AT&T 是 American Telephone & Telegraph 的缩写,也是中文译名美国电话电报公司由来。这是一家美国电信公司,创建于 1877 年,曾长期垄断美国长途和本地电话市场。这则广告采用了省略句的形式,给人以简洁明快的感觉。

译例 18 与你同行。(中国电信广告)

译文 Always with you.

译例 19 A great way to fly.(新加坡航空公司广告)

译文 飞越万里,超越一切。

译例 20 Digital technology that makes you smile ... today and beyond.(Canon 广告)

译文 ▶ 数码科技给您带来欢笑……现在和未来。

这则广告采用了省略句式,当消费者读到"数码科技给您带来欢笑"后,广告戛然而止,看似不完整,但此时大家印象最深刻的莫过于 smile 一词,试想人们对一件能给自己带来欢笑的商品怎会不欣然接受呢?省略句式的广告词帮商家达到了促销产品的目的。广告中使用省略句,语言凝练,重点突出,既节省篇幅又引人思索。

(三)祈使句

广告中经常使用简短明快的祈使句,劝告人们采取行动,去购买广告宣传的产品。行文简练又能让人印象深刻。祈使句的翻译多采用直译的方法,保持原文的祈使功能,达到劝说的效果。

译例 21 ▶ Be stupid.(Diesel 广告)

译文 ▶ 一起傻吧。

译例 22 ▶ Turn it on!(彪马广告)

译文 ▶ 穿上它!

译例 23 ▶ Take time to indulge.(雀巢冰激凌广告)

译文 ▶ 尽情享受吧!

以上这些妇孺皆知的广告,虽然只有三四个单词,但却具有很强的感召力,能在瞬间吸引人们的注意,对描述的产品留下深刻印象,并能回味悠长。译文同样保留了原文的祈使句特征,极具煽动性。

(四)疑问句

疑问句能制造悬念,引起共鸣,激发人们的好奇心,从而诱导人们消费。

译例 24 ▶ Where do you want to go today?(微软公司广告)

译文 ▶ 今天你想去哪里?

译例 25 ▶ What's in your wallet?(Capital One 信用卡公司)

译文 ▶ 你的钱包里有什么?

译例 26 ▶ Are you going gray too early?(乌发乳广告)

译文 ▶ 你是不是过早白头了?

这三则广告都是以疑问句形式出现,目的在于引起人们的好奇心,吸引读者去寻求答案。翻译时直译为一般疑问句。这里的疑问句式并不需要人们作出回答,实际上是间接地请求消费者购买其产品。大众桑塔纳(Volkswagen Santana)在其 RABBIT 型号车的广告中标榜其产品的完美之后,像一个哲人那样感叹道:

译例 27 ▶ In a world that's far from perfect isn't it nice to find something that is practically there?

译文 ▶ 在一个远不及完美的世界里能发现完美的东西,岂不让人惊喜?

(五)并列的短语结构

广告文体的特殊性要求广告语言简洁易记,并列短语结构往往朗朗上口,生动活泼,能给消费者留下较为深刻的印象。

译例 28 ▶ Hi-fi, Hi-fun, Hi-fashion, only for Sony.(索尼音响)

译文 索尼音响——高保真、高享受、高时尚。

译例 29 Kind to you, kind to nature. （Sanara 洗发水广告）

译文 善待自己,善待大自然。

译例 30 Eye it. Try it. Buy it. （雪佛兰汽车广告）

译文 先看、后试、再买。

以上三个广告均采用了并列短语结构,主题突出,节奏明快。译文也很好地保持了原文的特点,巧妙地用中文并列短语,简洁有力、让人过目不忘。

三、商务广告的修辞特点与翻译

广告语篇中充满了修辞,例如明喻、暗喻、拟人、双关、夸张等修辞手段在英汉广告语体中都被大量使用。这些修辞手段的生动形象的运用,使得广告语篇巧妙异常,令人难忘,在让人得到美的享受的同时,吸引人们注意该广告商品,并激发人们的购买欲望和购买行为。因此,能否精选精辟独到的言辞,活用令人耳目一新的语句来再现原文辞格的意义与内涵,对译者来说非常重要。修辞是使语言表达准确、鲜明而生动有力的一种文字运用手法,为了增强广告的审美功能和劝说功能,译者也应尽量使用修辞手法。同时,译者要注意跨语言、跨文化因素给广告翻译所带来的难度。翻译修辞格时,如能使译文与原文达到形式、语义、文体的完全对等,则尽量直译,这样既能使译文读者享受"原汁原味",又能丰富译文语言。但因英汉语言差异,如果目的语中没有对等,直译可读性差、不符合广告文体特征时,翻译时可以舍弃原文辞格形式,采取意译,灵活处理。

（一）双关

双关是商务广告中较为常见的一种修辞手段,它利用词语的语音和语义,表达出表层及深层两种概念,从而使某些句子在特定的语境中具有表面和内涵的双重意义。它能使广告语言简洁凝练、新颖别致,进而达到诙谐幽默、耐人寻味的效果,同时带给人们视觉和听觉上的艺术享受。英语中主要有语义双关和语音双关。语言之间不同的规律和法则会给翻译双关语带来语言结构上和表达上的困难。因此,英语广告双关的翻译应根据广告的内容和特点,充分照顾到原文的语体风格及文化中语意的不同。一般来说,双关的翻译以意译居多。

译例 31 Wooden-It-Be-Nice——Furniture repair shop in Belvidere, Illinois.

译文 因为木质——所以美妙。——伊利诺伊州贝尔维德家具维修店

这则家具维修商店广告巧妙地利用了双关语 Wooden 点明了店里所维修的家具是"木质"的,另外这句话和 Wouldn't it be nice(这不是很美妙吗?)谐音。当然啦,坏了的家具能被修好,这难道不是件很好的事?

译者在处理广告中的双关语时,一定要把握好原文的内在涵义,把广告的精髓表达出来。

译例 32 There's never been a better Time. （雷蒙威钟表广告）

译文 无限好时光。

Time 一词既可指具体的时间,又可泛指"时光、光阴"。广告商借用语义双关表达的内在意思是:我们提供最好的钟表,让您享受更好的时光。

译例 33 Time to re-tire. Get a Fisk. （菲斯克轮胎广告）

译文 该换轮胎了。请选菲斯克。

Retire 是退休的意思,re-tire 是更换轮胎。这则轮胎广告巧妙地用退休暗示换轮胎,简单而又风趣的语言让人印象深刻。广告英语中最为常见的就是谐音的双关。谐音双关由发音相同或相似的词构成,具有风趣幽默、俏皮滑稽的语言风格,使表达在特定的环境中具有明暗两层含义,既增强了广告的说服力和感染力,又能给大众留下深刻的印象。例如:Sofa-So-Good.(沙发广告)中的 Sofa 与 So far 形成谐音,再与 Good 搭配使用,给人一种安逸宁静的联想。再如:"Trust us. Over 5000 ears of experience."译文:"相信我们吧。历经 5000 多只耳朵的检验,有着 5000 多年的经验。"这是一则助听器推销广告。从字面看,它说明了该产品已经接受了众多消费者的考验,但字里行间巧妙地嵌入一对谐音字 ears-years,充分暗示了该产品悠久的历史,久经考验的上乘质量。这使广告不仅和谐悦耳,而且风趣幽默,有感召力。

广告英语常利用各种语音表现手段取得广告的美音效果。翻译时应尽量运用汉语特色,使广告语读起来铿锵有力、流畅自如。但是中西语音、拟声或用韵的不同特点,给译者带来不少困扰,需译者谨慎处理。另外在翻译时还应该注意某些广告词语的读音可能会在目的语中引起不良的引申。例如日本东芝公司曾使用过一句广告语:"东芝(Toshiba),东芝(Toshiba),大家的东芝。"在翻译的处理上,前两个"东芝"按日语"Toshiba"发音,于是有人就利用谐音把这句话念成了:"偷去吧,偷去吧,大家的东西"。当"东芝"变成了"东西",这则广告能给公众留下的恐怕只有笑话了。东芝公司非但不能增加品牌的魅力,反而削弱了品牌的宣传力度。

译例 34 Money doesn't grow on trees. But it blossoms at our branches. (Lloyds Bank)

译文 树上长不出钱来,但它会在我们的树枝那个开花结果。

这是另外一个成功使用谐音双关的佳例。英国劳埃德银行所做的户外广告,branch 有两层意思,第一层为字面的意思,即树枝;更深一层意思是指该银行的各个分行。真正含义是:只要顾客把钱存到劳埃德银行,他们的钱就会不断增加。

(二) 比喻

比喻就是打比方,也就是用具体的、常见的某一事物或情景来比喻抽象的生疏的事物或情景。作为一种文学作品中运用最为广泛的修辞手段,比喻在商务广告中也是层出不穷。比喻通过将生活中普通而寻常的事物比作另一种生动具体的事物,从而赋予产品鲜明生动的形象,能极大地渲染语言的具体性和形象性。比喻模糊了所比事物之间的界限,但却能刺激人们的想象,将比较抽象的、概念化的内容表达得生动具体,达到确切的效果。

翻译广告时首先要了解广告自身的特点,以译文是否达到与原文相同的宣传效果为标准,并且注意文化背景的差异,选择恰当的翻译技巧,做到语言自然、准确、简洁、易懂,以迎合不同受众的心理,进而实现广告的目的。翻译比喻,意义是第一位的。化平淡为生动;化深奥为浅显;化抽象为具体;化冗长为简洁。

译例 35 Life is a journey. Enjoy the ride. (尼桑汽车广告)

译文 生活就是一次旅行,祝您旅途愉快。

这里生活被比喻成为旅行,显得非常形象而又生动,有效地唤起消费者对产品美好的心理联想,进而引起情感上的共鸣。

译例 36 ▶ Light as a breeze, soft as a cloud. (某服装广告)

译文 ▶ 轻盈如微风,柔软似白云。

这则广告中两个明喻的运用,把衣服的质地感和穿着的舒适感体现出来了,使广告的魅力倍增,谁会不为之慷慨解囊呢?

译例 37 ▶ Cool as a mountain stream. (Consulate 香烟广告)

译文 ▶ 凉爽如山间清泉。

这是美国生产的一种 Consulate 牌香烟的广告。广告将该香烟比作山间溪流,通过比喻把该烟的特点表现得淋漓尽致,使人难以忘怀,成功地达到了宣传产品及劝购目的。比喻的作用就是使语言形象生动,使被描写的事物更加形象、鲜明,使复杂的道理具体、易懂。

(三) 拟人

拟人是指把没有生命的事物当做人来写,赋予其生命和情感,从而使所宣传的商品人格化,使之显得生动活泼、富有人情味。译文应表现细腻生动的描写特色。拟人大部分情况下都可以直译,因为英汉语言中的拟人手法基本相似,一般都可以在目的语中找到相对应的拟人手法。百威啤酒把自己的产品称作"King of the beers"就是采用了拟人的修辞手法,啤酒被赋予了王者的属性,色彩鲜明,描绘形象,启人想象。

译例 38 ▶ The world smiles with Reader's Digest. (《读者文摘》广告)

译文 ▶ 《读者文摘》给全世界带来欢笑。

世界会微笑,只因有了《读者文摘》。多么温馨而动人的画面!广告产品的人性化即刻跃然纸面。

译例 39 ▶ DHL worldwide express: the Pulse of Business. (敦豪快递广告)

译文 ▶ 商业命脉,随我而动。

敦豪快递公司的这则广告巧妙地把敦豪快递公司与命脉联系在一起,使具体事物人格化,语言生动、形象。

译例 40 ▶ The Citi Never Sleeps. (花旗银行广告)

译文 ▶ 花旗日夜不眠。

该广告赋予花旗银行人的生命和情感,使之倍感亲切。它形象生动地突出了花旗服务的品质:遍及全球的花旗机构会日夜为客户服务,能刺激用户对花旗银行的青睐。

(四) 夸张

简而言之,夸张就是夸大其辞,这是商务广告的一种惯用手法,故意言过其实地宣传所推销的商品,使广告的形象更加鲜明突出,给人以深刻的印象。夸张手法,使广告产生了极大的艺术感染力。夸张能更鲜明、更突出地表现被描述的事物的特征。对于那些英汉语意对等的夸张,翻译起来较为方便。然而,当原文包含所谓"文化的不可译性"问题时,译者应该凭借对原文所包含文化因素的理解,准确地表达出原文的思想含义。

译例 41 ▶ Probably the best lager in the world. (嘉士伯啤酒广告)

译文 ▶ 嘉士伯,可能是世界上最好的啤酒。

译例 42 ▶ The Ultimate Driving Machine. (宝马广告)

译文 ▶ 终极驾驶机器。

译例 43 ▶ Take Toshiba, take the world.（东芝电子广告）

译文 ▶ 拥有东芝,拥有世界。

以上的三则广告均采用了夸张的修辞手法,夸张是对客观事物的形象、特征、作用、程度等作扩大或缩小的描述。它的特点是运用联想或想象进行描述,态度鲜明,引起共鸣;烘托渲染气氛,增强感染力;从而增加了消费者购买的信心。

（五）押韵

留下持久印象的广告才能对消费者购买行为产生作用,增进记忆的一个有效手段就是增强句子的韵律感,使之朗朗上口。广告中使用押韵可以增加广告的节奏感,便于朗读、记忆。但是由于英汉两种语言发音规则存在很大差异,翻译押韵的广告有一定的困难,基本只能根据原文意思来翻译,句式尽量简洁,尽量保持原文的广告效果。

译例 44 ▶ Good teeth, good health.（高露洁牙膏广告）

译文 ▶ 牙齿好,身体好。

译例 45 ▶ Go well, use shell.（壳牌石油广告）

译文 ▶ 行万里路,用壳牌油。

译例 46 ▶ Takes a licking and keeps on ticking.（Timex 手表广告）

译文 ▶ 历久耐用,无坚不摧!

上述几则广告中,译文与原文一样,都押尾韵,具有音韵美的特点。句式整齐,节奏鲜明,语气强劲。译句与原句同样精彩、朗朗上口、易于传诵。音韵美是指广告词发音响亮、节奏分明、富有乐感,给人以听觉上美的享受。在翻译英语广告时,应尽量注意原文的音韵美,尽量运用汉语双韵母和复合韵母的特点,再加上音节长短变化的汉语特色,使广告语读起来铿锵有力、流畅自如。

第四节 商务广告翻译的基本策略

广告翻译是一种艺术,由于它的语言特殊性,翻译时需要采取更加灵活的策略。广告翻译应根据简洁、创新、适应性三原则,从语体特征、读者反应以及译入语文化等方面着手,采取各种灵活的译法,最终确保译文功能的顺利实现。广告翻译是一种再创造的过程,翻译广告时首先要了解广告自身的特点。以译文是否达到与原文相同的宣传效果为标准,并且注意文化背景的差异,必须采用恰当的翻译策略和技巧,以迎合不同受众的心理,表达得恰如其分,进而实现广告的目的。反之,枯燥乏味的翻译会使译文失去原文的光彩。在广告翻译实践中较多采用的方法有直译、意译、套译和改译等。

一、直译法

直译是指译文的表现形式接近源语的表达形式,朴实而直接。直译尊重原文,在基本不改变原文结构的条件下,忠实地传递原文的主旨。这样的翻译能够在最大程度上体现广告的原汁原味,并充分反映广告源语文化。但是直译不等于完全一一对应、机械的死译、硬译。对于那些在英汉语言中有对应的修辞格的广告,尽可能直译,如明喻、暗喻、拟人、夸张、转喻、反语、设问、反问、排比等，这样译文才能既符合目的语语言规范，又不会引起错误联想；既保留了原文的内容，又保留原文的形式。

译例 1 ▶ Communication unlimited.（摩托罗拉公司广告）

译文 ▶ 沟通无极限。

译例 2 ▶ Travel is more than just a to b.（希尔顿饭店广告）

译文 ▶ 旅行不仅是 A 地到 B 地。

译例 3 ▶ Winning the hearts of the world.（法国航空公司广告）

译文 ▶ 赢取天下心。

从以上例子可以看出，译者通过直译的方法，把产品广告的意图淋漓尽致地表达了出来，达到了原广告的目的。在译文中既保留原文内容又保留原文的语言特色。以直译的翻译方法，读起来虽然可能不像源语文本那样流畅，但其所传达的信息（包括表层和深层意思）是非常明确的。

直译最大的优点是忠实于原文，但是有时候会缺乏广告的灵气、流畅性和可读性，显得枯燥乏味，很难打动观众，甚至还有可能因语言或文化差异导致交流的障碍，引起消费者的排斥。这里有个很生动的例子，有家旅馆为了不让外国游客穿着便裤进入豪华餐厅，贴出了这样一则英文布告："Jackets allowed, but no trousers!"按字面可直译为："允许穿夹克，但裤子不行！"。这种"貌似神离"的直译确实让人忍俊不禁。因此，要忠实源语的文化并非要我们生搬硬套。又如："We lead. Others copy."这句话若按字面直译为"我们领导，他人抄袭"，就容易引起误解。这则广告语是指理光复印机的技术先进，而非强调版权问题。因此应改译为"我们领先，他人仿效"。

二、意译法

意译是指在忠实原文内容的前提下，摆脱原文结构的束缚，使译文符合目的语的语言、文化规范。意译与直译相比而言，译文的表达形式与源语的表达形式相去甚远，在形式上更为灵活、自由，可在原文基础上进行适当发挥。译者考虑到目的语读者的文化心理和语言表达习惯，当遇到一些不可能直接翻译的修辞手段时，为了追求译文的地道和可读性，有时不得不舍弃原文的结构形式，采取意译法，以增强译文表达效果。例如"供不应求"一词，如果逐字逐句地直译为"supply is unable to meet the demand"就不够妥当，翻译为"in short supply"更符合广告语体简洁的特点和英文的表达习惯。又如"本品可即开即食"，若直译为"Opening and eating immediately"，会让外国人误以为该品不易存放，所以采用意译法译为"Ready to serve"更符合国外消费者心理，表达更为自然贴切。英汉两种语言之间还有许多差别，如果机械地照搬直译，势必导致"英化汉语"或"汉化英语"现象，这时就需要意译。

译例 4 ▶ Put a tiger in your tank.（埃索石油广告）

译文 1 ▶ 往油箱里放上一只老虎。

译文 2 ▶ 桶中猛虎威力油。

译文 1 的直译虽忠实于原文，但是缺乏灵气、显得枯燥，没有确切传达出本广告的意境和本质内涵，很难打动观众。译文 2 虽然没有与原文一一对应，却与原文达到意义上的真正对等，表达了本广告的真正含义。

译例 5 ▶ We race, you win.（福特汽车广告）

译文 1 我们赛跑,你赢了。

译文 2 以实战经验,助你一路领先。

译文 1 采取了直译法,虽然忠实原文表面意思,但是缺失了原文的内涵,语言表达不符合中文习惯,采用意译的译文 2,把握了原文的深层含义,很好地传达了原文信息,借人的成就点出了车的非凡品质。

译例 6 Whatever makes you happy.(瑞士信贷银行广告)

译文 1 无论什么让你开心。

译文 2 为您设想周全,让您称心如意。

译例 7 The road to becoming a Volkswagen is a rough one. The obstacles are many. Some make it. Some crack.(大众汽车公司广告)

译文 1 要成为一辆"大众"牌汽车,其路程艰难坎坷,障碍丛生。有的车成功经受了考验,有的车因机器损坏而报废。

译文 2 要成为一辆"大众"牌汽车,其路程艰难坎坷,障碍丛生。有的车能顺利闯关,有的车则半途而废。

采用直译法的译文 1 虽然意思准确,却变成了冗长的解释,不能很好地体现原文的风格。经译文 2 的变通处理后,让读者感受到产品的优点和特性,很容易吸引读者。意译的翻译手法较为自由、灵活,译文从读者角度看比较地道,可读性比较强。当中英文的词序、语法结构和修辞手段存在很大差异时,建议采用意译法。

三、套译法

套译是指套用目的语文化中家喻户晓的名言佳句、成语、俗语、诗句、歌词等来表达原文的意思,使目的语读者产生一种似曾相识的感觉,从而引起共鸣。但是必须注意套用并不等于抄袭,采用套译法同样需要有自己的创新,照抄照搬只会给人留下缺乏创意、投机取巧的不良印象。此外,英语广告中有不少复合词,已形成固定的广告套语,带有浓厚的感情色彩,这种情况可以采用直接套译的方法。例如"质地优良"套译为"superior quality","设计新颖"被译为"novel design",而英文广告中的"bright-colored"套译为"色彩鲜艳","mass-product"被译为"批量生产"。

译例 8 随身携带,有备无患;随身携带,有惊无险。(速效救心丸广告)

译文 A friend in need is a friend indeed.

这则广告的翻译套用英语谚语,将救心丸比拟成朋友,在患难中随时对你施以援手。这种译法比直译更能引起英语读者的共鸣。

译例 9 Tasting is believing.(Finlandia 伏特加酒广告)

译文 百闻不如一尝。

这则伏特加酒广告的翻译也采用了套译的手法,套用汉语谚语"百闻不如一见"稍加改动,借此展示该伏特加酒的上乘质量。套译法的长处在于它能传递广告原文的文化内涵,同时又基本能保证原文简洁、凝练的语言特征,也可兼顾受众的阅读习惯和审美心理。

译例 10 爱您一辈子。(绿世界化妆品)

译文 Love me tender, love me true.

译例 11 ▶ 城乡路万千,路路有航天。(航天牌汽车广告)

译文 ▶ East, West, Hangtian is the best.

译例 10 套用了猫王的歌词,而译例 11 则套用了英语中的成语 "East or west, home is best",突出了航天牌汽车的产品特点。无疑这些广告口号因为仿译受众熟悉的名言和谚语,成功地吸引了消费者的注意力,达到了预期的目的,收到了绝佳的效果。

四、改译

改译又称创译,是指再创型翻译。它已基本脱离原文的语言形式和意思,根据产品的具体情况和目的语的语言、文化习惯,发挥积极创造性,在目的语中寻找新的广告口号。改译难度较大,需要译者对产品特性有充分的了解,对目的语的语言特点和文化背景有很深的认识。例如 "Safeguard" 被译为 "舒肤佳",脱离了原词的意思,但是意境比原词更深远。

译例 12 ▶ Why fool around with anyone else? (联邦快递公司广告)

译文 ▶ 何须他人效劳?

译例 13 ▶ It happens at the Hilton. (希尔顿酒店广告)

译文 ▶ 希尔顿酒店有求必应。

译例 14 ▶ Focus On Life. (奥林巴斯相机广告)

译文 ▶ 人生难忘,永留记忆。

译例 15 ▶ The COLOR OF SUCCESS! (Minolta 复印机广告)

译文 ▶ 让您的业务充满色彩!

以上几例翻译均采用了改译的手法,中英文之间的意思存在着很大的差异,译文基本脱离原文语言形式和意思的束缚,属于再创作。改译能更好地把握产品的精髓,意义更深远。

第五节 广告中品牌名称的翻译

根据美国营销协会字典里的定义,品牌是名称、术语、设计、符号或者任何标识卖家产品或服务区别于其他卖家的特色之处。维基百科中列明了品牌的来由,它源自古代斯堪的那维亚语 "brandr",意思是 "燃烧",指生产者把标志或品牌烧烙到产品上的做法。经济全球化背景下,国际竞争越来越表现为品牌的竞争,品牌已是跨国公司实现全球战略目标的锐利武器,是实现资本扩张的重要手段。

品牌名称的翻译成了广告翻译中一个不可或缺的部分。一个成功的品牌译名对开拓国际市场、创造企业财富起着不可忽视的作用。一个成功的品牌译名有助于加深品牌在消费者心目中的印象,提高其知名度,并促进商品的销售。因此,品牌名称的正确翻译可以为商品赢得更多潜在客户的认同和喜爱,进而形成品牌忠实度。与此相反,许多不恰当的品牌名称翻译非但不能增加产品的吸引力,反而有损产品的形象。由此可见,品牌名称的正确翻译对企业发展来说显得尤为重要。如今,英汉品牌名称翻译已引起了品牌学、传播学、营销学、消费者行为学、心理学、语言学等方面的专业研究人员的普遍关注。企业品牌名称的翻译,是从一种语言到另一种语言,既要保留原文的精华,又要符合当地消费者的心理,这对翻译者提出了更高的要求。在国际贸易日益发达的今天,名牌名称翻译的重要性是不容忽视的,对于品牌名称翻译方法的研究无疑具有重要的现实意义。

一、多维视角下的品牌名称翻译

（一）从市场视角看品牌名称翻译

商品的品牌需要明确市场定位，反映商品信息原则。市场定位是在上世纪70年代由美国营销学家艾·里斯和杰克特·劳特提出的，其含义是指企业根据竞争者现有产品在市场上所处的位置，针对顾客对该类产品某些特征或属性的重视程度，为本企业产品塑造与众不同的、给人印象鲜明的形象，并将这种形象生动地传递给顾客，从而使该产品在市场上确定适当的位置。品牌的译名应尽可能切准市场定位，瞄准消费群体。

成功的品牌译名往往寓意深刻、引人注目，有助于加深企业和品牌知名度，进而给企业带来丰厚的利润。例如世界知名婴儿用品生产公司Johnson's最初译为"庄臣"，该品牌译名虽然很符合原文的发音，但是"庄臣"两字不能有效传递任何与生产婴儿用品相关的信息，也没有任何祝福、爱护、温馨的外延涵义。经过市场人员调查研究后，该品牌更名为"强生"，赋予了原译名"庄臣"所没有的意义——让孩子健康、强壮地成长，现在"强生"这个品牌已深入人心，成为妈妈们首选的婴儿用品品牌。同样，家喻户晓的运动品牌"Reebok"，由原来的"雷宝"更名为"锐步"，就是很好地把握了市场定位。"锐步"象征着锐意进取的步伐，这个译名有效传递了产品特性。国外洗发水品牌Rejoice汉译为"飘柔"，也是针对市场需求，充分说明了产品的特点：使用后，头发能更飘逸更柔软。Whisper译为"护舒宝"，"Whisper"的英文意思是耳语、密谈，有富含女性用品的形象性和女性味，传达给中国女性消费者该产品的功能和优良品质，还迎合了女性渴望呵护的心理。

从市场角度研究英汉品牌名称翻译是为了确保品牌原有的市场定位，保持其原有的促销、广告和说服功能，使品牌名称与企业形象和产品形象相匹配，获得消费者的认同和支持。但是目前不少研究人员缺乏品牌学、传播学、消费者行为学、心理学等方面的专业背景，更缺乏从事品牌名称翻译工作的实际经历，所以对英汉品牌名称的市场功能、消费者行为等方面还缺乏深刻认识，从而影响翻译质量。

（二）从语言视角看品牌名称翻译

广告是语言的艺术，语言构成了广告的根基，只有当语言运用恰当，广告的识别功能、信息功能和劝说功能才能得以充分发挥。跨文化广告传播最明显的障碍就是语言文字带来的隔阂。翻译品牌名称时要注意形似与音似，因为不同语言中发音的差异和意思的差异给读者带来不同的文化冲击。例如大家所熟悉的美国运动品牌——Nike，本意是希腊神话中胜利女神的名字，译者在翻译此商标时，从音似与形似两方面着手，把它译为"耐克"，保持了译文与原文的神似。译名既表达了该品牌运动服装耐穿的特性，又把胜利女神与该运动品牌结合在一起，能让顾客产生富有积极意义的丰富联想——一种积极进取的体育精神。成功的品牌翻译给产品带来了生命力，耐克公司在中国的成功离不开品牌翻译的成功。

美国布孚公司在德国宣传该公司的薄绵纸时才发现，"puff"在德语里是"妓院"的意思。CUE作为美国一个牙膏的品牌名，在法语俚语里却是屁股的意思。在一种语言中有着美好内涵的品牌名称，有时候对于另一种语言的人们或许就具有攻击性。语言的差异使得一些信息不是被错误传播就是根本无法传播。有一种名牌驴皮胶，厂家误译为"glue of ass skin",其中的 ass 在美国俚语中有很粗鄙的意思,可想而知,这样的广告不仅不会成功还会有反作用。美国新泽西标准石油公司曾用"Esso"和"Enco"两个商标名。"Enco"牌汽油刚入日本市场时无人问津。经过调查发现在日语中"Enco"的含义是"抛锚的车"。还有一个美国的汽车品牌叫做"Randan",被日本人翻译为"白痴"。

成功的品牌翻译应兼顾语音、语义、语法三个方面。例如"Carrefour"的中文译名"家乐福","Goldlion"的中译名"金利来",在发音上都是朗朗上口;在语义上非常符合中国人对于"快乐"、"幸福"、"名利"等吉祥语的追求;语法结构上简洁明快,重点突出。中国品牌的英译也不乏成功之作,如海尔的英译名"Haier",海信的英译名"Hisense",方正"Founder"等。

在品牌翻译过程中,要充分认识语言的复杂性,注意源语中的双关、反语、惯用语等在目的语中的联想意义和对当地消费者的影响。此外,一些类似的声音在不同的国家可能引起不同的隐含意义。由此可见,精通受众国的语言,适应其语言习惯及特色,是品牌翻译成功的基础和保证。

(三) 从文化视角看品牌名称翻译

文化的经典定义,是 1871 年英国人类学家泰勒(Edward Tylor)在《原始文化》一书中提出的:"文化是一个'复合的整体,其中包括知识、信仰、艺术、法律、道德、风俗以及人作为社会成员而获得的任何其他的能力和习惯'"。人们在交际背景、社会制度、思维方式、观念、心理、生活经验等方面的差异,都会给品牌名称的翻译带来各种各样的障碍。消费者购买产品,就意味着他不仅选择了产品质量、产品功能和售后服务,同时也选择了品牌的文化内涵。品牌名称大多具有特定的民族文化内涵,品牌翻译是一种跨语言、跨文化的交际活动。因此,为了取得良好的社会和经济效益,在翻译过程中应把握英汉民族文化或社会文化差异,贴切得体地转换品牌名称内在的文化意义。由于不同国家、民族之间有着不同价值取向、不同审美观念、不同社会习俗等,消除这些文化差异对广告效果的影响,使广告收到预期效果,是当前品牌翻译中的重点和难点。

企业品牌名称通常都有美好的寓意,在翻译时必须慎重,既不能完全抛开原文,又不能完全受原文限制。这些丰富的文化内涵要通过翻译完全在目的语中体现出来是十分困难的。这是因为在多元化的世界里,因各民族制度、信仰、道德观和价值观千差万别,人们往往对同一事物有着不同的联想、看法和理解。一个成功的品牌翻译需要译者巧妙处理商品所要传达的信息及不同国家间的语言文化差异。译者不能仅仅局限于原文,还必须注意原广告中的文化意义,甚至还要根据受众国的情况表现和丰富原文中没有的文化内涵,使广告中的民族和传统文化更好地表达出来,从而达到宣传产品,促进销售的目的。品牌翻译中文化意义的有效转换不仅能产生经济效益,还能产生良好的社会效益。

二、品牌名称的翻译策略与方法

品牌名称的翻译方法一般而言可以分为译音法、译意法、音意结合法及联想法。品牌翻译不能见音译音,见意译意,也不能主观臆测或随手拈来。品牌翻译是一门严谨的学问,除必须遵循翻译的一般规律外,还要考虑到品牌自身固有的特点。

(一) 音译

有些进入国内市场的外来商品,由于在汉语中很难找到完全对等的词,可以采用音译法。在翻译过程中,音译(transliteration)是一种使用极为普遍的翻译手法。中文译名往往带有美好的蕴涵,为产品打造了响亮而动听的品牌名。汉语用音译法吸收了许多外来词。在日常生活中,这些外来词已经被汉语所同化,有很强的生命力。给中国消费者留下深刻印象的品牌很多,一些世界品牌的商标都是直接音译,例如,Chanel(夏奈尔)、Motorola(摩托罗拉)、Hilton(希尔顿)、Casio(卡西欧)、Philips(飞利浦)、Audi(奥迪)、Siemens(西门子)、Sony(索尼)、Pierre Cardin(皮尔卡丹)、Shangri-La(香格里拉)、Kodak(柯达彩色胶卷)、李宁(Li Ning)等。

在品牌翻译过程中要注意谐音引起的歧义。例如小糊涂酒 Hutu 与英语"Hootoo"谐音,意思为"厄运,不祥之物"。幽蝶的拼音是"Youdie",如果简单音译为"You die",这会对产品产生灾难性的后果。汉语拼音不具有国际性,不通用,许多外国人无法正确拼出企业的商标读音,而且不适当的运用会闹出误会。如 Puke(扑克的汉语拼音)正好是英语中"呕吐"的意思;此外,汉语拼音无法表达品牌所蕴涵的企业文化。如果"雅戈尔"采用汉语拼音的方式"YaGeEr",只会让老外觉得困惑,根本无法表示"青春"的含义,而 Youngor 却起到了不同的效果。目前很多形象美好的品牌采用了拼音翻译,译名索然无味,失去了源语中的文化韵味。

(二) 意译

品牌名称的翻译既要译得符合目的语的发音习惯、朗朗上口;同时又要考虑受众的文化欣赏,注意翻译的本土化。意译法是指根据其意义直接将品牌标翻译为目的语,较成功的有:Microsoft(微软)、Playboy(花花公子)、Crocodile(鳄鱼)、Crown(皇冠)、Blue-Ribbon(蓝带)、Apple(苹果)、Pioneer(先锋)、杉杉(Firs)等等。此种方法比音译更具难度,如果翻译得体,有助于文化融合,给人以启示的作用,并且易于记忆。但是由于语言的差异性,采用意译方法翻译品牌名称时必须十分谨慎,要避免因源语与目的语的语意差异引起的交流障碍。例如"黑妹牙膏"不能简单地按照字面意思译为"Black Sister",因为 Black 让人想起种族歧视,该词是对黑人的歧视。Sister 在英文中一般指修女。在采用意译时,不应削弱或剥夺品牌原文的形象和含义,翻译品牌时,品牌的译名最好能完整地体现原文的丰富内涵。如"王朝"牌葡萄酒(Dynasty),给人以陈年好酒的暗示,而"永久"(Forever)牌自行车的英译也有经久耐用的意义,Seven-up 译为"七喜"符合中国人喜欢喜气、吉庆的民族情节和文化特征。

(三) 音译和意译结合

音意结合法对译者的要求更高些,既要谐音,又要兼顾语意。将最常见的单词结合在一起创造这个新词,同时音意结合,恰当地表达了核心思想,这可以说是翻译手法和语言驾驭能力的高超体现。Mercedes-Benz 在大陆,被译为"奔驰"能让人领略到该车风驰电掣的雄姿,将音意结合,非常成功。又如 Goodyear(固特异轮胎)、Colgate(高露洁牙膏)、Safeguard(舒肤佳香皂)、Tides(汰渍洗衣粉)、Pampers(帮宝适尿布)、Clean & Clear(可伶可俐)等等,都非常符合品牌定位。

西泠集团早期的品牌翻译采用了音译法,直接采用"西泠"二字的汉语拼音"XILING",当时没有取得很好的市场效果。后来经专家精心设计,采用音意结合的译法,"XILING"被更改为英文单词"Serene"。"Serene"这个词的发音与"西泠"也极为相似,同时该词有着"宁静"、"安宁"的美好寓意,能带给人静谧而美好的积极联想。"Serene"同时还能传递出该品牌空调噪声低、安静的产品特性,所以把西泠这个中文品牌译为"Serene"是翻译的佳作。此外,"美加净"化妆品若完全采用意译法译为"Beautiful and Clean"就缺乏音韵美,而若采用音译法译为"Mei Jia Jing"则失去了品牌的原有内涵,因而译为"MAXAM",读音响亮,节奏感强,还谐音 maximum。国美电器译为"Gome",即"到我这里来购买",同样是兼顾音律和寓意的佳作。

(四)联想法

这是一种品牌名称的译名与原文在语音和意义两方面都没有关联的翻译方法。联想法既不采用音译法,也不根据原文的寓意,而是从保持与原文的神似入手,采用创新的手法进行的翻译。英语广告中夸张和幽默的语言表现得淋漓尽致,西方广告人很少掩饰他们对自己产品优势的骄傲,他们会竭尽所能证明自己的产品质量最好或独一无二,广告撰写人不遗余力地使用夸张的语言,可以说他们是使用诸如"attractive"、"beautiful"、"delightful"、"gorgeous"等刺激情感的词汇的高手。英语广告中的幽默也能很好地被消费者接受,这些手段都给消费者带来愉快和满足的感觉。所以学生学习英语广告,可以更好地了解西方文化,了解中西文化的差异。

品牌名称翻译对于商品的推销以及品牌声誉的建立变得越来越重要。品牌名称翻译看似简单容易,实际上极其复杂困难。不仅要考虑企业的文化背景、企业理念、产品服务特点,也要考虑名称的含义、音律、美誉度等等,是对经营管理和语言功力的综合挑战。不论采用何种方法,译者都需注意商标的 AIDA 原则,即 Attention(吸引注意),Interest(激发兴趣),Desire(引发购买欲望),Action(最终完成购买)。

第六节　商务广告翻译中的跨文化因素

广告,作为一种特殊的语言形式,蕴涵着源语丰富的文化元素。它不仅包含着该民族的历史和文化背景,而且蕴藏着该民族的价值观、生活方式和思维方式。广告作为一种商业语言被传递,与广告同时被传送的还有文化。文化语境是广告翻译的"最高层次的语境"。因此,国际商务广告面临的不是简单的语言符号切换问题,牵涉到语言、传统习惯、法规、教育、自然环境、宗教、经济状况等差异问题。在全球化时代,即便最敏锐的国际公司在进行广告传播和市场推广时也会常常落入社会文化和伦理的陷阱。在文化、宗教信仰和禁忌方面,翻译理论家尤金·奈达指出:"对真正出色的翻译而言,熟悉两种文化甚至比掌握两种语言更重要,因为词语只有在其作用的文化背景中才具有意义。"例如,"高露洁"牙膏在马来西亚开拓市场时,广告宣传中一再强调其增白的功能,结果产品无人问津。因为该地区文化中以牙齿黑黄为高贵的象征,人们甚至通过咀嚼槟榔来使牙齿变黑,显然这则广告没有了解语言背后的文化因素。在翻译时,有关颜色的广告词也不可忽视:日本人认为绿色是不吉利的;巴西人以棕黄色为凶丧之色;欧美许多国家以黑色为葬礼的颜色;叙利亚人将黄色视为死亡之色;比利时人最忌蓝色;土耳其人认为花色是凶兆,布置房间时不用花色;埃及人认为蓝色是恶魔的象征。在翻译广告时,忽视诸如此类的文化差异会导致某些商品在国外市场受挫。面对种种不顺应文化而导致失败的教训,广告翻译者应努力发现文化差异和特殊性。我们可以说广告翻译既是一种商业行为,又是跨语言、跨文化的社会活动。

译例1 ▶ Coffee's perfect mate. (美国雀巢咖啡伴侣广告)

译文 ▶ 默默奉献,为香浓加分。

"mate"一词在英文中的含义为"associate, companion or friend",隐含之意是咖啡与咖啡伴侣二者关系是平等的,两者合作就可以创造出香浓美味。美国是一个主张人人平等的国家,崇尚个人主义,该广告语言正好顺应了美国人个人主义和人人平等的价值观。中国是一个崇尚集体主义的国家,所以这则广告的中文译文中强调一种奉献精神,与中国人所崇尚的"舍己为人"、"牺牲小我成全大我"和"个人服从集体"的思想不谋而合,让人们看到它时能产生一种精神共鸣,即为了味道香浓的咖啡而奉献自己。若在美国广告中使用"默默奉献",显然是不符合美国人的价值观的。因为美国人会产生这样的想法:默默奉献意味着失去自我,盲从他人。美国文化并不看好这种牺牲自我的做法,这与其人道主义、平等主义精神背道而驰,其广告效应也就可想而知。

在美国,世界著名的两大饮料生产厂家可口可乐和百事可乐竞争非常激烈。下面是百事可乐曾经做过的一则比较广告:

译例2 ▶ Nationwide more people prefer the taste of Pepsi to Coca-cola. Being able to compare the two, I'd pick Pepsi. (百事可乐广告)

译文 ▶ 在国内更多人喜欢百事可乐胜过可口可乐,比较两者,我选择百事可乐。

以上的广告语言采用了直接比较法,而且很具挑战性。美国人的成功意识浓厚,在广告中也采取各种手段来达到推销的目的。在跨文化广告中应尽量谨慎选择广告语言,否则会引起麻烦,百事将类似的广告放在日本宣传,结果迫于传播媒介的压力不得已而放弃。世界上很多国家都禁止这种比较广告,所以在跨文化语境中传播广告语言时,要认真了解当地的政策法规。

译例3 ▶ We do chicken right. (肯德基广告)

译文1 ▶ 我们做鸡是正确的。

译文2 ▶ 烹鸡专家。

如果对文化差异不敏感,逐字逐句地翻译,很容易让人引起误解,因为"鸡"在中文中有着不好的蕴义,这会给企业带来负面的影响。译文2采取创新的译法,把握了这则肯德基广告的内涵所在,文字简练、富有感召力。

译例4 ▶ I am yellow. (美国出租车广告)

译文1 ▶ 我是黄色的。

译文2 ▶ 我是出租车。

在美国街头,有时你会发现这样的小汽车,它们身上喷着"I am yellow."而车本身并非黄色。这就使得许多中国人纳闷,感觉这句话印在车上有点莫名其妙。其实,这里的"yellow"是另有所指,是指出租车。很明显,"I am yellow"应译为"我是出租车"。这便成了一则出租车自荐广告。

中外文化差异的存在势必给广告翻译带来很多的障碍和困难,需要译者在实践中进行不断地探索。该如何正确处理不同语言文化间的差异,消除这些文化差异对广告效果的负面影响,使广告收到预期效果,成了广告翻译中的重点和难点。广告翻译绝不能只停留在字面意思的一一对应,在广告翻译中,我们既要注意到语言翻译的准确性,突出广告所要表达的内容要具有吸引力、说服力等特点,也要在熟悉并尊重译文读者的社会文化和生活习惯的基础上,对商品介绍时,使之符合该国消费者的文化背景,使译文读者能得到与原文读者同样的信息,以达到广告推销的目的。翻译广告时能深谙中西文化的异同,就能知己知彼,百战不殆。

没有翻译就没有文化交流。翻译不仅要克服语言的障碍,更要克服文化的障碍。翻译工作者是跨文化交际活动中文化交流的使者,对世界文化的交流起着难以估量的积极作用。他们是桥梁,架起了中西方文化的融会贯通。面向国外受众的中国商品广告的英文翻译文本,能让西方了解中国,具有对外文化宣传功能。面向国内受众的国外广告中译本,让国内读者了解、熟悉英语国家的文化和价值观念。世界因多元而美丽,广告翻译因文化差异而多姿多彩、精彩纷呈。通过现代广告这个载体,我们可以更好地实现东西方文化的交流与融合。

第七节　国外优秀广告语欣赏

国外的广告业历史悠久,其中不乏创意无限、魅力十足的广告。优秀的广告集传递信息与表达情感为一体,语言精练、内涵丰富、生动、简洁,给人以深刻的印象和极强的感召力,带给人们艺术的美感。外国广告的发展在一定程度上对世界文化甚至是对中国广告业的发展都是一种促进,它使得世界的商业活动更加丰富,对于当今的世界经济的发展很有帮助。

Allianz, with you from A to Z. 安联集团,永远站在你身边。(安联保险广告)

Any space and size to Europe. 不同大小各种形状,火速直飞欧洲。(联邦快递广告)

Be good to yourself. Fly Emirates. 纵爱自己,纵横万里。(阿联酋航空广告)

Beyond your imagination. 意想不到的天空。(大韩航空广告)

Elegance is an attitude. 优雅态度,真我性格。(浪琴表广告)

Feel good. Fast food. 求快感,吃快餐。(Amanda's快餐公司广告)

Feel like a million for ＄970,000 less. It costs less than breakfast at the White House. 少付了97万美元,却得到百万美元的享受。它比白宫的一顿早餐还便宜。(梅塞德兹——奔驰汽车广告)

Five feet nine inches in his socks. Ten feet tall in his shoes. 光脚身高五英尺九英寸。穿上"锐步"身高十英尺。(锐步运动鞋广告)

The Global brings you the world in a single copy. 一册在手,纵览全球。(《环球》杂志广告)

He laughs best, who runs longest. 谁跑得最长,谁笑得最好。(某轮胎公司广告)

Life is discovery. And we have directions to get you there. 生活就是发现,让我们去发现吧。(Wolderness系统广告)

Life is harsh, your Tequila shouldn't be. 生活是苦涩的,而您的Tequila酒却不是。(Tequila酒水广告)

Life is a sport, drink it up. 生活就是一场运动,喝下它。(佳得乐饮料广告)

Sheer Driving Pleasure. 纯粹的驾驶乐趣。(宝马汽车广告)

Straight talk. Smart deals. 直言实干,称心方案。(东亚兴业有限公司广告)

Taking the lead in a Digital World. 领先数码,超越永恒。(三星公司广告)

Trying to do it all yourself doesn't always make you look like a hero. 所有重担一肩挑并不总能使你像英雄一般。(金科专业办公服务公司广告)

Trust us for life. 财务稳健信守一生。(美国友邦保险公司广告)

With our new E-ticket, all you have to bring is yourself. 选用我们的电子机票,阁下不需携带任何东西,只要带着自己。(英国航空公司广告)

With our line, you detect the fish before the fish detects you. 用我们的钓线,你可以在鱼儿发现你之前先找到它。(约翰逊钓具广告)

You can easily have time, but can not easily own Vacheron Constantin. 你可以轻易地拥有时间,但无法轻易地拥有江诗丹顿。(江诗丹顿手表广告)

You can't beat the feeling! 挡不住的诱惑!(可口可乐公司广告)

You never actually own a Patek Philippe watch, you merely look after it for the generation to follow. 没人能拥有百达翡丽,只不过为下一代保管而已。(百达翡丽手表广告)

You press the button, we do the rest. 你只需按快门,其余的我们来做。(柯达相机广告)

Your future is our future. 与您并肩迈向明天。(香港汇丰银行)

Better things for better living, through chemistry. 通过化学改善事物,改善生活。(杜邦)

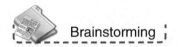

翻译趣闻与花絮

翻译是一门语言的艺术,艺术创作中会擦出火花,偶尔也会闹出笑话。无论刚入门的译者,还是资深的翻译家,一不小心都有可能掉入翻译的陷阱。

在将中文译成外文时,由于外国人常常照字直译,往往变得驴唇不对马嘴。某对中国夫妇应邀出席一个聚会。在聚会上,出于礼节,有外国朋友夸奖妻子漂亮,丈夫很谦虚地回答道:"哪里,哪里。"但是不了解中国文化的老外忠实地把它翻译为:"Where? Where?"结果对方只好汗颜地回答道:"From the head to the toe."当一位澳大利亚前总理在日本发表演说时提到:"我不是来说笑的(play funny buggers)",日本翻译竟将 bugger 译成了"同性恋"。这样的笑话屡见不鲜。

词语理解的错误更容易引起翻译的失误。有位澳大利亚外交官在法国遇到了一件囧事。那位外交官原本想对法国听众说,当他回首往事时,发觉自己的经历是由两部分组成的。但他的法语却引发了意外的笑声:"当我回首自己的屁股,发觉它是由两部分组成的"。因为"背后"一词在法语中也是"屁股"的意思。一位资深外交官参观某地时说道:"Ladies and gentlemen, speaking on behalf of my wife and myself, I would like to say that we are really happy to be here.(女士们,先生们,我谨代表我妻子和我本人在此表示,我们很高兴来到贵地。)"译员的话却表达了完全不同的意思:"女士们,先生们,我谨在我妻子上面,表示我很高兴来到贵地。"原来是译员把"代表"(on behalf of)一词译成了"在……上面"(on top of)。

不过,最有趣的口译有时与翻译本身毫无关系。有外国专家来华考察,一次宴会中他讲了一个很长的笑话,当时翻译听懵了,但是他灵机一动,对听众说道:"刚才外国专家说了个冷笑话,为了表示我们的热情,请大家开怀大笑并鼓掌致意。"热烈的掌声令外国专家很满意,宴会气氛十分和谐。

Practice in Class
课堂翻译与实践

1. Translate the following advertisements into English.

   1) 坚持创新,提供高质量的产品和服务。

   2) 我们在能源领域竭尽全力,以您为本。

   3) 拥有完美肌肤的秘诀。

   4) 别人装模作样,我们做到了。

   5) 刷牙用Pepsodent,黄牙无处寻。

   6) 没有不做的小生意,没有解决不了的大问题。

   7) 没有实现不了的梦想。

   8) 恭请浏览香港全貌。

   9) 在我们的国家一直存在着一种精神,这种精神让我们明白在挑战面前,应该以何为重。

   10) 美的产品是美丽的,美丽从头到脚,美丽由内向外。

2. Translate the following English advertisements into Chinese.

   1) Come to where the flavor is. Marlboro Country.

   2) To me, the past black and white, but the future is always color.

   3) A Mars a day keeps you work, rest and play.

   4) Time is what you make of it.

   5) Spoil yourself and not your figure.

   6) The choice is yours, the honor is ours.

   7) All you need is some good company, good coffee, and vivid imagination. Only Taster's choice is good enough.

   8) It's a moment you planned for. Reached for. Struggled for. A long-awaited moment of success. Omega, for this and all your significant moments.

   9) The world has a big backyard. Our planet is filled with hidden places. Dramatic

examples of earth's evolution. Witness seven of the world's most diverse landscapes. Come out and play in the Greatest Places.

10) Every night you sleep
But your dreams are wide awake because
Ambitions never sleep
Aspirations never sleep
Goals never sleep
Hopes never sleep
Opportunities never sleep
The world never sleeps
That's why we work around the world
That's why we work around the clock
To turn dreams into realities
That's why Citi never sleeps

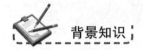 背景知识

直译还是意译？

  商务译者不能不老实,也不能太老实;思想最要紧。译者要想象文章里面的情节,不能照字面死译。若是某人托你买东西,你替他垫钱付了,却不肯收他还的钱,那人说:"Don't be silly!"绝不是"别傻!"他想表达的是"别瞎闹!"或"这怎么可以!"

  能直译就直译。直译出来读者不懂,就改意译,改编。"Come and see me tomorrow."直译为"你明天来找我",这不会引起读者误解,但是如果把"Holy cow"直译成为"圣牛",估计没几个人会懂,所以不如意译为"我的天"。

  翻译要忠实于原文,当然对;怎么才算忠实,大家的意见就有分歧了。太求和原文的字眼一样,译文就会平白浅俗,难读难懂;太求像中文呢而把意思译走了样,失去原来的棱角——原文具体,译文空泛;原文分明,译文含糊;都不是翻译。但是佳译可以兼顾,不过要绞尽脑汁罢了。

  翻译不可只顾字,何况字是钢琴上的键,单独没有作用。要跟上下文一起,才有意义。翻译不可只顾字,何况一个字并不限定只有一个意思。

  译者对于原文的字,要拳打脚踢,离十丈远。但原文的情意、气势,要形影不离。这两点是翻译要旨。

第八章　商务函电翻译

忠实的第二义，就是译者不但须求达意，并且须以传神为目的，译文须忠实于原文之字神句气与言外之意。这更加是译家所常做不到的。"字神"是什么？就是一字之逻辑意义以外所夹带的情感上之色彩，即一字之暗示力……语言之用处实不只所以表示意象，亦所以互通感情，不但只求一意之明达，亦必求使读者有动于衷。

——林语堂

> **讨论时间**
> 1. 商务函电具有哪些特点？
> 2. 商务函电的翻译有哪几个原则？

第一节　商务函电的结构与特点

随着经济全球化的不断推进和我国市场经济的日益发展，国际经济与贸易活动全方位展开，国际商务沟通与交流日趋频繁。商务沟通（Business communication）是指在商业事务中，沟通者之间采用一定的沟通方式相互传递信息、交流思想、表达情感的一个过程。沟通的方式多种多样，可以进行面对面的交谈，也可以采用电话、信件、传真等形式交流和传递信息。无论采用哪种沟通方式，商务沟通在现代经济生活和工作中有着非常重要的作用。

商务函电是国际商务往来经常使用的沟通手段，其主要形式有信函（letter）、电子邮件（E-mail）和传真（fax）。随着电脑和信息技术的普及，越来越多的商务交流通过电话、电子邮件、电报、电传、传真等电子媒体进行，这些现代化媒体因方便、快捷等特点而在人们的日常生活和工作中得以广泛运用。尽管如此，传统的商务信函仍然是公司、企业与客户之间相互沟通的重要纽带。许多通过电话、面谈等口头形式开展的业务活动，通常还需要书信作最后的证实，这些书面记录是对商务活动中双方权利与义务的规定和解决争议的法律依据，其作用不可替代。本章重点介绍的即是商务信函。

商务函电属于正式文体，功能突出，目的性强。从其具体使用功能来看，可分为联系函、询问函、商洽函、答复函、请求函、告知函、订货函、祝贺函、感谢函、介绍函、邀请函、推销函、致歉函、慰问函、任命函等，涉及各行各业。例如，外贸函电的使用贯穿于外贸业务整个流程，在建立业务关系、询盘、报盘、谈判、签约、付款、开证、包装、装运、保险、索赔等环节中显得至关重要。商务函电运用的成功与否，函电翻译质量的高低，直接关系到商务活动的进程甚至交易的成败。为了在涉外函电实践中做得更专业、翻译得更地道，涉外人员有必要对函电的相关知识进行了解。以下就常用的商务信函的结构和特点作一个简单介绍。

一、商务信函的结构

商务信函一般由以下 12 种要素构成：

信头(letterhead)：写信人地址

案号(reference)：文件存档号

日期(date)：信函的书写日期

信内地址(inside address)：收信人地址

经办人(attention line)：信件处理人，注明希望某个部门或具体人员办理此事

称呼(salutation)：一般以"Dear"为开头

事由（subject line)：信件的主题或标题

正文(body)：信函的主要内容

信尾敬语（complimentary close)：信函结束时的礼貌用语，如："Yours Faithfully"

签名（signature)：写信人的签名及打印的姓名

缩写名、附件、分送标志（IEC block)：拟稿人的首字母（initials）、随信所附的文件（enclosure）、抄送其他有关人员（carbon copy)

附言(postscript)：补述部分

下面是一封英语的商务信函：

Cascade Country Lodge
Stanley's Creek Road
GUM TREE GULLEY NSW 2999
Telephone：（02）7654 3210
E-mail：accommodation@cascadecl.com.au

15 March 2009

Heather Norman
Joy Cotton Group Pty Ltd
GPO Box 40B
BRISBANE OLD 4001
Our ref：W/75

Dear Ms. Norman,

Order for Monogrammed Blankets

I would like to place an order for an additional ninety (90) monogrammed 100% Cotton blankets featuring the initials of Cascade Country Lodge.

This order is the same as our previous Order No. 257 dated 15 November 2008. I have enclosed a copy of this order which specifies the size, colour and artwork of the monogram.

I would appreciate your prompt handling of this order so that we may take delivery of the blankets by 30 April.

Please contact me if you have any questions. I am most happy with the quality of the other cotton products we have ordered and look forward to receiving a further ninety blankets from you.

Yours sincerely,
Peter Farrelly
Manager

encl. copy of Order No. 257

从以上实例可以看出，英语商务信函的结构与汉语的信函结构差异很大，译者翻译时必须要注意到这些差异。

二、商务信函的特点

商务英语信函虽有口语化的倾向，但总体上它仍属于正式的公函文体，在语气上委婉、礼貌，在用词上简练准确，在用语上比较正式，多用专业术语、缩略语和套语，特点具体如下：

（一）语气委婉礼貌

我们知道，商务函电目的明确，功能实际，通过遣词造句、语气语调，可表达请求、感谢、满意、投诉、拒绝、道歉等各种具体的言语功能。"细节决定成败"。由于语气、措辞等这些细节问题冒犯收信人以致生意告吹的事例不在少数。试想，读到这些文字："It's your fault to send us the wrong order.", "You obviously ignored our previous reply.", "You are fully responsible for the delay."，作为收信人，你作何感想？可见，直接、生硬、严厉甚至兴师问罪的口吻是商务信函的大忌；而委婉、礼貌、得体、积极的措辞则是沟通成功乃至交易成功的关键。一封好的商务信函，在向对方提要求时表露出礼貌得体，而在向对方说明不利情况、甚至表达遗憾或不满情绪时，也能通过间接含蓄的言语手段，婉转地表达出自己的意图。这样的信函既达到了交换信息的目的，又能传递友谊，有利于保持双方友好合作的贸易关系。实际上，商务信函强调的正是我们中华民族倡导的"和气生财"之道。请看下面例句。

译例 1 ▶ You failed to send your order to us before the new prices were introduced.

译文 ▶ 贵方未能在新的价格实施前将订单寄给我们。

译例 2 ▶ Unfortunately, we did not receive your order before the new prices were introduced.

译文 ▶ 很不幸,我们在实施新的价格之前未能收到贵方的订单。

译例 1 使用"You fail to"这样的措辞显得直接、生硬,对方不易接受。而译例 2 表达的比较婉转,对方听后不会反感。实际上,在商务书信往来中,类似译例 2 的表达很常见。

译例 3 ▶ Much to our regret, we have to complain about the quality of these machines which seems to fall far below the standard our customers expect.

译文 ▶ 我们非常遗憾,不得不致函向贵方提出投诉,因为这些机器的质量远远达不到我方客户的要求。

可以想象,这批机器质量这么差,写信人心里肯定不满,但该信表达出的语气却把握得不错,投诉方式容易为对方接受。写信人先用"much to our regret"缓冲一下语气,告知对方我方的感受,再委婉地指出机器质量是"fall far below the standard our customers expect",没有直接指责为"poor in quality",而且还用了"seem to"进行低调处理。

译例 4 ▶ 随函附上我们的产品宣传册和价目单。

译文 1 ▶ Enclosed herewith are a brochure and a price-list.

译文 2 ▶ I enclose a brochure and our price-list for your reference.

译文 1 使用被动语态,表示出一种公事公办的态度;而译文 2 使用主动语态,会让对方感到亲切自然。

为了表达礼貌的语气,信函的遣词造句往往比较讲究策略。例如,表达"请求对方对有关信息作出尽早答复"这一功能时,除了平时人们常说的"Please give us a reply as soon as possible.",商务信函中还常见下述表达:

We would appreciate it if you could give us a prompt reply.

We would be pleased/glad if you could provide us with the above information soon.

We should be most grateful if you could send us the above information at your earliest convenience.

We look forward to hearing from you soon.

Your prompt reply will be highly appreciated.

以上五个例句均采用了陈述句来表达礼貌的语气。类似情况一般不用祈使句来表达,如果说:"Be sure to give me a reply as soon as possible.",这句话听起来是要求对方一定要回复,措辞显得很直接,有命令对方之嫌。因此,在信函中一般都避免使用祈使句,而是用陈述语气来表达祈使的功能,以体现信函双方之间的平等合作关系。

此外,信函中有时还使用诸如"Would you…","Could you…","We are sorry…","We regret…"等表达,使语气趋于缓和,显得很有礼貌。

(二) 用词简练准确

商务信函要求用简洁、明了的语言准确表达写信人的意图,避免华丽的词句和过多的修饰。中国古代写文章讲究"起承转合",由浅入深,先分后总,观点在最后部分才告诉读者,先说原因后说结果,即所谓"前因后果",表达非常含蓄。而英文刚好颠倒过来,将主要思想或结果放在句首,放在主句里,表达一开始就主题鲜明,开门见山。了解了英汉写作的这一

差异,就能更好地把握商务信函的特点。以下是一封英文信函的正文内容:

译例 5 With reference to your letter of March 11, we are pleased to accept your offer of 45 long tons of Tin Foil Sheets as per your Offer Sheet No. 5/080/06. Please go ahead and apply for your Export Licence. As soon as we are informed of the number of the Export Licence we will open the L/C by cable.

译文 关于贵方3月11日来函,我方很高兴接受贵方第5/080/06号报盘单所报45长吨锡箔。请着手申请办理出口许可证。一经接到贵方出口许可证号码的通知,我方立即电开信用证。

该封信函开门见山,简短明了,用词简单朴实,体现出商务信函的简练特点,又不失礼貌。

一般情况下,商务函电的表达要求简短。为了简明扼要地向对方传达信息,语言组织和用词上也从经济的角度考虑,以省对方的阅读时间,提高工作效率,例如:

用"now"代替"at this point in time";

用"during 2007"代替"during the year of 2007";

用"because"代替"owing to the fact that";

用"soon"代替"in the near future"。

在商务函电中,信息准确清晰始终是第一位的,就外贸信函而言,从询盘开始,到报盘、还盘、递盘、到协议的订立、货物的装运等,双方传递的信息务求准确无误,以避免日后执行时产生歧义和误解。

译例 6 Our payment terms are 2% ten days, thirty days net.

译文 1 我们的付款条件是10日内付款为2%的折扣,30日内付清。

译文 2 我们的付款条件是10日内付款为2%的折扣,30日内付款无折扣。

译文1不准确,译者未能理解"thirty days net"的真正含义,它实际指的是30天内付款到期,应全额付款,无任何折扣可言。因此,译文2才准确表达了原文的意思。

(三) 多用术语和缩略语

商务信函涉及商务活动的各个方面,大量采用各个行业的专业术语和缩略语,特别是外贸业务中涉及价格条款、支付方式、保险等内容的函电,更是频繁使用相关术语和缩略语,其表达的意思相对固定,为业内人士所知,从而使沟通简便、迅速、有效。

比如,货物保险方面的术语和缩略语在函电中频频出现,需要译者去熟悉了解,才不至于在翻译时出错。如"particular average"表示"partial loss",即"部分损失"之义,而不能译为"特别损失";"With Particular Average(W. P. A. 或 W. A.)"是专指保险中的"水渍险"。"irrespective of percentage"并非"不论百分比",而是"无免赔额"之义。"floating policy"表示"流动保单",指的是用以承保多批次货运的一种持续性的长期保险凭证。"TPND"是"Theft, Pilferage and None-delivery"的缩略形式,表示"偷窃、提货不着险"。请注意以下例句中的术语与缩略语的翻译。

译例 7 We have insured all future shipments of hand tools made by you from your warehouse in Dalian to our warehouse in New York under an open policy for the total amount of USD120,000.

译文 ▶ 我们已经根据总保额 12 万美元的预约保单的规定,对今后你方生产的手工工具的每批运输办理从你方大连仓库至我方纽约仓库的保险。

该例句中的保险术语"open policy"又称为"open cover",是指"预约保险合同,即被保险人与保险人之间订立的总合同",不能想当然译为"公开的政策"。

译例 8 ▶ In order to conclude this transaction, we are prepared to accept payment of 50% by L/C and the balance by D/P at sight.

译文 ▶ 为了做成这笔交易,我方准备接受 50% 用信用证、余额部分用即期付款交单方式支付。

此例句中的缩略词 L/C 表示"letter of credit",即"信用证",D/P 表示"document against payment",即"付款交单",而"at sight"表示"见票付款"之义。

译例 9 ▶ 对于这些标准包装,人们常用习惯皮重来表示每件包装的重量。

译文 ▶ For these standard packages, customary tare is often used to denote the weight of each package.

在涉及交易商品数量时,会碰到例句中"习惯皮重"之类的术语。"习惯皮重"英文术语为"customary tare","实际皮重"译为"actual tare"或"real tare","平均皮重"译为"average tare",而"约定皮重"则是"computed tare"。这几种都是国际上通行的包装计重方法,经常会用到,需要译者加以了解。

(四) 常用套语

在日常的商务活动中,一些常用英语词组或句型因普遍使用而成为比较固定的表达,在信函中大量套用;汉语也有类似情况。因此,英汉互译时均可直接套用这些常用表达,比较方便。下面列举几句商务函电中的常用套语:

We are in receipt of your letter/order... 贵方……来函/订单收讫
We are pleased to inform you that... 欣告贵方……
We thank you for... 对……谨致谢意
Enclosed please find... 随函附寄……
... will be highly appreciated.　如……将不胜感激。
Should you have further questions, please feel free to... 若有疑问,敬请……
We confirm the receipt of... 兹确认收到……
Kindly reply at your earliest convenience. 惠请早日回复。
For these reasons, we think that... 由于这些原因,我方认为……
We are sorry to know that... 我方获悉……深为遗憾

以下是一些常用套语的具体运用。

译例 10 ▶ 兹确认贵方 2 月 9 日的订单。承蒙惠顾非常欣慰。

译文 ▶ We have much pleasure in confirming herewith the order which you kindly placed with us on February 9.

译例 11 ▶ Your prompt attention to this order would be greatly appreciated.

译文 ▶ 请从速办理本订单为感。

译例 12 ▶ 随函附寄我方棉纺毛巾样品,请查收。

译文 Enclosed please find samples of our cotton towels.

在表达"随函附寄……，请查收"这一意思时直接套用"Enclosed please find..."即可，这已成为固定的表达。

译例 13 本报盘如有变动，恕不事先通知。

译文 The offer is subject to change without prior notice.

以上几例中均使用了套语，这是商务信函句型的一个显著特点。

第二节　商务函电的写作原则和翻译原则

商务函电涉及商务领域的各个环节，双方围绕权利与义务、守信与违约、交货与付款、保险与索赔等事项展开交流，而作为维系双方的重要媒介，函电在构思与信息传递方面成功与否对双方的业务有着非常重要的影响。商务函电的语言追求简练而准确，表达温文尔雅，其写作原则已从原来的"3C"原则，即：Conciseness（简洁）、Clearness（清楚）、Courtesy（礼貌）发展到如今的"7C"原则，即：Completeness（完整）、Correctness（正确）、Clearness（清楚）、Conciseness（简洁）、Concreteness（具体）、Courtesy（礼貌）和 Consideration（体谅），这是对函电的写作提出了更高的要求。译者在翻译商务函电时也可以参照"7C"写作原则进行翻译实践。

一、礼貌

在商务交往中为了给自己面子，也为了保留对方的面子，最好的策略就是使用礼貌语言。礼貌并不是一些礼貌用语的简单堆砌，而是要体现一种多为对方考虑、多体谅对方心情和处境的态度。商务交往中双方发生意见分歧，观点不能统一时，应避免使用冒犯性语言，要理解并尊重对方，真诚沟通，化解分歧，以保持双方的良好关系。

英国语言学家利奇（Leech）根据英国文化特点提出了六条礼貌原则，分别为：

得体准则（tact maxim）：使他人受损最小；使他人受惠最大；

慷慨准则（generosity maxim）：使自身受惠最小；使自身受损最大；

赞誉准则（approbation maxim）：尽量少贬低别人；尽量多赞誉别人；

谦虚准则（modest maxim）：尽量少赞誉自己；尽量多贬低自己；

一致准则（agreement maxim）：尽量减少双方的分歧；尽量增加双方的一致；

同情准则（sympathy maxim）：尽量减少对别人的反感；尽量增大对别人的同情。

这六条礼貌原则在商务沟通中值得借鉴，在写商务信函时应加以考虑，通过书面语言文字，尽可能表达出热情友好的态度和礼貌得体的语气。例如，在表达"拒绝"这一意义时，用"decline"要比用"refuse"显得礼貌客气，前者是婉言拒绝或谢绝，而后者是坚决、果断地拒绝。另外，在翻译原文的程式化礼貌用语时应尽可能考虑用一些敬语、套语来表达，这样做，既能够恰当得体地再现出原文的礼貌语气，又能使语言更地道。例如，在信函的结尾，写信人常常会附上感谢之类的话以示对收信人的尊重和礼节："We would like to thank you for having placed orders with us.（感谢贵方向我方订购产品。）"，"Thank you for your prompt attention to this matter.（感谢贵方从速办理此事。）"

二、正确

商务函电的内容大多涉及商业交往中双方的权利、义务以及利害关系,如果出错必然会造成不必要的麻烦甚至损失。因此,从函电的格式、语气,到书面用词、用语、金额、标点符号等均应正确无误,措词要符合公函文体的语言特点。翻译时也要力求将原文信息准确无误地传达出来。例如,金额的表述必须正确使用货币币种,而译者翻译时更是不能遗漏币种。货币符号"$"既可代表"美元",又可代表其他某些地方的货币,使用和翻译时需引起注意。

三、清楚

商务函电的写作应该非常清晰明确地反映写信人的真实意图,做到条理清楚,表达明确,避免含糊其辞,更要避免歧义的产生。应尽量使用简单普通的词句告诉对方,少用修辞手法。翻译时也要做到清楚明确,通顺易懂,避免模棱两可的表达。例如,日期的表达应清楚写明年月,"10 August 2009"应避免简写成"10/8/09",以免引起误解。

四、简洁

商务函电的语言应直接简练,开门见山,就事论事,用尽可能少的语言传递尽可能多的信息,让人容易理解。多用常用的单词,避免使用生僻或过于复杂的单词,可以使交流变得更加容易和方便。翻译时也要尽可能做到言简意赅。例如,伯克希尔·哈撒韦公司主席沃伦·巴菲特在其一封致读者的信的开头使用了非常简洁的语言,37个单词中有29个单音节词:"You probably know that I don't make stock recommendations. However, I have three thoughts regarding your personal expenditures that can save you real money. I'm suggesting that you call on the services of three subsidiaries of Berkshire..."这种简洁的语言值得借鉴。

五、具体

商务函电内容要具体,要言之有物,突出主题,达到预期的交际目的。就进出口业务的磋商环节而言,涉及买卖双方许多细节性事项,均需具体清楚地在信中列明,并及时与对方逐一沟通、敲定。例如,函电中应尽量避免说:"Payment should be received as soon as possible",因为as soon as possible所表达的"尽可能快地"之义不够明确,该句应该具体化为:"Payment is due April 10, 2010",这样的话具体时间一确定,操作性就很强。在翻译函电时则需将原文信息如实一一译出,不能自作主张,将具体内容部分译出,导致双方信息不对等,从而影响交易的顺利进行。

六、完整

商务函电应包含每次业务沟通中所要传递的全部信息,做到内容完整,文字简洁明了。信息要包含何人、何时、何地、何事、何种原因、何种方式等。翻译时自然应将信息内容一并译出,不能马虎了事。例如,买方在向卖方再次订货时,应提及上次订货的订单号、时间、数量、规格等相关信息,还应在信后附上原订单的复印件,以备卖方参阅。

七、体谅

为对方着想,这也是拟定商务函电时一直强调的原则。本着"You-attitude(为对方着想的态度)",站在对方立场,从对方的角度考虑问题,表达想法,处理事情,既充分体谅对方,又不卑不亢。译者在翻译时要仔细解读原文的体谅之心,在译文中将其充分反映出来。例如,"Thank you for bringing the matter to our attention. If you wish, we would be happy to take the issue with the shipping company on your behalf."在这段文字中,写信方为对方着想,为了使对方安心,主动提出协助对方与船运公司交涉。

对商务函电翻译而言,要参照上述的"7C"原则,准确把握语篇,尽量使译文精确、简练,体现其开门见山、层次分明、语言简洁的语篇特色,术语翻译要规范统一。译者必须本着严谨认真的态度,仔细斟酌原文的用词和语气,体现原文的准确性和其他相关特点。

第三节 商务函电的翻译技巧及实例解析

商务函电的翻译应以翻译原则为指导,以函电的文体和语言特点为基础,结合一定的翻译技巧进行。在翻译商务函电时译者要从整体篇章结构和文体功能来看,领会写信人的真实意图和语言风格,并将其准确传递。信函中的用词要准确理解,特别要注意一些词汇的专业意义和一词多义的用法,注意信函中的句子结构和逻辑关系,翻译时理清层次。针对原文中的套语、敬语,要尽可能用译入语中的对等套语、敬语直接再现。另外,在翻译过程中特别要注意细节问题的翻译,往往一个标点、一个数字的翻译失误,会给双方带来很大麻烦。本部分主要从函电的格式、语气、专业术语与缩略语、一词多义、惯用法与搭配等方面探讨商务函电具体的翻译方法与技巧。

一、格式的翻译

译文要确保其准确性、严谨性和专业性,再现原文的语气、文体和专业特点,必须要从整体上再现原文传递的所有内容,包括各类商务信函的表达模式和结构。从前文可知,一封完整、标准的商务英文信函一般由12个要素组成,翻译时一定要严格按照信函的格式逐条翻译,做到条理清楚,格式规范。在格式翻译上应注意以下几点:

(一) 称呼的翻译

信函中的"Dear"只是一种尊称,表示"尊敬的",不要直译成"亲爱的"。一般情况下,不知收信人姓名的商务信函以"Dear Sir"或"Dear Madam"开头,以"Yours faithfully"结束。而以收信人名字开头的商务信函,常以"Yours sincerely"结束。"Dear Sir"可译为"先生"或"尊敬的先生","Dear Gentlemen"和"To whom it may concern"可译为"敬启者"或"谨启者"。

(二) 日期的翻译

中文在表达日期时是按年月日的顺序,而英美国家则不然。例如,2008年8月7日可以有下面两种译法:

美式英语格式：August 7，2008（简写为：08-07-2008）

英式英语格式：7 August，2008（简写为：07-08-2008）

翻译日期时，应尽量避免使用上述括号中的简写形式，月份要用单词而不是数字表示，以免混淆。日期最好用基数词（如：15，23）表示，显得简洁清楚，不要用序数词（如：15th，23rd）。需要注意的是，不管选用美式写法还是英式写法，在一封信里前后日期一定要保持一致，不能混用，以免产生误解，带来不必要的麻烦。

（三）信内地址的翻译

英文地址的书写方式与汉语恰好相反，汉语是从大到小，而英文是从小到大的顺序，翻译时要注意区别，不要搞错。例如："中国浙江省宁波市钱湖南路1号，邮编：315100"译成英语是："1 South Qianhu Road, Ningbo, Zhejiang, P. R. China 315100"。若地址中有缩写，需要特别注意其代表的意义，如："ST"表示"street（街）"，"RD"表示"road（路）"，"AVE"表示"avenue（大街）"，"BLK"表示"block（街区）"，"BLDG"表示"building（大楼，栋）""FL"表示"floor（楼层）"，"RM"表示"room（室）"，"INC"表示"incorporated（公司）"，等。

（四）结尾敬语的翻译

信函的结尾敬语是礼貌用语，常用的有"Yours Sincerely"、"Yours Faithfully"、"Yours Truly"、"Yours Cordially"、"Best Regards"、"Best Wishes"等。这些敬语只是信函程式上的要求，翻译时决不能照字面直译。若把"Yours Sincerely"直译为"您的忠实的"的话，明显不符合汉语书信的表达习惯，让人感觉不舒服。所以一般情况下，可以把此类的结尾敬语译为汉语书信常用的结尾语，如："……谨上"，"……谨启"，"……敬启"，"……谨复"等。

总之，在翻译整篇商务英语信函时应该既符合汉语表达习惯又不失商务英语特点。把商务汉语信函译成英语时要对汉语的信函作一些调整，使之符合英语的程式和表达习惯。

二、语气的翻译

"态度决定一切。"这句话用在商务函电上是很恰当的，因为写信人的态度往往是决定双方业务成败的关键，不容忽视。商务信函虽然功能各异，但大多是以礼貌和气为前提的，因此，译者在翻译时要充分考虑到原文的这一特点，把握好原文的语气语调，在译文中有分寸地采用相应的敬语、套语、礼貌或委婉的表达。

译例 1 ▶ We have received your letter of May 10 and regret to know that the shipment of your Order No. 158 arrived 15 days later than the time stipulated in the contract.

译文 ▶ 贵方5月10日来函收悉，获悉贵方第158号订单的船运货物比合同规定迟15天到达，深感遗憾。

译文中采用了"来函"、"收悉"、"获悉"等汉语的公文体用语，文字准确规范，也把原文的语气准确传达出来了。

译例 2 ▶ 我们向来重视客户的意见。立足这一点，我们非常乐意承担更换缺损货物而带来的所有费用。

译文 ▶ We always value comments from all our customers. With this in mind, we are more than happy to cover all the cost arising from the replacement of the defective goods.

译文中的"非常乐意"翻译得当,用"more than happy"把写信人处理此事的态度译得明白到位,收信人读后心里会感到舒坦,这种诚恳的态度表达了对他人的尊重和礼貌。

译例 3 We really must apologize for the great inconvenience caused to you.

译文 1 给你们带来很大不便,为此,我们真的必须向你们道个歉。

译文 2 给贵方带来极大不便,对此我方深表歉意。

两种译文相比之下,译文 1 不如译文 2 简练、规范。后者不仅采用汉语的公文用语,还把写信人的诚恳态度也一并译出。

商务函电中表达语气的方式灵活多样,如主动语态、条件句和疑问句的使用,以及情态动词"could"、"would"、"might"等的使用,都能把信函中一些客气礼貌的语气表达出来。译者在翻译时可根据具体情况,尽可能按照原文的陈述方式表达原信函的语气。

译例 4 若贵方价格最少降低 7%,我们会非常高兴继续订货。

译文 1 If your price could be reduced at least by 7%, we would be very happy to place further orders with you.

译文 2 If you could reduce your price at least by 7%, we would be very happy to place further orders with you.

我们知道,英语中被动语态使用较多,如译文 1 就用了被动语态对原句进行直译,感觉有一种就事论事的态度,但译文 2 使用主动语态能拉近双方的距离,让对方感觉到你的尊重。译文 1 与译文 2 都没译错,但译文 2 不失为更好的译法。

译例 5 If you are interested in any of the items in the catalogue, please let us know as soon as possible.

译文 若贵方对产品目录中的任何产品感兴趣,敬请从速告知。

原句使用了"if"条件句,给对方留有余地,比较委婉客气。译文使用了汉语中的套语"贵方"和"敬请",显得礼貌客气,译文处理得当。

译例 6 Could you please tell us the earliest shipment date?

译文 能否告知我方最早何时装船?

上述例句中使用了疑问句来表达委婉礼貌的语气。英语信函中常常使用疑问句,如:"Could you please...?","Would you please...?","Will you please...?","Can you...?","May I...?"等,用以表达原文委婉请求的语气,翻译时也应按疑问句译出,保留原文的语气。

三、专业术语与缩略语的翻译

前面提到术语与缩略语的大量使用是商务函电的一个显著特点,翻译时必须准确理解这些词汇的专业含义和固定表达,使译文符合行业和专业规范,表达准确。请看下面的例句:

译例 7 Thank you for your enquiry of July 10 for 1,500 M/T Dalian Soy Bean.

译文 1 感谢贵方 7 月 10 日有关 1500 公吨大连大豆的查询。

译文 2 感谢贵方 7 月 10 日有关 1500 公吨大连大豆的询盘。

"enquiry"作为外贸函电中常用的术语之一,有时拼写为"inquiry",表示"询价、询盘",在信函中不要译成译文 1 中的"查询",这样翻译显得不够专业。而缩略词"M/T"是"metric ton"的缩略形式,译为"公吨"。

译例 8 ▶ C. I. F. & C. I. price

译文 ▶ CIF 加佣金和利息价格

"CIF"为国际通用的价格术语,经常不译出,大家也都知道其含义。该例中的首字母缩写"C. I."分别代表"Commission"和"Interest",即"佣金"和"利息"。若译者对此不了解,那么其含义猜也猜不出,翻译更是无从译起了。

译例 9 ▶ In cartons or crates of about 10 kg net, each fruit wrapped with paper

译文 1 ▶ 用箱子装,每箱净重约 10 千克,每颗水果包纸

译文 2 ▶ 用纸箱或板条箱装,每箱净重约 10 千克,每颗水果包纸

译文 1 把"cartons or crates"笼统译为"箱子",显然有违翻译的具体、准确原则。在外贸业务中,货物的包装有各种严格的要求和规定,必须按买卖双方的约定进行。译者翻译时需将具体信息如实译出,像译文 2 那样,而不能任意改变或笼统翻译。

例 9 是交易中的包装条款,涉及了"carton"、"crate"这样的包装用语。国际贸易中的货物,其运输包装种类很多,仅箱子而言,按不同材料可分为木箱(wooden case)、板条箱(crate)、纸箱(carton)、瓦楞纸箱(corrugated carton)、漏孔箱(skeleton case)等,翻译时需要译者特别仔细,稍有不慎就会搞错,可能会给买卖双方带来麻烦,甚至造成经济损失。

再如,"C. O. D."全称是"cash on delivery",即"货到付款"。"FCL"是"full container load"的缩写形式,指的是集装箱的"整柜",而"LCL"代表"less than one container load",即"拼柜"。还有,"exchange dumping"和"exchange rate"应分别译为"外汇倾销"和"外汇汇率",这里的"exchange"一词是指"外汇",即"foreign exchange",而不是常用的"交换"之义。还有一个金融术语"open account(O/A)"表示"记账交易,赊账",而"open an account"则表示"开立账户"。可见,一个单词之差,意思截然不同,翻译的时候要时时留心。外贸英语里还有"hard goods"和"soft goods"之分,不能想当然译成"软货"和"硬货",让人看不明白。其实正确的译文分别应是"耐用品"和"纺织品,非耐用品"。

四、一词多义的翻译

英语中一词多义现象很普遍,在商务英语函电中也很多见,翻译时要注意根据上下文确定一个词的具体含义。例如,大家熟悉的信用证"letter of credit (L/C)"中的"credit"就是一个多义词,下面列举该词的几种不同意义和用法,以便译者在今后的翻译实践中加以注意和借鉴。

译例 10 ▶ They wrote us asking about their partner's credit standing.

译文 ▶ 他们写信给我方询问有关合伙人的信用状况。

译例 11 ▶ For the present we extend to the firm a credit line of USD 25,000 for their imports mainly from the United States.

译文 ▶ 现在我们给该公司提供贷款的信用额度为 25,000 美元,主要用于该公司从美国进口产品。

在以上两个例子中,"credit"均为"信用"之义。"credit standing"是指"信用状况",有时还可用"credit status"来表示同一意思。"credit line"是指"信用限额",还可用"credit limit"来表示该意义。

译例 12 ▶ We bought the products on credit.

译文 我们赊购该产品。

"buy on credit"表示"赊购"之义,是指买卖双方凭信用做生意,买方先从卖方处得到货物而延后付款。而"sell on credit"则是指"赊销"。

译例 13 We have credited USD 7,000 into your account with the Bank of China, New York.

译文 我方已将7,000美元贷记你方在中国银行纽约分行的账户。

"credit"在此例句中作及物动词用,表示"记入贷方"。若表示"记入借方",则用"debit"一词。

译例 14 The undergraduate student needs six more credits to graduate.

译文 这名本科生再修读六个学分即可毕业。

此例句中的"credit"是指大学课程的学分。如果碰到翻译"credit system"时就要特别注意,因为它可以用来指大学的"学分制度",也可以是金融行业的"信用制度"。其具体含义必须根据上下文语境才能确定。还有一个使用较多的相关金融词汇是"credit investigation system",即银行的"征信制度",是指由特定的机构依法采集、客观记录个人信用信息,并依法对外提供个人信用报告的一种活动。

译例 15 The front-line medical staff deserved credit for their efforts and bravery in combating SARS.

译文 一线的医护人员在抗击非典中全力以赴,表现勇敢,值得称赞。

此例句中的"credit"意思是"称赞"。英语中常用的一个动词短语是"give somebody credit for something",即"因某事而称赞某人"之义。但是,在"The bank gave the company long-term credits"这一句中,"give credits"则表示"提供信用贷款"之义。

从以上几例可以看出,"credit"在不同的上下文中具有不同含义,在确定其词义时要依靠具体语境和词的搭配用法来仔细判断,不能草率从事。下面再看函电中常用的"refer"一词在不同句子中的不同含义。

译例 16 We refer you to our bank for our financial standing.

误译 有关我们的财务状况,请贵方去查阅我方的银行。

改译 请贵方去向我方银行了解我们的财务状况。

"refer to somebody for something"表示"向……查阅,向……了解情况",此例句原意是向银行查阅,而不是查阅银行。问题出在译者没有掌握"refer"一词的正确用法。

译例 17 We refer you to our letter of April 18.

译文 请贵方参阅我方4月18日信函。

此例句中"refer"的意思是"提到,涉及",也可以译为:"兹谈及我方4月18日信函。"

译例 18 The dispute in question shall be referred to arbitration.

译文 该争议将提交仲裁。

此例句中的"refer"为"提交"之义。"in question"表示"涉及到的,被讨论着的",此处译为"该"。

译例 19 Your enquiry for cotton shirts has been referred to us for attention.

译文 你方对棉质衬衫的询价已经转交给我们办理。

"refer"在该句中可译为"转交……办理"。

另外,"stock"一词在外贸函电中也经常见到,该词也有很多意义,例如,它可用作"家畜"的总称,在"stock farming"中指的是"家畜饲养业";也可用来指"库存,存货";也可以指大家熟悉的"股票",如 New York Stock Exchange(NYSE,纽约股票交易所);还能成为"笑柄(a laughing stock)"。以下是"stock"一词的几种用法举例:

译例 20 ▶ At present, we have only a limited stock of electric fans.

译文 ▶ 目前我们的电风扇库存有限。("stock"作"库存"解)

译例 21 ▶ Our stocks are going off rapidly.

译文 ▶ 我们的存货正在很快地售出。("stock"作"存货"解)

译例 22 ▶ After completing the acquisition, our company could meet the objective of raising money in the capital markets by issuing stock.

译文 ▶ 本公司在完成收购后可通过在资本市场发行股票,实现筹集资金的目标。("stock"作"股票"解)

此外,在函电中还常常遇到一些与"stock"搭配的短语,如:"out of stock"表示"没有现货、脱销",而"in stock"是"有现货、有存货"之义,"take stock"则表示"清点存货"。还有一个常用的表达是"stocks on hand",即"手头现存的货品"。

从上述的实例可以看出,在翻译商务函电时要重视一词多义现象,因为词汇是基础,在词汇理解上若出现偏差甚至错误,则必然导致误译、错译,最终影响业务的顺利开展。因此,译者只有把握好词汇在不同语篇中的不同含义,才有可能准确传达原文信息。

五、惯用法和搭配用法的翻译

熟悉和掌握英语的惯用法和搭配用法会对商务信函翻译大有帮助,可以帮助我们克服因本民族语言和文化的影响而产生的错误,避免直译或不符合习惯的类推,从而提高翻译的质量。译者若不知"red tape"常用来表示"繁文缛节"的话,就很可能把它直译成"红带子"。商务英语中"to draw a draft"意思是"to write out a draft",即"开立一张汇票"之义,这已是习惯搭配,一般不用"to open a draft"来表达。请看例句:

译例 23 ▶ The exporter has drawn a draft on the importer for USD 5,800 with relevant shipping documents attached.

译文 ▶ 出口方开立了一张金额为 5,800 美元、以进口方为付款人的汇票,随附相关货运单据。

此句中的"draw a draft"常常被误译为"提取一张汇票",因为"draw"一词在"to draw money from the bank"中有"提取、提款"的意思。就汇票而言,除了"to draw a draft(开立一张汇票)"之外,常用的搭配还有:"to negotiate a draft(议付一张汇票)","to accept a draft(承兑一张汇票)","to discount a draft(贴现一张汇票)","to honor a draft(支付一张汇票)","to dishonor a draft(拒付一张汇票)",等等。这些搭配中的"negotiate","accept","discount","honor","dishonor"等动词在金融英语中均有其特殊的意义,但译者往往容易按其常用意义去翻译,因此,经常会出现翻译错误。

再如,"in favor of"和"in the red"在商务英语中也有其习惯用法和意义,翻译时也要引起注意。请看以下两例:

译例 24 ▶ The importer requests his bank to issue a letter of credit in favor of an exporter abroad.

误译 ▶ 进口方请求其银行开立一份有利于国外出口方的信用证。

改译 ▶ 进口方请求其银行开立一份以国外出口方为受益人的信用证。

此例句中的"in favor of"是信用证业务中的常用术语,有时也用"in one's favor",根据上下文应译为"以……为受益人",而不应译为"支持"或"有利于"。

译例 25 ▶ The new company is in the red this year due to inexperienced management.

译文 ▶ 由于管理经验不足,这家新公司今年亏损。

该例句中使用了商业和股市常见的术语"in the red",表示"亏损,有赤字"。过去,公司财务记录数字时都用红色墨水标示亏损,用黑色数字记录企业利润。所以,"in the black"则表示"赢利,盈余"。

译例 26 ▶ A private health insurer in New Zealand announced it was back in the black with its first profit in two years.

译文 ▶ 新西兰一家私人健康保险公司宣布,两年来他们首次重新开始赢利。

下面再比较一下"under cover"和"under separate cover"的不同含义。

译例 27 ▶ We are sending you under cover a copy of our price list.

译文 ▶ 随函附寄上我方的价目表一份。

译例 28 ▶ We are sending you illustrated catalogues under separate cover.

译文 ▶ 另函邮寄贵方一些插图目录。

译例27中"under cover"指"随函附上,附在信里",相当于"enclose"之义,不能译成"卧底"或"秘密"之义。而译例28中"under separate cover"则表示"另函邮寄",与"enclose"相对应。"另函邮寄"还可以用"by separate mail"、"by separate post"、"by another mail"或"by another post"这几个短语来表示。

译例 29 ▶ Our company has a sales force at present of twenty-five salesmen on the road, each with his own territory.

误译 ▶ 目前本公司有一支由25名推销员组成的推销队伍正在途中,每人有自己的推销地域。

改译 ▶ 目前本公司拥有一支由25名外勤推销员组成的推销队伍,每人有自己的推销地域。

在商务英语中,"on the road"表示"traveling, especially as a salesman",故"salesmen on the road"可作"外勤推销员"解。可见,把它译为"在途中"是一种想当然的译法,一定要避免。

在外贸交易中,"delivery"是使用频率很高的一个词,与之常用的搭配有:"effect/make delivery"(交货),"take delivery"(提货),"guarantee prompt delivery"(保证迅速送货),"refuse delivery"(拒收货物),"special delivery"(快递)等。掌握这些常用的搭配用法对正确翻译很有帮助。

另外,汉语中的"保税区"已习惯译为"bonded zone"或"free-trade zone","保税仓库"则是"bonded warehouse"。汉语的"拳头产品"应译为"knockout product"或"core product",

让人看了一目了然,而不能直译成"fist product",让人云里雾里不知所云。

英语的惯用法和搭配用法非常之多,在翻译实践中,需要译者做个有心人,经常查阅工具书和专业书籍,随时积累,多动脑筋,才能确保翻译不出差错。

总之,在翻译商务信函的过程中,要考虑信函的实用性、准确性和专业性等特点,熟悉相关的专业术语、缩略语、惯用法和套语,灵活运用翻译技巧。

第四节 商务函电的常用表达翻译

一、商务函电中常见的"offer"的搭配用法

firm offer 实盘
non-firm offer/offer without engagement 虚盘
counter-offer 还盘
official offer 正式报盘
buying offer 买方发盘
selling offer 卖方发盘
sampled offer 附样品发盘
make an offer 报盘;出价
cable an offer 电报报价
submit an offer 提交报盘
accept/entertain/close with an offer 接受报盘
confirm an offer 确认报盘
repeat an offer 重复报盘
renew/reinstate an offer 重新发盘
alter an offer 变更报盘
extend an offer 延长报盘有效期
withdraw/cancel an offer 撤回报盘
decline/turn down an offer 拒绝接受报盘

二、商务函电中常见的"order"的搭配用法

initial order 首批订单
fresh/new order 新订单
heavy/substantial/considerable orders 大量订单
outstanding/pending order 未完成的订单
trial order 试订单
place/book an order 订购,下订单
cancel/withdraw/revoke an order 取消订单
repeat an order 续订单

execute/fill/fulfill/carry out an order 执行订单
close/take on an order 接受订单
confirm an order 确认订单
to hold up/suspend an order 暂停执行订单

三、商务函电中常见词组与短语翻译

establish/enter into business relations with... 与……建立业务关系
expand one's business scope 扩大经营范围
be/fall within one's business scope 属于……的经营范围
quote a price 报价
supply sb. with sth. /supply sth. to sb. 向某人供应某物
meet/satisfy one's requirements 满足某人的需求
clear/settle an account 结账
specialize in 专营
give priority to... 给……以优先权,优先考虑
subject to change without notice 如有变更,恕不另行通知
for the sake of 为……起见,为……缘故
at one's cost 由……承担费用
for/on one's account 由……支付
for one's reference 供……参考
on one's part/on the part of 在……方面,就……而言
as requested 按照要求/请求
without engagement 无约束力
in terms of 在……方面,关于
in view of 考虑到,鉴于
in due course 在适当的时候,如期地
upon/on receipt of 一俟……,收到……后
with regard to/with respect to/in regard to/concerning/as regards/with reference to 关于,有关

四、商务函电的常用语

(一) 函电开头的称呼语

Dear Mr. Brown (尊敬的)布朗先生
Dear Ms. White (尊敬的)怀特女士
Dear Sir
Dear Sirs
Dear Madam   } (均可以译为"敬启者")
Dear Sir or Madam
Gentlemen

(二) 函电开头的用语

We are writing to inform you that... /to confirm... /to request... /to enquire about...
兹致函告知……/确认……/请求……/询问……

I recently read/heard about... and would like to know... 近期获知……我方欲了解……

I would be interested in (obtaining/receiving)... 我方希望收到……

Having seen your advertisement in..., I would like to... 拜读贵公司……的广告,兹……

I received your address from... and would like to... 从……获知贵方地址,兹……

I am writing to tell you about... 今致函告知……

I am contacting you for the following reason. 因下述事由,兹联系贵方。

(三) 有关以前联系的用语

Thank you for your letter regarding... 感谢贵方来函……

Thank you for your letter of September 18... 感谢贵方9月18日来函……

In reply to your request... 兹回复贵方来函……

Thank you for contacting us. 感谢来函。

With reference to our telephone conversation yesterday... 关于我们昨天的电话交谈……

Further to our meeting last week... 关于我们上周的会议……

It was a pleasure meeting you in Los Angeles last month.
上个月在洛杉矶与您会面,甚感荣幸。

I would just like to confirm the main points we discussed on Tuesday...
兹与贵方确认周二双方讨论的要点……

I enjoyed having lunch with you last week in Shanghai. 很高兴上周与您在上海共进午餐。

(四) 有关订单的用语

I am pleased to acknowledge receipt of your order No. 312... 贵方第312号订单收悉

We are pleased to place an order with your company for... 兹向贵公司订购……

Thank you for your quotation of... 感谢贵方报价……

We would like to cancel our order No. 273... 我方现撤销第273号订单……

Please confirm receipt of our order. 请确认收到我方订单。

Your order will be processed as quickly as possible. 我方将尽快办理贵方订单。

It will take about two weeks to process your order. 办理贵方订单约需两周时间。

We can guarantee delivery before... 我方保证在……之前发货

Unfortunately these articles are no longer available/are out of stock.
很遗憾,这些物品已售完/无存货。

(五) 有关价格的用语

You will find enclosed our most recent catalogue and price list.
随函附寄我公司最新产品目录及价格单。

We have pleasure in enclosing a detailed quotation. 同函附上一份我方的详细报价单。

Please send us your price list. 请惠寄价目表。

We can make you a firm offer of... 今报实盘如下……

Please note that our prices are subject to change without notice. 若价格变动,不另行通知。

Our terms of payment are as follows：我方付款条件如下：

(六) 有关付款的用语

According to our records... 据查,……

Please send payment as soon as possible. 请从速付款。

Our records show that we have not yet received payment of... 经查,贵方还未支付……

You will receive a credit note for the sum of... 现寄上金额为……的贷记单一份

(七) 提出请求的用语

Could you please send me... 请惠寄……

Could you possibly tell us/let us have... 能否告知……

We would appreciate it if you would... 贵方若能…… 我方甚为感激

I would be grateful if you could... 贵方若能…… 我方深表谢意

It would be helpful if you could send us... 贵方若能惠寄…… 将有助于我方

In addition, I would like to receive... 此外,我方还需……

Please let me know what action you propose to take. 贵方将如何行动请惠告。

I would appreciate your immediate attention to this matter.
对贵方尽快办理此事谨表谢意。

(八) 告知好消息的用语

I am delighted to inform you that... 特此奉告……

We are pleased to announce that... 特此宣布……

You will be pleased to learn that... 欣告贵方……

(九) 告知坏消息的用语

We regret to inform you that... 非常遗憾告知你方……

I'm afraid it would not be possible to... 恐怕不可能……

Unfortunately we cannot/we are unable to... 很遗憾,我方不能……

After careful consideration we have decided (not) to...
经慎重考虑,我方决定(不)……

(十) 提供帮助的用语

Our company would be pleased to... 我公司很乐意……

We would be happy to... 我方很高兴……

We are quite willing to... 我方愿意……

Would you like us to... 是否需要我方……

(十一) 提出抱怨的用语

I am writing to complain about... 兹向贵方投诉……

I am writing to express my dissatisfaction with... 兹向贵方表达我方的不满……

We regret to inform you that our order No. 186 is now considerably overdue.
非常遗憾地告知贵方,我方的第186号订单已逾期多日。

Please note that the goods we ordered on...（date）have not yet arrived.
兹函告贵方,我方于……订购的货物仍未收到。

I would like to query the transport charges which seem unusually high.
运输费高得异常,我方希望就此查询。

(十二) 表示道歉的用语

I would like to apologize for (the delay/the inconvenience)...
给贵方造成延误/不便,在此致歉

We are sorry for the delay in replying... 未能及时回复……,甚感歉意

I regret any inconvenience caused... 很遗憾给贵方带来不便

Once again, I apologize for any inconvenience. 再次因给贵方带来的不便致歉。

(十三) 有关附件的用语

Please find enclosed... 随函附寄……

I am enclosing... 兹同函附上……

You will find enclosed... 随函附上……

(十四) 结束语

If I can help in any way, please do not hesitate to contact me. 若有需要,请即刻告知。

If we can be of any further assistance, please let us know. 若还需帮助,敬请告知。

For further details... 有关更多细节……

If you require more information... 若需更多信息……

Thank you for your help. 感谢贵方帮助。

Thank you for taking this into consideration. 感谢贵方考虑此事。

We hope you can settle this matter to our satisfaction.
希望贵方能令人满意地解决此事。

We hope you are happy with this arrangement. 希望贵方满意我方的安排。

(十五) 有关未来业务与联系的用语

We look forward to a successful working relationship in the future.
期待将来合作成功。

We would be (very) pleased to do business with your company.
很高兴与贵公司开展业务。

I would be happy to have an opportunity to work with your firm.
很高兴有机会与贵公司合作。

I look forward to seeing you next week. 期盼下周与您会面。

Looking forward to hearing from you/to receiving your comments. 惠请回复。

I look forward to meeting you on May 8. 期盼8号与您会晤。

I would appreciate a reply at your earliest convenience. 盼早日回复。

（十六）结尾敬语

Sincerely,
Yours sincerely, ⎬（所有客户均可使用）
Sincerely yours,
Yours faithfully, （不知姓名的收信人）
Regards, （认识的人或已有业务联系的客户）

五、商务函电中常用句型翻译

Referring to your letter of April 2, 2010, we are pleased to learn that you wish to enter into business relations with our company in the line of Chinese embroidery.

贵方2010年4月2日来函收悉，我方很高兴获悉贵方有意与我方建立有关中国绣品产品的业务关系。

We enclose herewith a brochure introducing our business standing, the complete catalogue of our goods, and some samples.

随函附寄一本介绍本公司业务状况的小册子、完整的产品目录以及一些样品。

In answer to your inquiry for the article, we reply to you as follows：

兹就贵方对该商品的询价回复如下：

We would appreciate your sending detailed information in terms of CIF prices, discounts and delivery schedule.

请寄送有关CIF价格、折扣和交货期等详细情况，我方谨致谢意。

We offer these goods subject to their being unsold on receipt of your order.

接贵方订单时倘若这批货物尚未售出，我方就可以供货。

Thank you for your letter of December 5, 2010, requesting for a larger discount on the size of the order you propose to place with us.

感谢贵方2010年12月5日来函，函中提及，依贵方欲下订单数量，要求我方给予更大折扣。

The offer is subject to the seller's final confirmation.

本报盘以卖方最终确认为准。

Enclosed please find our confirmation of order in duplicate, of which please return us one copy duly signed for our file.

随函附寄我方订购确认书一式二份，请签字后寄回一份，以便我方存档。

I am enclosing a check made payable to you in the amount of ＄2,602.75, which includes the cost of handling and shipping.

随函附寄一张支付给贵方的金额为2,602.75美元的支票，其中包含装卸费和货运费。

We will draw on you by our documentary draft at sight on collection basis.

我方将以托收方式开出向贵方支取的即期跟单汇票。

Draft must be accompanied by full set original on board marine Bill of Lading made out to order endorsed in blank marked "freight prepaid".

汇票必须附有全套正本已装船海运提单,该提单凭指示、空白背书,标明"运费预付"。

After reviewing the L/C under our Sales Contract No. 311, we have found some discrepancies between your L/C stipulations and the terms and conditions of our Sales Contract.

经审核第 311 号销售合同项下开立的信用证,我方发现该信用证条款与合同规定条款有不符之处。

We wish to inform you that we have submitted an application to our bank asking for the amendment of the covering L/C in accordance with your instructions in your letter of May 23.

我方已根据贵方 5 月 23 日来函的要求,向我方银行提交申请,要求修改该信用证。

Please see to it that the L/C stipulations are in strict conformity with the terms and conditions of the contract so as to avoid subsequent amendment.

为避免以后修改,请确保信用证的条款与合同的条款完全相符。

Such being the case, we have to ask you to be so kind as to extend the date of shipment to June 30, under cable advice to us.

为此,我方请求贵方将装船日期延至 6 月 30 日,并电报通知我方。

Packing: In cloth bags, lined with polythene bags of 20 kg net each

包装:布袋装,内衬聚乙烯袋,每袋净重 20 千克

It was found, upon careful examination, that nearly 20% of the packages had been broken, apparently due to improper packing.

经过仔细检查,我们发现近 20% 的包装破损,很明显是由于包装不当所致。

From our previous transactions you will realize that this kind of problem is quite unusual, nevertheless we are sorry about the inconvenience it has caused you.

贵方可以了解到我们以往交易没有出现过此类不寻常的问题,这一问题给贵方造成不便,我方实感抱歉。

W. P. A. coverage is too narrow for a shipment of this nature, please extend the coverage to include TPND.

对这种性质的货物只投保水渍险是不够的,请加保偷窃、提货不着险。

We regret to report that flooding caused by the Typhoon Morakot has damaged most of the stock in our warehouse last night.

很遗憾向贵方报告,昨晚台风"莫拉克"引起的水灾导致我方仓库里的大部分存货损坏。

We have substantial evidence for lodging a claim with you.

我们有足够的证据向你方提出索赔。

We would like to take this opportunity to thank you for the orders you have given to us over the past year.

谨借此机会感谢贵方在过去一年里惠购我公司的产品。

We are looking forward to your favorable reply.

静候佳音。

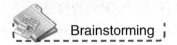

翻译趣闻与花絮

寒暄是指交往初始见面时相互问候、相互致意的应酬语或客套话，恰当地运用能营造良好的交谈气氛。由于中西方在生活习惯、生活环境和传统习俗等方面存在的差异，中国人寒暄（small talk）也和西方人有明显的差异，因此，在跟西方人交谈和翻译时要特别注意。英国人喜欢谈论天气，所以人们打招呼的方式常为"Nice weather, isn't it?"。而中国人喜欢以关切的语气询问对方的饮食起居、家庭情况、生活状况、工资收入等，但在西方国家，这些内容却涉及个人隐私，是彼此交谈的禁区（taboo）。例如，中国人常常会说："你吃了吗？"、"你去哪儿啊？"、"你孩子多大啦？"然而，这些话是不能照搬到英语里去的，不然西方人听了后心里会犯嘀咕，他们的反应很可能是："Are you inviting me to dinner?"、"I'm going to meet my boyfriend, so what?"、"That's none of your business!"。

又如，你的亲朋好友见你不舒服，一定会关切地说类似的话："你感冒一定要多喝水。"、"你还是去看看医生吧。"可是，如果你对一个西方人说前一句，他的第一反应是："I'm not a child. I surely know I should drink more water."如果你将后一句直译成："You'd better go and see the doctor!"，对方甚至会觉得说话人是干涉他的隐私。

如果你送别外国客人时说："Please walk slowly!"，客人会觉得很奇怪，"I have so many things to do, why should I walk 'slowly'?"而如果你作为客人在告别时对主人说："Please stop here."（"请留步。"的字面意义），则会让他莫名其妙，不知怎么回事。

可见，与外国人寒暄时要考虑到这些差异，以避免因寒暄不当产生尴尬的情形。碰到翻译寒暄的话时一定不能按照字面翻译，而要了解学习西方人在类似的情况下如何寒暄。

Practice in Class
课堂翻译与实践

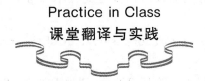

1. Translate the following into Chinese.

1) This is a firm offer, subject to the receipt of reply by us before June 8.

2) We regret having to inform you that although it is our desire to pave the way for a smooth development of business between us, we cannot accept payment by D/A.

3) We have covered insurance on the 40 M/T wool for 110% of the total invoice value against FPA.

4) The defective hair dryer has caused us great inconvenience and we regret that we have to complain about it.

5) We, however, are able to make an alternative concession by allowing you ninety days credit instead of thirty days credit.

6) For your information, our offer usually remains open for about a week. Since our black silk is selling very fast, we suggest that you act on the quotation without delay.

7) For goods liable to be spoiled by damp or water, our containers have the advantage of being watertight and airtight.

8) We are one of the leading importers and wholesalers of various light industrial products in Sydney, having a business background of some 40 years, and are now particularly interested in light industrial products of all types.

2. Translate the following into English, using the words or phrases given in brackets.

1) 贵公司2009年8月3日的来函已收悉,非常感谢贵公司对推销我公司产品提出的建议。(promote)

2) 希望这项业务是一个良好的开端,并为我们今后的业务合作奠定基础。(lay a foundation for)

3) 该信用证与第56号销售合同的条款不符,对此我们深感抱歉。(discrepancy)

4) 请注意,纸箱外面要刷上"易碎品"和"小心轻放"的标志。(see to it that)

5) 为了安全起见,我们建议贵方为这批货物投保一切险和战争险。(for the sake of)

6) 我们是一家国营企业,成立于1955年,专营纺织品进出口业务,拥有注册资金人民币五千万元。(specialize in)

7) 如贵公司提供的商品质量优良,价格适中,我方将大量订购。(place an order)

8) 我方另函附寄各型号样本、商品目录和价格表供贵方参考。(under separate cover)

3. Translate the following business letter into Chinese.

Dear Sirs,

Order No. AM-228 —1000 Sets of Automobile DVD Players

Thank you for your order No. AM-228 for 1000 sets of automobile DVD players.

Much to our regret, we are unable to accept your order at the price requested. You may find in our letter of June 15 that we quoted you our best prices. Since then, prices have tended to rise than fall, and our profit margin does not allow us any concession by way of discount of prices.

We should be glad to execute your order if you will accept the price of USD280 per set CIF Los Angeles basis.

Yours faithfully,

4. Translate the following business letter into English.

布朗先生:

您好!

我在参加本月初召开的广交会时,有幸与贵公司的代表马丁·弗里曼先生交谈,获悉贵公司正在中国物色皮具代理人一事。

贵公司的真皮制品质量上乘,设计新颖,且价格合理,给我留下了很深的印象。我们相信贵公司产品在中国有着广阔的市场前景,因此,我公司有意做贵方的代理。

我公司进口和经销皮具已有二十多年,对市场非常熟悉,而且与各大零售商关系密切。我们相信,我们双方的合作会互利共赢。

随函附上我公司简介,供参阅。

盼复。

叶明谨上

手机礼仪

(Mobile Phone Etiquette)

如今,手机已经成为人们日常交流不可缺少的一种通讯工具,若使用得当,会给人们的生活和工作带来极大便利。但若不分时间、地点和场合,毫无顾忌地使用手机,必然会带来很多问题。面对手机带来的种种问题,不少人已开始关注如何文明使用手机。在国外,如澳大利亚电讯(Telstra)的各营业厅就采取了向顾客提供"手机礼节"宣传册的方式,宣传手机礼仪。手机礼仪的根本在于遵守日常生活的准则,在方便自己的同时,不要忽略了身边他人的权益。以下是使用手机时应该遵守的一些礼仪。

1. 铃声应适中,不宜过大,以免烦扰他人。

2. 以下几种情况最好关闭手机或是把手机调到震动状态:会议,交谈,就餐,上课,就诊,观看演出,观看电影,出席婚礼。

3. 以下情况务必关闭手机:飞行中,加油中,发言中。

4. 为了你和他人的安全,开车途中不要使用手机。

5. 在商场、酒店、餐厅、路口、影剧院、公交车、图书馆等公共场合,如要使用手机,应尽量压低声音,不要大声说话,更不要喊叫。

6. 在给别人的手机打电话时,对方可能正在开会或在路上。所以最好先问:"现在您方便说话吗?",确认对方是否方便接听电话。

7. 如果打来的手机通话有杂音,听不清楚时,应该要跟对方说:"我听不太清楚,不好意思,能不能请您重新打过来呢?",或者说:"对不起,信号不好,我过会儿给您打过去。",在得到对方认可之后再挂断电话。

8. 不要一边和别人交谈一边查看或发送短信,这是对别人不尊重的表现。

9. 如果与外国客人进行商务会谈中有重要的电话,在接听之前一定要对客人说,"Excuse me for a minute. I'm expecting an important call."然后离座出去接听,以示尊重对方。

第九章　商务合同翻译

> 译事之信，当包达、雅；达正以尽信，而雅非为饰达。依义旨以传，而能如风格以出，斯之谓信。……雅之非润色加藻，识者犹多；信之必得意忘言，则解人难索。译文达而不信者有之，未有不达而能信者也。
>
> ——钱钟书

讨论时间

1. 商务合同具有哪些特点？
2. 商务英语合同的翻译须遵循哪几个原则？

第一节　商务合同的结构和种类

我们知道，合同无处不在，大到公司买卖，小到日常生活，都会用到合同这种形式。合同作为具有法律约束力的文件，一般由以下几个要素构成：(1) 签约方必须具有缔结合同的能力，即法人地位；(2) 签约方必须在自愿的基础上达成协议；(3) 签约方必须明确相互的承诺、责任和义务；(4) 合同的内容必须合法。

合同是有法律约束力的，一旦达成，任何一方不得擅自变更，双方必须按照合同的约定来履行自己的义务，否则就会承担相应的法律后果，并承担违约责任。合同是一种平等主体之间通过平等协商达成的关于权利义务关系的一种安排，一种协议，它是市场经济的一种基本的交易规则。

合同有口头合同和书面合同的形式。在实践中，我国通常认为涉外经济合同原则上应当采用书面形式，通过合同书(contract)、协议书(agreement)、确认书(confirmation)、信件和数据电文(如电报、传真、EDI、电子邮件)等这些书面形式均可订立合同。

在全球经济贸易活动日益频繁的今天，各种形式的商务合同(business contract)更是不可或缺。商务合同是自然人或法人之间为实现一定的商务目的，按一定的合法手续达成的规定相互权利和义务的契约，它对签约各方都具有法律约束力。商务合同一经订立，即成为一种法律文件而对缔约各方具有法律约束力，成为商务活动中解决争议的法律依据。

一、商务合同的结构

商务合同作为经贸活动中的一个重要组成部分，内容丰富，形式各样。国际商务合同是涉及两国或两国以上经贸往来的合同，牵涉面更广。虽然不同的合同具体事项各有不同，而且大小公司都会有自己的合同制式,但是合同的基本条款和结构都是大同小异的。合同有正本(Original)和副本(Copy)之分,通常由约首(Preamble),主体(Body)和约尾(Closing)三部分构成。

约首:包括合同名称、合同编号、签约日期、签约双方名称、地址、联系方式等内容。

主体:作为合同的核心,规定了签约双方的责任和义务,这些权利和义务在合同中表现为各项交易条件或条款,涉及以下几个方面:货物名称及规格、质量、数量、价格、包装、交货条件、运输、保险、支付、装运、检验、不可抗力、索赔、仲裁等条款。

约尾:包括结束句、签约双方签字、盖章、见证人、文字效力、合同份数、附件等内容。

合同并没有规定的结构,只是在长期的使用中形成了以上相对固定的模式,但并非一成不变。在起草合同的过程中可能只采用其中的某些部分。而且,由于不同行业的习惯做法,在具体起草合同的过程中,各个部分的次序也会有所不同。

下面是一份中英文对照的货物出口合同样本,注意几个主要条款的表述和翻译,如付款条件(Terms of Payment)、保险条款(Insurance)、不可抗力条款(Force Majeure)、仲裁条款(Arbitration)等。

<h3 style="text-align:center">货物销售合同 (Sales Contract)</h3>

编 号(No.):_____

签约地点(Signed at):_____

日 期(Date):_____

卖方(Seller):_____

地址(Address):_____

电话(Tel):_____   传真(Fax):_____

电子邮箱(E-mail):_____

买方(Buyer):_____

地址(Address):_____

电话(Tel):_____   传真(Fax):_____

电子邮箱(E-mail):_____

买卖双方经协商同意按下列条款成交:

The undersigned Seller and Buyer have agreed to close the following transactions according to the terms and conditions set forth as below:

1. 货物名称、规格和质量(Name, Specifications and Quality of Commodity):

2. 数量(Quantity):

3. 单价和总价(Unit Price and Total Amount):

4. 包装(Packing):

5. 装运(Shipment):

_____年____月间分两批自_____运至_____并允许转运和分批装运。

To be effected during _____ from _____ to _____ in two lots allowing transshipment and partial shipment.

6. 允许溢短装(More or Less):_____%。

7. 付款条件(Terms of Payment):

买方须于＿＿＿＿＿＿＿前将保兑的、不可撤销的、可转让的、可分割的即期付款信用证开到卖方,该信用证的有效期至装运期后＿＿＿＿＿＿＿天在中国到期,并必须注明允许转船和分批装运。

By Confirmed, Irrevocable, Transferable and Divisible L/C to be available by sight draft to reach the Seller before ＿＿＿＿＿＿ and to remain valid for negotiation in China until ＿＿＿＿＿＿ after the time of shipment. The L/C must specify that transshipment and partial shipments are allowed.

买方应在规定时间内开出信用证,若未能开出,则卖方有权发出通知取消本合同,或接受买方对本合同未执行的全部或部分,或对因此遭受的损失提出索赔。

The Buyer shall establish a Letter of Credit before the above-stipulated time, failing which, the Seller shall have the right to rescind this Contract upon the arrival of the notice at Buyer or to accept whole or part of this Contract not fulfilled by the Buyer, or to lodge a claim for the direct losses sustained, if any.

8. 检验(Inspection):

双方同意以装运港中国进出口商品检验局签发的品质及数量检验证书为最后依据,对双方具有约束力。

It is mutually agreed that the goods are subject to the Inspection Certificate of Quality and Inspection Certificate of Quantity issued by China Import and Export Inspection Bureau at the port of shipment. The Certificate shall be binding on both parties.

9. 保险（Insurance）:

按发票金额的＿＿＿＿＿＿＿％投保＿＿＿＿＿＿险,由＿＿＿＿＿＿＿负责投保。

Covering ＿＿＿＿＿ Risks for ＿＿＿＿＿ 110% of Invoice Value to be effected by the ＿＿＿＿＿.

10. 异议与索赔（Discrepancy and Claim）:

如买方提出索赔,凡属品质异议须于货到目的口岸之日起30天内提出,凡属数量异议须于货到目的口岸之日起15天内提出,对装运的货物所提任何异议由保险公司、船运公司、其他有关运输机构或邮递机构负责的,卖方不负任何责任。

In case of quality discrepancy, claim should be filed by the Buyer within 30 days after the arrival of the goods at port of destination, while for quantity discrepancy, claim should be filed by the Buyer within 15 days after the arrival of the goods at port of destination. It is understood that the Seller shall not be liable for any discrepancy of the goods shipped due to causes for which the Insurance Company, Shipping Company, other Transportation Organization or Post Office are liable.

11. 不可抗力(Force Majeure):

由于人力不可抗拒的原因,致使本合同不能履行,部分或全部货物延误交货,卖方概不负责。本合同所指的不可抗力系指不可干预、不能避免且不能克服的客观情况。

The Seller shall not be held responsible for failure or delay in delivery of the entire lot or a portion of the goods under this Sales Contract in consequence of any Force Majeure incidents which might occur. Force Majeure as referred to in this Contract means unforeseeable, unavoidable and insurmountable objective conditions.

12. 仲裁（Arbitration）：

凡因本合同引起的或与本合同有关的任何争议，如果协商不能解决，应提交中国国际经济贸易仲裁委员会。按照申请仲裁时该会当时施行的仲裁规则进行仲裁。仲裁裁决是终局的，对双方均有约束力。

Any dispute arising from or in connection with the Sales Contract shall be settled through friendly negotiation. In case no settlement can be reached, the dispute shall then be submitted to China International Economic and Trade Arbitration Commission (CIETAC) for arbitration in accordance with its rules in effect at the time of applying for arbitration. The arbitral award is final and binding upon both parties.

13. 本合同为中英文两种文本，两种文本具有同等效力。

本合同一式 _____ 份。自双方签字（盖章）之日起生效。

This Contract is executed in both Chinese and English languages, each of which shall be deemed equally authentic. This Contract is in _____ copies effective since being signed/sealed by both parties.

The Seller： The Buyer：

卖方签字： 买方签字：

二、商务合同的种类

商务合同的种类繁多，内容复杂，牵涉面广，涉及各行各业，如贸易、金融、保险、投资、经济合作等领域，具有多种行业特色。下面列出的是一些常见的商务合同种类：

进口合同(Import Contract)

出口合同(Export Contract)

销售合同(Sales Contract)

购货合同(Purchase Contract)

寄售合同(Consignment Contract)

来料加工合同(Contract for Processing with Supplied Materials)

技术转让协议(Technology Transfer Agreement)

外资与合资经营合同(Foreign Investment and Joint Venture Contract)

补偿贸易合同(Compensation Trade Contract)

国际工程合同(International Engineering Contract)

代理合同(Agency Contract)

租赁合同 (Leasing Contract)

保险合同(Insurance Contract)

期货合同(Futures/Forward Contract)

聘用合同(Employment Contract)

劳务合同(Service Contract)

许可证合同(License Contract)

还有一种有别于传统的商务合同形式是电子合同(Electronic Contract，经常缩写为E-Contract)。近年来，随着电子商务的快速发展，越来越多的交易在网上进行，使得电子合同在商业上得到了广泛应用。本章探讨的对象是传统合同,对电子合同不作专门探讨。

第二节 商务合同的文体和语言特点

一、商务合同的文体特点

商务合同作为法律文本有其自身鲜明的特点,在文体上主要体现为规范性、条理性和专业性。

(一) 规范性

商务合同的订立,须符合国家的有关法律、法令和政策规定,针对不同行业的特点,具体规范当事人的签约行为,体现平等互利、协商一致、等价交换的原则。其格式行文规范,内容条款严谨,合同要素齐全,语言表达严密,不能有漏洞或错误,以免造成不必要的麻烦或损失。

(二) 条理性

商务合同文体的基本格式是纲目、条项和细则,其逻辑上和语体上均要求条理非常清晰明了,项目分明。例如,英文合同的主体(main body)由约首、正文和约尾构成,合同正文一般由标有小标题的一般性条款(general provision)和特别性条款(special provision)构成,制式相对固定,无明显差异性。

(三) 专业性

合同不同于一般应用文体,它与当事人利益息息相关,因而大多由律师或公司法务人员起草或代笔,经过专业人士的反复推敲和深思熟虑,有自己的套路和行话。人们经常拿以前的 IBM 开涮,因为该公司的合同动辄就过百页。虽然现在的合同篇幅缩减了不少,但几十页的合同还是很常见的。在合同起草方面,许多公司的观点是,与其等到合同执行出现问题却发现无据可依,还不如丑话说在前面,制定一份专业而复杂的合同,为将来可能发生的事扫清障碍,铺平道路。

二、商务合同的语言特点

商务合同除了在文体上有其显著特点外,在语言上也特色鲜明。国际经贸交往中的合同大多用英语写就,属于法律英语范畴,用语正式规范,表达准确严谨,行文缜密周全,结构完整复杂,其具体特点如下:

(一) 用语正式、规范

商务合同英语正式程度非常高,没有口语化用语,显示出法律文本的严肃性和权威性。其用语特点具体如下:

1. 用语大多非常专业,甚至多用古体词汇和表达,而这些古体词汇在日常交流中几乎不用,只有在合同中才能见到。若译者对此不作了解和研究的话,会读不懂合同,在翻译合同时往往无所适从。合同中的"Whereas"、"In Witness Whereof"、"KNOW ALL MEN by

these presents that"等用语就是比较典型的例子。

译例 1 Whereas the Licensor has the right and desire to transfer the above-signed know-how to the Licensee;

Whereas the Licensor possesses know-how for the designing, manufacturing, installing and marketing of boilers;

Whereas the Licensee desires to design, manufacture, sell and export boilers by using Licensor's know-how.

Now Therefore, in consideration of the premises and the mutual conveniences, through consultation, both parties agree to enter into this Contract under the terms and conditions set forth as follows:

译文 鉴于许可方有权且愿意将以上专有技术转让给受让方;

鉴于许可方拥有专有技术的所有权,有权设计、生产、安装以及销售锅炉;

鉴于受让方愿意使用许可方的专有技术设计、生产、销售以及出口锅炉;

因此,根据以上情况及双方的意愿,经受让方与许可方协商,达成如下合同条款:

译例 1 是商务合同中常见的鉴于条款,它通常放在合同前言向正文主体过渡的中间位置,用于对签订合同的背景、目的、原则、双方当事人法律关系的性质以及有关具体情况加以陈述或说明。"Whereas"(鉴于)和"Now Therefore"(因此,为此)常在合同等正式文本中连用,已经形成固定用法。此处"Whereas"的意义是"It being the fact that, considering that, that being the case"。

译例 2 In Witness Whereof, this Contract shall come into effect after the Contract in question is made and signed by the parties hereto in duplicate.

译文 本合同由双方代表签字后生效,一式两份。特立此证。

译例 2 中的短语"In Witness Whereof"(以此为证,特立此证)常常在合同结尾条款中使用,以显示合同庄重严肃的风格,成为合同结束的语言标志。另一个意义相似的短语"In Testimony Whereof"也常见于合同结尾。

译例 3 Know all men by these presents that I, _____ have employed _____ as my attorney to present me to prosecute through settlement or judge certain claims I have and hold against _____ and/or any all other persons, firms and corporations for or arising out of personal injuries to _____ as well as damages to property caused by or growing out of a certain accident which occurred on or about the 6th day of August 2009.

译文 特此为证:我,_____,特聘请_____为我的律师,以代表我提起诉讼并通过调解或判决方式,就我在 2009 年 8 月 6 日所发生的事故中所遭受的人身伤害及财产损失向_____和/或相关的其他任何和所有个人、商号和公司提出索赔。

译例 3 中的短语"Know all men by these presents that"通常用于合同的前言部分,意思是:"By posting this properly in a public place in accordance with the law, it is safe for me to assume that everyone in the whole world know the following.",即"根据本文件,特此宣布"之义。

译例 4 NOW THESE PRESENTS WITNESS that it is hereby agreed between the parties hereto as follows…

译文 ▶ 兹特立约为据,并由订约双方协议如下……

2. 商务英语合同中还经常使用一些带"here","there"和"where"的复合词,如"herein","thereof","whereby"等。使用这些词时可以避免用词重复和累赘,避免歧义和误解,使行文准确、简洁、规范。在这些复合词里,"here"相当于"this",指本文献、本合同或有关文件;"there"相当于"that",指句子前面已出现的某个名词或名词词组;"where"相当于"which"或者"what"。现将这些词的中英文意义列明如下,方便译者的理解和查阅:

hereafter ＝ after this time 今后,此后
hereby ＝ by means/reason of this 特此,兹
herein ＝ in this 此中,于此
hereinafter ＝ later in this contract 以下,此后,在下文
hereof ＝ of this 于此,在合同中
hereto ＝ to this 上文已提及的
hereunder ＝ under or below this (in a document) 在此之下,在下文,据此
herewith ＝ along with this 与此一起
thereafter ＝ afterwards 此后,后来
thereby ＝ by that means 因此;由此;在那方面
therefrom ＝ from that 由此,从此
therein ＝ in there; in or into that place or thing 其中,在其中
thereinafter ＝ later in the same contract 以下;在下文
thereof ＝ of that, of it 由此,其中
whereas ＝ considering that 鉴于,考虑到
whereby ＝ by what; by which 由是;据此
wherein ＝ in what; in which 在那方面
whereof ＝ of which 关于那事/人

请看下面例句,注意画线的复合词用法及翻译:

译例 5 ▶ This Agreement is made and concluded by and between Lenovo Group Limited (hereinafter referred to as Party A) and NEC Corporation (hereinafter referred to as Party B) whereby the Parties hereto agree to establish a joint venture under the terms and conditions set forth below:

译文 ▶ 本协议由联想集团有限公司(以下简称甲方)和日本电气股份有限公司(以下简称乙方)签订。双方同意按下列条款成立合资企业:

译例 5 中的"hereinafter"意思是"later in this agreement",即"以下,在下文";"whereby"意思是"by this agreement",即"凭此协议";"hereto"意思是"to this agreement","the Parties hereto"表示"本协议双方"。在翻译此例句时尽管根据上下文将"whereby"和"hereto"两词省略未译出,但对原句意义的准确传达并没有影响。如果英文合同中缺少这类词,情况会大不一样,就很难体现英语合同的正式、规范和严谨的特征。

3. 商务英语合同多选用正式或法律上的单词或词组,以代替普通英语中意思相同的单词或词组,显示出合同文本的庄重性。例如,合同中表示"从……开始"这一时间概念时常用"as of",基本不用"since";在表示"所有权"一义时多用正式用语"title"而很少用

"ownership";表示"解释"一义时用"construe"而不用"explain";用"in the event that"表示"如果"之义,而少用"if"。请看以下几句例句:

译例 6 This Contract shall take effect as of the date of issuance of the investment license.

译文 本合同自投资许可证发放之日起实施。

译例 7 In processing the above-mentioned products, Party B shall never have title to the materials or the finished products.

译文 在加工上述产品时,乙方无论是对原料还是成品均无所有权。

译例 8 This Agreement shall be governed by and construed in accordance with the laws of the State of California.

译文 本协议受加利福尼亚州法律管辖,并依其解释。

译例 9 In the event that any taxpayer or withholding agent fails to accept the examination of the tax authorities in accordance with the relevant provisions, or fails to pay the late fees within the time limit specified by the tax authorities, the local tax authorities may, in the light of the seriousness of the case, impose a penalty of not more than RMB 5,000 yuan.

译文 如纳税义务人或扣缴义务人未按照规定接受税务机关检查的,或者未按照税务机关的限期缴纳滞纳金的,当地税务机关可以视情节轻重处以5,000元以下的罚款。

下表是一些常用合同英语词汇与普通英语词汇的对照:

中文意义	合同英语词汇	普通英语词汇
修改	amend	change
给予	rener	give
同意	consent	agreement
开始	commence	start
履行	perform	carry out
尽管	notwithstanding	in spite of
解释	construe	explain
证明	verify	prove
帮助	assist	help
递交	surrender	give
违反	breach	break
所有权	title	ownership
免除	exempt	free
按照	in accordance with	according to
由于	due to	because of
如果	in the event that	if
临时的	interim	temporary

需要注意的是,上述表格中只列出了一种意义对应的单个单词或词组,而在日常商务实践中,我们会碰到大量的合同用语和词汇,而且,不同种类的商务英语合同涉及的专业词汇和术语各不相同,很多单词和词组除了通常意义外还有多种专业意义,为此,译者需要根据合同的具体语境加以分析、判断和确定。

(二) 表达准确严谨,行文缜密周全

准确、严谨是商务英语合同语言的基本要求,其具体特点如下:

1. 商务英语合同常常采用大量的同义词或词组连用,同义词之间用"and"或"or"连接,使文字表达周全、严密,防止误解和歧义的产生,不让他人钻空子。例如,"authorize"和"empower"两个单词的意思都是"授权",在合同中经常作为一对同义词一起使用;"alter"和"change"是同义词,都表示"变更、修改",也经常在合同中连用。例如:

译例 10 ▶ Party A hereby authorizes and empowers Party B to participate in the action on behalf of Party A which shall be valid till such authorization expires or otherwise is withdrawn or terminated by Party A, as the case may be.

译文 ▶ 甲方谨授权乙方代表甲方参与诉讼,该授权在授权期限届满或被甲方撤回或终止之前持续有效。

译例 11 ▶ Neither party may alter and change any part of this Contract without the prior written consent of the other party.

译文 ▶ 任何一方未经另一方的事前书面同意不得对本合同的任何部分加以修改。

商务英语合同中还经常出现以下一些同义词的连用:terms and conditions(条款);made and entered into(订立;达成);force and effect(效力);bind and obligate(使……有义务做);furnish and provide(提供);fulfill or perform(履行);interpretation or construction(解释);transferable or assignable(可转让的);sole and exclusive(唯一的;独有的);fair and equitable(公正的);furnish and supply(提供);alter or change(更改);null and void(无效的);will and testament(遗嘱);fraud and deceit(欺诈)。

2. 英语合同条款行文缜密周全,常常把各种可以预见的结果和可能发生的情况尽可能列明写全,以便日后有据可依,避免麻烦。

译例 12 ▶ A party is not liable for a failure to perform any of his obligations if he proves that the failure was due to an impediment beyond his control and that he could not reasonably be expected to have taken the impediment into account at the time of the conclusion of the contract or to have avoided or overcome it or its consequences.

译文 ▶ 当事人对不履行义务不负责任,如果他能证明此种不履行义务,是由于某种非他所能控制的障碍,而且对于这种障碍,没有理由预期他在订立合同时能考虑到或能避免或克服它或它带来的后果。

此句中列出了可能遇到的三种情况,即没有理由预期他在订立合同时能够:(1)考虑到它或它带来的后果;或(2)能避免它或它带来的后果;或(3)克服它或它带来的后果。掌握了这一特点以后,译者在翻译时就要注意将三种情况逐一如实译出,不能省译了事。

译例 13 ▶ Except as otherwise provided herein, no provision of this Agreement may be amended, modified, waived, discharged, or terminated, unless by an instrument in writing executed by a duly authorized signatory of the party against whom enforcement of such amendment, modification, waiver, discharge, or termination is sought.

译文 除非另行规定,本协议的条款不得修改、变更、放弃、解除或终止,除非由一方以授权签名的法律文书形式书面告知执行修改、变更、放弃、解除或终止的一方。

此例句是常见的合同修改和变更条款,列出了对条款进行修改和变更的几种情况,表达比较周全。

3. 商务英语合同还大量使用专业术语、惯用语和缩略语,这些用语具有明显的文体色彩和国际通用性,涉及不同的学科领域或专业,具有丰富的内涵和外延,这些用语的专业性和单义性体现了合同语言的准确和规范。如:"mature"一词在金融行业通常指"债务、票据等到期","policy"一词在保险行业是指"保险单","Tolerance Clause"是指外贸合同中的"质量公差条款","D/P"全称是"Document Against Payment",指的是"付款交单"。

译例 14 The terms FOB, CFR, or CIF shall be subject to the International Rules for the Interpretation of Trade Terms (INCOTERMS 2000) provided by the International Chamber of Commerce (ICC) unless otherwise stipulated herein.

译文 除非另有规定,"FOB"、"CFR"和"CIF"均应按照国际商会制定的《2000年国际贸易术语解释通则》(INCOTERMS 2000)办理。

此例句中"FOB"是"Free on Board"的缩略语,意为"装运港船上交货";"CFR"全称是"Cost and Freight",意为"成本加运费";"CIF"全称是"Cost, Insurance and Freight",意为"成本、保险费加运费"。这三个都是国际贸易中常用的价格术语,行内人士人人知晓,翻译的时候常常不用译出,直接把缩略语照搬过来即可。此外,从事外贸工作的人员经常把按FOB条件订立的合同简称为"FOB合同",按CIF条件订立的合同简称为"CIF合同",按CFR条件订立的合同简称为"CFR合同"。

另外,在商务合同中也会看到一些关键词汇或词组的重复使用。除了重复关键词汇或词组以外,合同还常用"foregoing"、"aforesaid"、"the said"、"aforementioned"、"abovementioned"等词来指代前面提到过或出现过的事项。在这种情况下,一般不用"it"、"its"、"they"或"their"等来代替,这也是为了确保合同条款内容清楚明确,避免因指代含糊可能造成的误解。

(三)句子结构完整复杂

在美国法令中被认为是最长的句子出自《国内税收法》(Internal Revenue Code),由522个单词构成,可以想象该句子有多么冗长复杂、晦涩难懂。我们知道,英语习惯于用长句表达比较复杂的概念,而英语合同里更是随处可见长句。这些句子结构严谨,逻辑严密,句式复杂,多用复合句和陈述句,且多用主动语态,较少用被动语态。以下是合同句子结构的主要特点和实例分析:

1. 结构复杂、多层次的复合长句在商务英语合同中频繁出现,多为主句带从句、从句套从句的"枝干结构",这种复杂的结构无疑会给译者对文本的理解造成很大障碍,需要译者对文本仔细研究,理清句子层次和结构,运用翻译技巧灵活处理。

译例 15 Nothing in this Agreement shall affect the rights and obligations of any

Party who is a member of the International Monetary Fund under *the Articles of Agreement of the Fund*, including the use of exchange actions which are in conformity with *the Articles of Agreement of the Fund*, provided that a Party shall not impose restrictions on any capital transactions inconsistently with its specific commitments regarding such transactions, except under Article 11 or at the request of the Fund.

译文 本协议的任何规定不得影响国际货币基金组织成员在《基金组织协定》项下的权利和义务,包括采取符合《基金组织协定》的汇兑行动,但是一缔约方不得对任何资本交易设置与其有关此类交易的具体承诺不一致的限制,根据第十一条或在国际货币基金组织请求下除外。

该例句中有"provided that"引导的条件状语从句,有两个定语从句"who is a member of the International Monetary Fund"和"which are in conformity with the Articles of Agreement of the Fund",还有两个介词短语"under the Articles of Agreement of the Fund"和"except under Article 11 or at the request of the Fund",全句结构比较复杂,翻译时要理清层次和逻辑关系。

2. 英语合同除了规定双方应该履行的义务外,还预想了各种可能发生的情况和处理办法,因此,条款中条件句使用较多,特别是在有关运输、付款、违约和不可抗力等条款中,条件句更是屡见不鲜。英语条件句中常见的表达有"provided that"、"in the event that"、"in case"等。

译例 16 All disputes arising from the execution of, or in connection with the contract shall be settled through friendly negotiation between both parties. In case no settlement to disputes can be reached through negotiation, the disputes shall be submitted for arbitration.

译文 一切因执行本合同所引起的或与本合同有关的争议,双方应友好协商解决。如双方通过协商不能解决时,此争议须提交仲裁。

3. 按照英语写作的一般规则,主语和谓语之间一般不放置较长的状语。但在商务合同英语中,较长的状语经常作为插入成分出现在主谓之间,译者翻译的时候要注意灵活调整插入成分的位置,使译文符合目的语的表达习惯。

译例 17 Each Party shall, upon modifying or amending an immigration measure that affects the temporary entry of natural persons, ensure that such modifications or amendments are promptly published and made available through electronic means or otherwise, in such a manner as will enable natural persons of the other Party to become acquainted with them.

译文 在调整或修改影响自然人临时入境的移民措施时,各方应确保及时公布所做的有关调整或修改,并使另一方自然人可以通过电子途径或其他方式了解相关情况。

此例句中的状语"upon modifying or amending an immigration measure that affects the temporary entry of natural persons"插在主语"Each Party"与谓语"ensure"之间,翻译时不应按原语序译出,而应视情况调整至句子开头,以符合汉语的表达顺序和习惯。

另外,在普通文体的状语从句中,"If"、"When"、"In case"等连词与从句的主语之间一般不能放置状语,但合同文体中的状语经常这样放,这种特点需要译者加以留意。请看下面例句：

译例 18 ▶ If, violating the provisions of this Law, anyone purchases or sells securities by misappropriating public funds, his illegal gains shall be confiscated and the person in question shall be fined not less than the amount of or but no more than five times the illegal gains. Provided that if the offender is a state functionary, administrative sanction shall, in addition, be imposed in accordance with Law. Provided also that if the offense constitutes a crime, criminal liability shall be pursued in accordance with Law.

译文 ▶ 违反本法规定，挪用公款买卖证券的，没收违法所得，并处以违法所得一倍以上五倍以下的罚款，属于国家工作人员的，还应当依法给予行政处分。构成犯罪的，应依法追究刑事责任。

在条件状语从句"If anyone purchases or sells securities by misappropriating public funds"中，连词"if"和主语"anyone"之间放置了状语"violating the provisions of this Law"，这种结构常见于合同语言中。

4. 商务英语合同普遍使用主动语态，较少使用被动语态，主动语态能使合同语言显得比较直接和明确，比较有生气。

译例 19 ▶ On the date of coming into force of this Lease, the Lessee deposits with the Lessor the sum equaling three months' rent (＝USD 6,000) as security for the faithful performance of the provisions of this Lease, and to be returned to the Lessee without interest when the Lessee surrenders the premises and all the equipment in good condition on expiration November 20, 2008 of this Lease or based on the conditions of this Lease for sooner termination.

译文 ▶ 本租赁合同生效日起，承租人应向出租人支付相当于三个月租金(6,000美元)的押金，作为忠实履行本租约的担保金。本押金将于2008年11月20日租约到期时，在承租人交还租房，并且所有设备完好的前提下，归还承租人，不计利息，或者，在租约提前终止时，按本租约规定办理。

此外，就句子类型而言，商务合同一般使用陈述句，不用疑问句或感叹句。就句子时态而言，多用一般现在时，因为合同条款规定的是合同发生效力时及以后双方当事人对未来应该实现的内容的协议。特别需要注意的是合同中使用频率很高的"shall"一词的用法，该词并非指单纯的将来时，而是常常用来表示法律上必须履行的责任或义务，译为"应该"、"必须"。同样，在中文合同英译时要注意的是，"应该"不能译为"should"，"必须"不能译为"must"，这两种意思都要用"shall"来表示才恰当。这也是英语合同用词与普通英语用词的不同之处。

总之，商务英语合同在文体风格方面和语言方面有其显著的特征，翻译时，译者首先要充分了解原语的特点，在此基础上，把握翻译的标准和原则，运用翻译策略和技巧，最大程度再现原语的风格和内容。

第三节　商务合同的翻译标准和原则

翻译界广泛认可的翻译标准总体上适用于合同文本的翻译,如严复的"信、达、雅",傅雷的"传神",钱钟书的"化境",奈达的"功能对等"等理论,对合同翻译具有重要的宏观指导意义。与其他语言相比,合同语言最重要的特点是准确、严谨和规范。正如侯维瑞教授所指出的,法律文书"必须词义准确、文体确切,丝毫不能允许语义的模棱两可而使人误解,被人钻了法律的空子。它的全部内容必须字面化,表层化,言外之意、弦外之音、含蓄表达、引申理解等深层意义在法律文书中是没有立足之地的。它宁可牺牲文字流畅也要保持文意斩钉截铁的确凿性"。

作为法律文件的合同,对于签订双方来说都具有法律效力,它严格规定了签约双方的义务、责任、权力、行为准则的涵义和范围。而商务合同的翻译是一种跨文化交际活动,重在交际意图的达成。由于受到具体的交际语境、特殊的语言规律、特定的专业知识结构和不同文化习俗的影响,翻译时如何能够忠实地反映出原文的内容和风格,在"内容和文体风格上达到最贴近的自然对等",一直是译者面临的一个很大的难题,需要译者在翻译实践中不断研究和反复探索。

林克难先生认为:"法律文本宜先看后译。"解读是翻译的前提,有了正确的解读才能有正确的翻译。在具体翻译合同的过程中,译者必须看懂原文体式,了解法律文体的严肃性和权威性,注意目的语的交际目的,在语际转换中应恪守合同原文的文体,保留法律文体的各种特点,遵守合同的惯例,注意遣词造句,表达要符合原文特色,条理清楚,意义完整,前后一致。

一般来说,在翻译商务合同时应遵循以下三个翻译原则:

准确性

准确性是商务合同翻译的灵魂。王宗炎先生指出,"辨义是翻译之本。"辨义就是对合同文字字斟句酌,深刻理解,把握原文的确切含义,紧扣合同的文体与格式,忠实地再现原文,争取在内容和文体风格上达到最贴近的对等。

但是,对等绝非单纯的字面对应,绝非机械的生搬硬套。例如,汉语中"打白条"的翻译,如果盲目追求形式上的对等,逐字对应翻译成"to issue blank paper",外国人看了就会觉得莫名其妙,不知所云。而如果用"to issue IOUs"(IOU 是"I owe you"的缩略词)来表达这一意思,让人一看就明白。

在国际经贸活动中经常会遇到商务合同翻译方面的错误,而且,因翻译问题引起的纠纷或官司也屡有发生。合同文字的错译、漏译,有时看似小小的问题,并不起眼,却常常失之毫厘,差之千里,会给国家、企业或个人带来损失,所以翻译时需慎之又慎。在两种语言的转换中,译者需要具备相应的法律和文化知识,正确理解对应表达的涵义范围,以"求信"为标准,在准确的基础上力求译文通顺。

严谨性

合同翻译要在结构上和语言上体现严谨的原则。结构上要严格按照法律文件的程式和文体,语言上要使用正式的法律语言,使用专业的法律词汇、术语和句型结构,表达清楚明确,措辞严密,避免用模棱两可的词句或多义词。

曾经有这么一个案例,大致讲的是甲、乙双方为一方出具的一张凭据"还欠款一万元"打起了官司,因为这张"还欠款一万元"的凭据有两种解读方式:既可以理解为"一方仍然欠另一方1万元"的欠条,也可以理解为"一方收到了另一方归还的欠款1万元"的证明。为此双方各执一词,闹得很不愉快。因此,用语严谨、表达清楚、结构严密会避免很多麻烦,不让他人有可乘之机。

规范性

翻译商务合同时应遵照合同文体和语言的规范,按照约定俗成的范式,以另一种语言再现原法律文本的权威性和规范性,不允许文字上的随意性。译文不仅要做到语言上的规范化,还应做到专业上和风格上的规范化。由于商务合同是双方维护自己权益的书面法律依据,因此,它的措辞都要求运用庄严体语言或正式文体。只有经双方同意后,才能对合同的语言文字进行变动或修饰。译者翻译时必须严格按照原文,避免随意性。例如,专利许可协议中的"特许权使用费"用"royalties"一词表达,还款或专利申请的"宽限期"对应的英文为"grace",等,这些均为合同中常用的规范用语。

第四节 商务合同翻译技巧及实例分析

翻译商务合同绝非易事,是对译者的很大挑战。译者除了具有扎实的语言功底以外,对合同知识的全面了解,对合同语言的准确理解和把握,对合同的翻译原则和翻译技巧的掌握和运用,对合同所涉及学科领域的相关知识的熟悉,对合同双方法律制度、社会文化等差异的了解,都是非常必要的。

翻译作为一项富于创造性的语言转换活动,具有很强的实践性。翻译能力的提高是一个长期实践和不断积累的过程。不通过大量的实践而要提高翻译能力,无异于想学游泳却又不下水。在进行翻译实践的同时,了解和掌握一些翻译策略与技巧必然有助于译者翻译能力的提高,使译者少走弯路。

许多普通英语的翻译策略与技巧大多可灵活运用到合同的翻译中,如增减法、长句的拆分法、顺序法、逆序法等。在普通英语的翻译技巧的基础上,现结合实例对商务合同的翻译技巧进行具体分析和归类。

一、直译法

针对商务合同的特点,在翻译时应尽可能采用直译法,尽可能接近原文的文体和风格,不能直译的时候可采取意译法。

译例 1 When the processing is completed, the finished products shall be inspected by the authority agreed by Party A to verify that the products are up to the quality standards and specifications designated by Party A. In case the products fail to meet the standards of Party A, Party A can refuse the delivery. However, Party A may accept the delivery of the products at the discount price to be agreed between Party A and Party B on a case-by-case basis.

译文 加工好的成品由甲方指定的检验人进行检验,证明产品与甲方指定的质量标准和规格一致。如果出现产品不符合甲方标准的情况,甲方可拒绝收货。但甲方可根据双方视每次具体情况而定的折扣价予以接受。

译例 2 A foreign company may, pursuant to this Law, establish branches within the Territory of China, and may engage in production and operational activities.

译文 外国公司依照本法规定可以在中国境内设立分支机构,从事生产经营活动。

译例1和译例2均采用了直译法,原文与译文在语序和文字上非常接近。

但是,在实施语言转换时,要避免一味追求形式上或字面上的对应而造成译入语表达生硬,不够通顺,甚至出现错误。例如:把汉语成语"岂有此理(What absurdity)"译成"There is no such principle.";把"嫁祸于人(shift the misfortune onto somebody else)"译成"to marry the misfortune to another";把"趣味横生(full of fun and humor)"译成"The interest flows horizontally."。诸如此类的翻译错误引人发笑,更促人深思。不顾原语语言符号意义的多重性,不考虑译入语读者的可接受性,而只是把原语符号的字面意义机械地翻译过来,必然会造成错误。总体来看,英文和中文两种语言的差异性很大,更多时候是需要译者根据具体情况采用不同的方法加以灵活处理。

二、增减法

一般而言,在英汉翻译中,很难做到字词上的完全对应。因此,为了准确传达出原文的信息,往往需要变通一下,对译文作一些适当的增添或删减,原则是增词不增义,减词不减义。

(一) 增词法

增词是指把原文包含的但没有写出来的意思在译文里补充进去,或是把原文中省略的成分补充进去,使译文的意思完整。在合同英语和商务英语中,抽象名词在很多情况下也可作为可数名词使用,可以有复数形式,表示比较具体的东西。这些以虚指实的抽象名词在很大程度上能够简化英语的表述。在这种情况下,译者翻译时应该化虚为实,使之具体化,从而使译文更为明白贴切。请看以下例句:

译例 3 Party B shall examine all shipments on arrival and within 30 days after receipt shall notify Party A in writing of any claim that goods were either short-shipped, excess quantities received or damaged parts were received.

译文 乙方须检查全部货物到港情况,并应在收到货物30天之内以书面形式通知甲方有关所收到货物溢短装或货物损坏的索赔要求。

"shipment"用作不可数名词时有"装运,运送"的意思,而在此例句中该词用作可数名词,其语义确定为"装运的货物"则更加具体准确。

译例 4 The United States is a heavy consumer of natural resources, and it is increasingly reliant on certain imports, especially on oil.

译文 美国是自然资源的消费大国,并且越来越依赖某些进口产品,尤其是石油。

在此例句中"imports"并非抽象的"进口"之意,而是具体指"进口的产品",作为可数名词使用。

在处理类似情况时,译者需要一些灵活变通,在原词词义的基础上加以适当的引申或添补,即可使中文译文确切到位。

(二) 减词法

减词是指原文中一些词或词组可在译文中省略,无须译出。这是因为被省略的部分其意义已在译文中得以体现,或是因为这些词或词组硬译出来反而使译文显得别扭或累赘,违背汉语的表达习惯。英语合同为了确保表达精确、严密,经常会使用古体词,也会重复使用一些关键词或成对的同义词,这些均可以视情况作部分省译处理。

译例 5 Party A shall not, under this guarantee, be liable for any direct or indirect loss whatsoever arising out of any defect in the parts or components thereof.

译文 根据本担保,甲方不应承担因零部件而引起的任何直接或间接损失的赔偿责任。

用"here"、"there"、"where"等构成的古体复合词在商务合同中用得很多,但从具体汉语句子的上下文看,有不少是可以而且应该省略的。上述例句中的"thereof"就属于这种情况,可以省略不译。

译例 6 All notice shall be written in English and served to both parties by fax/e-mail/courier according to the following addresses. If any changes of the addresses occur, one party shall inform the other party of the change of address within 15 days after the change.

译文 所有通知用英文写成,并按照如下地址用传真/电子邮件/快件送达给各方。如果地址有变更,一方应在变更后15日内书面通知另一方。

在翻译该句时,若把"inform"的宾语"the change of address"译出,改成"书面通知另一方地址的变更",则显得多余,而省略不译后译文简洁明了。

译例 7 This agreement is made and entered into by and between the parties concerned as of May 15, 2009 in Shanghai, China on the basis of equality and mutual benefit to develop business on terms and conditions mutually agreed upon as follows:

译文 本协议于2009年5月15日在中国上海由有关双方在平等互利的基础上达成,按双方同意的下述条件发展业务关系:

此例句中"made"与"entered into"同义,都表示"签订、达成",而"by"与"between"以及"terms"与"conditions"也同义,翻译的时候均不必重复译出。

但是,下述例子是不能采用减词法来翻译的。

译例 8 All activities of JV shall be governed by the laws, decrees and pertinent rules and regulations of China.

误译 合资企业的一切活动必须受中国的法律管辖。

改译 合资企业的一切活动必须受中国的法律、法令和有关规章条例的管辖。

此例句误译的原因在于省译了句子的部分内容,尽管"law"、"decrees"、"rules"和"regulations"这几个词的词义比较接近,但它们仍有一定的区别,因此,不能把它们简单地等同起来,只翻译其中一个,而是需要将这几个词逐一译出,只有这样才能充分体现合同的周密和严谨。另外,此例句中"JV"是"Joint Venture"的缩写,需要把它翻译成"合资企业",不应在译文中照搬该缩写形式。

三、术语的翻译要专业、统一

在语言交际中最为重要的是理解词语的语境意义,而合同的语境是法律语境。如前所述,法律文本的特点是大量使用法律术语、专业术语、惯用语和缩略语,其表达基本上是正式的和固定的。了解并掌握这些特点,对理解和翻译合同文本大有帮助。译者在翻译时应尽可能使用译入语中对应的法律术语、专业术语和惯用语来表达,而不能将专业术语普通化,更不能任意创造。此外,还要注意同一术语在译文不同处出现时要前后统一。

译例9 1000 metric tons, 5% more or less at the Seller's option.

误译 1000公吨,根据卖方选择,或多或少5%。

改译 1000公吨,卖方可溢装或短装5%。

不熟悉销售合同的人很容易想当然地认为"more or less"是"或多或少"之意,而实际上,这是合同中常见的数量条款,称为"溢短装条款(More or Less Clause)",表示"在规定具体数量的同时,再在合同中规定允许多装或少装的一定百分比"。

译例10 Shipment during June with partial shipment and transshipment allowed.

误译 六月装运,允许部分装运和转船。

改译 六月装运,允许分批装运和转船。

"Partial shipment"译为"部分装运"会使合同出现漏洞,因为其字面上可以理解为:"可以部分发货,其余货物不装运也可"。但该术语的真正意义是指"一笔成交的货物,分若干批次装运",应译为"分批装运"。有关装运的常见术语还有:"prompt shipment"是指"即期装运";"forward shipment"译为"远期装运";"near shipment"译为"近期装运";"shipping order"译为"装运单";"shipping mark"译为"运输标志,唛头";"shipping advice"是"装船通知",不能译为"装船劝告"。

译例11 One full set of Clean on Board Bills of Lading marked with "FREIGHT TO COLLECT" and made out to order, blank endorsed, notifying the China National Foreign Trade Transportation Corporation at the port of destination.

译文 全套清洁海运提单,标明"运费到付",空白抬头,空白背书,通知目的港中国对外贸易运输公司。

这句话在货物销售合同的单据条款中比较常见。"clean on board","bills of lading","freight to collect","made out to order","blank endorsed"都是贸易专业术语,分别译为"清洁已装船"、"海运提单"、"运费到付"、"空白抬头"、"空白背书"。但如果译者缺乏贸易专业知识,很容易误译,轻则成笑话,重则带来经济损失。

缩略语也在商务合同特别是外贸合同中大量使用，如：D/P（Document against Payment，付款交单），D/A（Document against Acceptance，承兑交单），FPA（free of particular average，平安险），WA（with average，水渍险），FAS（free alongside ship，船边交货），DDP（delivered duty paid，完税后交货），L/C（letter of credit，信用证），B/L（bill of lading，提单），SHINC（Sunday and Holiday Included，包括星期天和节假日），UCP（Uniform Customs and Practice for Commercial Documentary Credits，《跟单信用证统一惯例》），INCOTERMS（International Commercial Terms，《国际贸易术语解释通则》），ICC（International Chamber of Commerce，国际商会）。缩略语的翻译需要译者具备一定的业务知识，熟悉商务合同用语，并勤查工具书，不可胡乱猜测。

四、根据上下文来确定词义

英汉两种语言都有一词多义现象，而且这种现象非常普遍。很多词语在不同语境下表达不同的含义。因此，在翻译中如何分析把握原语中的多义词在特定的语言环境中的具体含义，准确无误地使之在目的语中再现，是翻译的关键问题之一。

英语倾向于借用常用词表达各自的学科或专业概念，即赋予旧词新的意义，商务英语亦不例外。许多常用的英语词汇在商务英语中既有普通含义，又被赋予了新的含义，有的进而发展成为专业词汇或术语。如果我们忽略这些词汇的特殊意义而去想当然地按照常用意义去理解，就会不可避免地导致翻译错误。为了避免此类错误，翻译时要根据上下文来确定词义，有疑问时应及时查阅专业书籍或词典，而不能想当然。请看例句：

译例 12 ▶ Provided you fulfill the terms of the credit, we will accept and pay at maturity the draft presented to us under this credit.

译文 ▶ 在贵公司履行信用证条款的条件下，我行将承兑并于期满时支付该信用证项下提示的汇票。

"accept"和"maturity"都是我们熟悉的词汇，其常用意义分别为"接受"和"成熟"，但在此例句中这两个词均有其特殊含义。"accept"意为"承兑，即远期汇票的付款人接受汇票，正式确认如期支付汇票金额的责任"，而"maturity"意为"（票据的）到期"。这两个词在商务英语中经常被错译，显然是由于译者忽略了它们在商务英语中的特别意义所致。

译例 13 ▶ An insurance policy is legal evidence of the agreement to insure, which may be issued at the time when the contract is made, or on a later date.

译文 ▶ 保险单是保险协议的法律证明，它可以在合同订立时签发，也可以订立后签发。

此例句中"policy"一词指的是"保险单"，不能译为"政策"。

译例 14 ▶ The so-called negotiation is to buy the draft from the beneficiary or to give value for draft and/or documents by the bank authorized to negotiate.

译文 ▶ 所谓议付是由被授权进行议付的银行向受益人购买汇票或对汇票和/或单据付对价。

该例句实际上是对"negotiation"一词作为外贸术语的简单释义。此处，"negotiation"很容易被误译为"商议，谈判"，尽管这一词义也经常在合同文本中出现。

除以上几例外，还有很多常用词汇在商务英语中有其特定的意义，但也经常会被误译。

例如,"outstanding"意为"unpaid; accounts receivable and debt obligations of all types",作"未付款的,未偿清的"解,而不是"突出的,杰出的"之义;"settlement"作"清偿,结算(一项债务)"解,而不是"解决";"duty-free goods"中的"duty"作"关税"解;"offer"可作"报价,报盘"解;"collection"可作"托收"解;"instrument"可表示"证券,票据";"balance"可作"余额"解等等。

由此可见,在商务英语翻译中遇到多义的词汇时不能想当然,一定要根据上下文及其专业语境来确定其含义。在不能确定时,译者要查阅专业词典和书籍,弄懂词汇的确切意义和可能具有的特定意义,才能使传达的内容符合原文。

五、辨析单复数词义

在商务合同翻译中经常容易忽略的一点是单词的单复数问题。在商务英语中,有些名词在从单数构成复数时词义发生了变化,而且这些名词的单、复数意义截然不同,复数意义并非单数意义的扩展或引申,也非联想意义。因此,在翻译这类词的时候需要格外小心,认真辨析,不能简单当作复数概念看待,不然的话,译文容易出现偏差。试看下述两例:

译例 15 ▶ For accounting and other purposes, the above-mentioned current assets and liabilities are those actually shown in the Balance Sheet as per incorporation date.

译文 ▶ 为了核算和其他目的,上述流动资产及负债就是那些实际反映在公司成立当天的资产负债表内的数字。

此例句中"liabilities"的意义为"负债",与其单数形式的抽象意义"责任"相去甚远,翻译时需特别注意。

译例 16 ▶ The State Council's securities regulatory body shall supervise and administer the securities market according to law, maintain order in the market, and ensure the market operates in a lawful manner.

译文 ▶ 国务院证券监督管理机构依法对证券市场实行监督管理,维护证券市场秩序,保障其合法运行。

此例句中"securities"是指"有价证券",而非"安全"。同样,"securities exchange"应译为"证券交易所","securities act"应译为"证券法","securities broker"应译为"证券经纪人"。证券最常见的两种形式"股票"和"债券"应分别译为"stock"和"bond"。

译例 17 ▶ The payment of liquidated damages shall not release the Seller from its obligation to deliver the delayed Contract Equipment.

译文 ▶ 违约金的支付不能免除卖方继续履行交付延误的设备的义务。

"damage"是指非法侵害他人的人身、财产等合法权益所造成的损失或伤害,而"damages"从形式上看是"damage"的复数,但在法律英语中其意思是"money paid or ordered to be paid as compensation for injury or loss",表示"损害赔偿金"。此例句中"liquidated damages"指的是"违约(赔偿)金"。

类似的例子还有:"facility"单数形式表示"容易,便利",而其复数"facilities"意为"设备,设施";"custom"单数形式表示"风俗,习惯",而其复数"customs"可指"海关";"future"的复数形式"futures"在法律英语中表示"期货,即买卖双方约定在将来某一时间交割的商品、证券、外汇等",如:futures market(期货市场),futures contract(期货合同),等。这类词尽管为数不多，但是若译者稍有疏忽大意，处理不慎，就会造成误译，也就必然影响译文的准确性。

六、对长句词序和语序进行适当调整

英语习惯于用长句表达比较复杂的概念，而汉语常常使用短句作层次分明的叙述。因此，译者翻译合同时应特别注意英语和汉语之间的差异，将英语的长句化解，翻译成汉语的短句。同时，还应根据句子的逻辑关系分析原文，冲破英语思维模式和句子表层结构的束缚，按照汉语习惯对句子的词序和语序进行适当调整或重组，准确再现原文的意图和信息。

译例 18 The Employer shall provide India Corporation Personnel free of charge with any necessary articles other than those listed in the Appendices of this Contract, yet to be required for the smooth execution of the works, subject to consultation and agreement between the authorized representatives of the two parties at the Worksite.

译文 本合同附件未列的、但为顺利实施本工程所必需的其他用品，应经双方工地授权代表协商同意后，由雇主免费提供给印度公司人员。

此句译文冲破了原文句式的束缚，调整了语序，使之显得比较顺畅。

译例 19 The state audit authorities shall, in accordance with law and through auditing, supervise stock exchanges, securities companies, securities registration and clearing institution and the securities regulatory authorities.

译文 国家审计机关对证券交易所、证券公司、证券登记结算机构、证券监督管理机构依法进行审计监督。

此句译文语序有调整，而且把原文中的方式状语"through auditing"处理成谓语的一部分，把"audit"和"supervise"两个动词归在一起，使语言简洁精练。

商务合同使用长句和复合句的情况非常普遍，很多句子结构就其长度和从句而言相当冗长、复杂。长句和复合句的使用是为了准确界定合同当事人的权利与义务，排除歧义和曲解的可能。这无疑给译者正确理解和翻译这些句子带来了相当大的难度。下面对几种常见从句的翻译方法加以探讨。

（一）定语从句

商务合同中使用大量的定语从句来修饰说明一些名词，使条款内容明晰，避免误解。一般而言，英语的定语从句放在核心词的后面，翻译时应处理成汉语的前置定语，如果译成汉语的前置定语以后感觉太长，不符合汉语的表达习惯，这种情况下，可将定语从句移至核心词后面译出。请看下面例句：

译例 20 All taxes and duties inside the country of Party A to which Party A is liable in connection with the contract shall be borne by Party A.

译文 甲方所在国境内发生的与本合同有关的一切税赋及关税均由甲方承担。

该例句中的关系代词"which"指代"taxes and duties"，并作介词"to"的宾语，由"which"引导的限制性定语从句修饰核心词"taxes and duties"，翻译时可处理成前置定语。

试比较下面例句中定语从句的两种译法：

译例 21 The laws of the People's Republic of China shall apply to contracts for

Sino-foreign joint ventures, Sino-foreign contractual joint ventures and Sino-foreign cooperative exploration and development of natural resources, which are performed within the territory of the People's Republic of China.

译文 1 中华人民共和国法律适用于中外合资经营企业合同、中外合作经营企业合同、中外合作勘探开发自然资源合同,这些合同是在中华人民共和国履行的。

译文 2 在中华人民共和国履行的中外合资经营企业合同、中外合作经营企业合同、中外合作勘探开发自然资源合同,适用中华人民共和国法律。

译文 1 完全按原文的语序翻译,而译文 2 将最后的内容放到最前,并将定语从句"which are performed within the territory of the People's Republic of China"前置,使译文更紧凑,表达更规范,符合合同用语的表达规范。

(二) 状语从句

合同中的条件状语从句常用"provided that","in case","in case that","in the event that"等引导,在翻译时一般考虑将条件状语放到句首,使句子的主干部分通畅紧凑,结构也更简化。

译例 22 In the event that either party is prevented from performing this Agreement by reason of severe financial crisis, or any other event beyond the control of either party, including unforeseen incorporation, this Agreement shall, at the end of the month in which such event took place, be terminated, void, and of no further effect.

译文 若任何一方因严重的金融危机或者任何其他双方无法控制的事件,包括不可预见的公司合并,而无法执行本协议,则在事件发生的当月月底本协议将终止、失效,并且不再具有任何效力。

此句中"in the event that"引导条件状语从句,译为"若,如果"。

译例 23 Should the Buyer fail to fulfill its obligations as mentioned above, the Seller shall, at its discretion, terminate the Contract or accept whole or part of this Contract, or lodge a claim for losses thus sustained, if any.

译文 若买方未能履行上述义务,卖方可自行决定终止本合同,或接受本合同的部分或全部,或就由此可能发生的任何损失提出索赔。

该虚拟条件从句中的"should"放在句首,构成倒装,表达一种语气较强烈的假设"万一……",一般可译为"若,假如"。

译者在翻译时还需注意"where"引导的条件从句。"where"可以看做是法律条款中的一个条件,一般在法律文本中表示"如果"的地方,应该用"where"去翻译,而少用或不用"if"。请看下面的例句,比较一下两种译文的差异。

译例 24 若买方要求按 CIF 交货,则由卖方办理保险并承担保险费,并指定买方为保险受益人。

译文 1 If delivery of the Goods is required by the Buyer on a CIF basis, the Seller shall arrange and pay for marine insurance, naming the Buyer as the beneficiary.

译文 2 Where delivery of the Goods is required by the Buyer on a CIF basis, the Seller shall arrange and pay for marine insurance, naming the Buyer as the beneficiary.

译文 1 与译文 2 均无错误，差别在于译文 2 使用了"where"来翻译"若"之义，比译文 1 更规范、地道，属于正式合同用语。

译例 25 Party A shall, as soon as practicable after the said check, and during said check to the extent that Party B is not impeded or restricted in carrying out checking, correct any deficiencies of which Party B shall have notified the supervisor of Party A.

译文 1 甲方，在上述检验期内及之后，在不妨碍乙方检验的条件下，应尽快校正乙方向甲方检验员指出的故障。

译文 2 在上述检验期内及之后，在不妨碍乙方检验的条件下，甲方应尽快校正乙方向甲方检验员指出的故障。

例句中"as soon as practicable after the said check"作为时间状语从句，插入主语和谓语之间。译文 1 完全被原文格式所束缚，将时间状语从句作为插入成分放在主语和谓语之间，而译文 2 则把该时间状语前置译出，既符合汉语的表达，又使主句紧凑。

译例 26 While executing its duties according to the law, the securities regulatory body under the State Council is entitled to take the following measures:

译文 1 在依法行使其职责时，国务院证券监督管理机构有权采取下列措施：

译文 2 国务院证券监督管理机构依法履行职责，有权采取下列措施：

译文 1 和译文 2 均无错误，只是译文 1 将时间状语"While executing its duties according to the law"按原文顺序和意思直译出，与译文 2 相比显得不足。而译文 2 对该时间状语的放置位置和成分均作了变动，其语言显得干净利索，符合合同语言规范。

事实上，在翻译商务合同长句和复合句时，单纯使用一种翻译方法还不够，往往要求我们仔细分析句子结构，综合使用各种方法，或按照时间先后，或按照逻辑顺序，对全句进行综合处理，以便把英语原文翻译成忠实通顺的汉语。

七、商务合同翻译注意事项

在商务合同翻译过程中，除了注重词汇和句子的翻译技巧之外，还应注重整份合同的格式，应以原文为准，不能随意变动。另外，合同中有关"shall"的翻译，日期、数字、金额的翻译和大小写问题也不容忽视，不可想当然，要避免因这些小问题带来的贸易摩擦和争端引起不必要的损失。

（一）shall 的翻译

英文合同中最常用的一个词是"shall"，其意思和普通英语不同，表示"必须，应该"之义，而合同中"shall not"则表示"不许"、"禁止"之义，使用时一定要谨慎。

"will"在合同中虽也用做表示合同的法律义务，但和"shall"相比，语气比较弱，通常在表示不至于使用法律强制力的语气时使用。请比较下面例句中"will"和"shall"两词的含义。

译例 27 All costs to the Consultant for the above-mentioned services will be paid by the Company but in no event shall the consultant employ others without the prior authorization of the Company.

译文 顾问方因上述服务产生的所有费用将由公司方支付，但是，没有公司方的事前授权，顾问方不得雇用他人。

(二) 时间的翻译

合同中有许多关于时间、期限的表示,如货物的装运日期、合同的订立日期等,翻译时稍有不慎就会产生歧义,需特别留心。如:"to"和"till"表示"至"、"直至",应理解为包括所述日期。"on or before"与"no later than"均表示"不迟于"之义,"prior to"表示"某日之前","on and after"表示"从某日起"。请看下面几个例句。

1. "on or before"

译例 28 ▶ Shipment to be effected on or before October 31, 2009.

译文 ▶ 2009 年 10 月 31 日前(含 31 日)装船。(或者:装船不得晚于 2009 年 10 月 31 日。)

2. "before"和"by"

译例 29 ▶ 卖方应于 2009 年 10 月 31 日前将货物交付买方。

译文 1 ▶ The Seller shall deliver the goods to the Buyer before October 31, 2009.

译文 2 ▶ The Seller shall deliver the goods to the Buyer by October 30, 2009.

译文 1 和译文 2 都是可行的译法,要注意的是,使用"before"时,终止日期在所述日期的前一天,即 2009 年 10 月 30 日,而使用"by"时则略有不同,其终止日期包含所述日期,即 10 月 30 日。

3. "till and including"

译例 30 ▶ 本项下信用证在宁波议付,有效期至 9 月 1 日。

译文 ▶ The covering L/C expires till and including September 1 for negotiation in Ningbo.

"till and including"表示"一直到某月某日"。此句还可用"inclusive"一词翻译如下:"The covering L/C expires till September 1 (inclusive) for negotiation in Ningbo."但是,如果不包括 9 月 1 日在内,则可译为:"till and not including September 1"。

4. "from"和"after"

关于"from"和"after"的理解,UCP500(国际商会《跟单信用证统一惯例》第 500 号出版物)第 47 条规定:在用于限定信用证中有关装运的任何日期或期限时,"from"应理解为包括所述日期,而"after"应理解为不包括所述日期。然而,在确定汇票到期日使用"from"时,国际标准银行实务的做法是不包括所述日期,除非信用证有相反规定。因此,汇票到期日的计算从所述日期起算,在"10 days from September 1"和"10 days after September 1"两种表述中,到期日均为"September 11",可见"from"和"after"表达的意思是相同的。由于两种标准出现矛盾,译者在理解和翻译类似表达时要格外小心。汉语的"自某月某日起"是包括所述日期的,译成英文时,可用"on and after"明确作出限定。请看下面句子。

译例 31 ▶ 自 2006 年 7 月 15 日起在新泽西州订立的期限为六个月以上的服务或维修协议,其征税的税率为 7%。

译文 ▶ If a service or maintenance agreement for a period of more than six months is entered into in New Jersey on or after July 15, 2006, the tax is imposed at the rate of 7%.

另外,英语中慎用"from...to"来翻译中文合同中期限的始终,因为该表达无法明确是否包括所述日期在内,容易引起争议。若翻译"自3月1日起至3月7日止",要明确包括起始期和终止期,不要简单表述为:"from March 1 to 7",而应表述为:"from March 1 to 7, both days included",或者:"in the period commencing with March 1 and ending with March 7"。

(三) 金额的翻译

在翻译合同时,金额的表示非常重要,货币单位一定不能省略,更不能遗漏,如美元、澳元、加元、港元不能省略为"元"。为避免金额数量的涂改,除了用阿拉伯数字表示金额以外,后面往往用单词加以说明,加上"say"和"only",这相当于汉语中的大写金额。翻译时,必须把大小写同时译出,不能省略,以免出现漏洞。如:

译例 32 ▶ 总值:USD23,500(贰万叁仟伍佰美元整)

译文 ▶ Total Value:USD23,500 (SAY US DOLLARS TWENTY THREE THOUSAND FIVE HUNDRED ONLY)

译例 33 ▶ USD250 per metric ton FOB New York less 1% discount

译文 ▶ 每公吨250美元FOB纽约港,扣除折扣1%

现将一些常见货币的名称及缩写列出,以方便对照与查阅:

美元	United States Dollars	USD
欧元	Euro	EUR
英镑	Pounding Sterling	GBP
日元	Japanese Yen	JPY
港元	Hong Kong Dollar	HKD
加拿大元	Canadian Dollar	CAD
澳大利亚元	Australian Dollar	AUD
瑞士法郎	Swiss Franc	CHF
俄罗斯卢布	Russian Rouble	RUB
人民币	Chinese Yuan	CNY

另外,英文合同汉译时不存在大小写问题,而中文合同英译时需要注意大小写。除了专有名词如地名、人名等首字母要大写之外,合同的当事人、合同中的条款、定义条款中定义的词或词组等单词的首字母均应大写,如:"Party A","Force Majeure","Terms of Payment","Article 10","Technology","Products"。

第五节 商务合同常用词组和短语的翻译

商务合同的翻译尽管难度很大,但若熟悉一些常用词组和短语,会对翻译有较大帮助。以下是合同中常见的与"contract"的搭配用法和常见合同词组与短语的翻译。

一、合同中常见的与"contract"的搭配用法

make/enter into/sign/place/conclude/reach a contract 签订合同

carry out/perform/execute/observe/fulfill a contract 履行合同
terminate a contract 终止合同
cancel/rescind a contract 取消合同
discharge a contract 解除合同
renew a contract 续约
award a contract 批准合约
avoidance of the contract 合同无效
breach of contract 违约
而违约就其性质和程度可分为以下四种：
fundamental breach 根本违约
anticipatory breach 预期违约
minor breach 轻微违约
material breach 重大违约

二、常见合同词组和短语的翻译

Whereas 鉴于（常见于合同的鉴于条款中）
NOW, THEREFORE 兹特（用于 Whereas 条款之后引出具体协议事项的常用开头语）
in consideration of 以……为约因/报酬（常用于合同首部，表示约因，约因是英美法系的合同有效成立要件之一，没有则合同不能依法强制履行。）
In Witness Whereof/In Testimony Whereof 以此为证，特立此证（合同用语，普通英语不用）
KNOW ALL MEN BY THESE PRESENTS that 根据本文件，特此宣布（合同用语，普通英语不用）
NOW THESE PRESENTS WITNESS 兹特立约为据（合同用语，普通英语不用）
in the presence of... 见证人……（出现在合同尾部，有见证人时使用）
unless otherwise specified/indicated/stated/required 除非另有规定
unless otherwise expressly agreed by... 除非……另有明确规定
take effect/become effective/come into effect/come into force 生效
as of（合同等）从某日起（实施）（比 since 正式，合同中一般不用 since）
as per 根据，按照（常在合同单证中使用）
prevail 以（……版本）为准
(be) binding upon 对……有约束力
apply to 适用
subject to 在符合……的情况下，根据……规定
effect shipment 装运
effect insurance 投保
effect payment 付款

comply with 遵守（主语一般为物）
advise/notify/inform sb. of sth. 通知
lodge/file a claim with sb. 向……提出索赔
prior to 在……以前
in the event of/in the case of 就……而言,在……情况下（后接名词或名词短语）
in the event that/in case 如果,在……情况下（后接从句）
in accordance with/in line with 根据,按照
in accord with 与……一致,符合
pursuant to/in pursuance with 根据,按照（多用于合同文本,普通文体很少用）
in respect of 关于,有关（比 regarding,concerning 和 as regards 正式）
provided that 如,但
without prejudice to：在不损害（合法权利等）的情况下
notwithstanding：尽管,即使（后接短语,不跟句子）
due to 由于（比 because of 更正式）
to the extent (that)：在……的范围里、限度内；只要
be comprised of/consist of/be composed of/be made up of：由……组成
be liable to (sb.)/be liable for (sth.) 对某人/某事负责
be entitled to 有权（做某事）或享有（权利等）
be deemed to 视为
in so far as/insofar as 只要,如若
as below/as follows 下列（一般放动词后面）
including but not limited to 包括但不限于
in connection with 与……有关
in duplicate/in two copies 一式两份
in triplicate/in three copies 一式三份
in quadruplicate/in four copies 一式四份
in quintuplicate/in five copies 一式五份

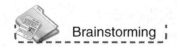

翻译趣闻与花絮

关于合同的定义条款

"合同"这一称谓,是在唐代开始成为契约的正式叫法,它来源于"分支合同"的意思。这是因为,古代的质剂、傅别、判书等契约文书的共同特点是同样的内容一分为二,要用时,就把这两份合而为一,"合同"由此得名。

在阅读合同时,许多人认为合同中的定义条款（Definition Clause）是多此一举,没有必

要,那么简单的词,谁不知道呢?但是,针对一个大家都经常看到的词语,每个人的理解都可能不尽相同,如果不能统一其定义,难免会产生歧义,难免在合同执行过程中各执一词。所以该条款的设置是在许多实践中总结出来的,绝非可有可无。其实正是由于它的存在而避免了许多争议。

Practice in Class
课堂翻译与实践

1. Translate the following sentences into Chinese.
   1) The Contractor shall observe and abide by all applicable laws, rules and regulations in connection with the Work.
   2) All taxes, customs duties and all other fees arising in the country of the Seller in connection with the conclusion and performance of the Contract shall be borne by the Seller.
   3) Headings in this Agreement are included for convenience only and are not to be used in construing or interpreting this Agreement.
   4) Should the Seller fail to perform the contracted obligations 10 weeks after the aforesaid incident, the Buyer shall have the right to treat the contract as null and void.
   5) In case the contract is concluded on CIF basis, the insurance shall be effected by the Seller for 110% of invoice value covering all risks, war risk, S. R. C. C. risks (i. e. Strike, Riot, and Civil Commotions).
   6) Party B shall ship the goods within one month of the date of signing this Contract, i. e. not later than December 30.
   7) Agent shall not, directly or indirectly, purchase, sell, or otherwise deal in any articles of same kind as, similar to, or competitive with Products in Territory. Agent shall not act as agent or distributor for any other person or firm other than Principal.
   8) Under FOB terms, the Seller shall undertake to load the contracted goods on board the vessel nominated by the Buyer on any date notified by the Buyer, within the time of shipment as stipulated in Clause 8 of this Contract.

2. Translate the following Chinese into English, using the phrases and expressions given in brackets.
   1) 本协议的签订、解释和履行受中华人民共和国法律制约。(be subject to)
   2) 由于包装不妥引起的货物损坏,卖方应赔偿由此造成的全部损失费用。(be liable

for)

3) 本合同用中文和英文写成,两种文本具有同等效力。上述两种文本如有不符,以中文本为准。(prevail)

4) 接到本合同第 24 款所规定的装运单据后于 15 天内以电汇方式付款。(effect)

5) 本合同规定的双方的权利和义务,自双方签字后立即生效。(come into force)

6) 在本合同中,"货物"是指供货方向购货方提供的全部机器设备和/或资料。(mean)

7) 若发现质量和/或重量(数量)与合同规定不符时,买方凭中国出入境检验检疫局出具的检验证书,向卖方提出索赔。(in conformity with)

8) 合资企业中方员工的工资,按照北京市劳动和社会保障局的规定,根据合资企业的具体情况,由董事会确定。(in accordance with)

3. Translate the following passage into Chinese.

Online Price Mistakes — The Kodak Case

Early in 2002, Kodak refused to honour orders for a digital camera advertised on their retail website at £100, denying that an automated response to customers confirming confirmation of their orders constituted an acceptance of their £100 offer.

Kodak claimed the price was a mistake and should have been £329. Several hundred consumers were believed to be affected and had been threatening legal action against Kodak unless their contracts were honoured. Some began county court actions. After a month-long dispute well-reported in the media, Kodak bowed to pressure, saying the orders would be processed. The *Financial Times* reported that the fiasco had cost Kodak several million pounds.

Disputes over price mistakes on websites are nothing new and becoming more and more common as more consumers and businesses buy online and become more web-savvy.

4. Translate the following contract articles into English.

1) 为在平等互利的基础上开展业务,有关方按下列条件签订本协议:
供货人(以下称甲方):
销售代理人(以下称乙方):
甲方委托乙方为销售代理人,推销下列商品。

2) 本协议所规定商品的数量、价格及装运条件等,应在每笔交易中确认,其细目应在双方签订的销售协议书中作出规定。

3) 付款
订单确认之后,乙方须按照有关确认书所规定的时间开立以甲方为受益人的保兑的、不可撤销的即期信用证。乙方开出信用证后,应立即通知甲方,以便甲方准备交货。

4) 仲裁

在履行协议过程中，如产生争议，双方应友好协商解决。若通过友好协商达不成协议，则提交中国国际贸易促进委员会对外贸易仲裁委员会，根据该会仲裁程序暂行规定进行仲裁。该委员会的决定是终局的，对双方均具有约束力。仲裁费用，除另有规定外，由败诉一方负担。

 背景知识

《联合国国际货物销售合同公约》

《联合国国际货物销售合同公约》(United Nations Convention on Contracts for the International Sale of Goods,简称 CISG)是迄今为止有关国际货物买卖合同的一项最为重要的国际条约。它是由联合国国际贸易法委员会主持订立的，1980 年在维也纳举行的联合国大会第六届特别会议上获得通过，于 1988 年 1 月正式生效。我国是此公约的最早成员国之一，在 1986 年 12 月向联合国秘书长递交了关于该公约的核准书，成为该公约缔约国。截止到 2005 年上半年，核准和参加该公约的国家已有 65 个。该公约成员国已包括了美国、法国、德国、意大利、挪威、瑞典和瑞士等世界主要的贸易国。《联合国国际货物销售合同公约》专门调整国际货物买卖合同关系。它充分考虑了国际货物买卖合同关系的特征，加之为世界上主要贸易大国所接受，因此，它是国际货物买卖相关法律的重要代表。

《联合国国际货物买卖合同公约》共分为四个部分：1) 适用范围；2) 合同的成立；3) 货物买卖；4) 最后条款。全文共 101 条。公约的主要内容包括以下四个方面：

1. 公约的基本原则。建立国际经济新秩序的原则、平等互利原则与兼顾不同社会、经济和法律制度的原则。这些基本原则是执行、解释和修订公约的依据，也是处理国际货物买卖关系和发展国际贸易关系的准绳。

2. 适用范围。第一，公约只适用于国际货物买卖合同，即营业地在不同国家的双方当事人之间所订立的货物买卖合同，但对某些货物的国际买卖不能适用该公约作了明确规定。第二，公约适用于当事人在缔约国内有营业地的合同，但如果根据适用于"合同"的冲突规范，该"合同"应适用某一缔约国的法律，在这种情况下也应适用"销售合同公约"，而不管合同当事人在该缔约国有无营业所。对此规定，缔约国在批准或者加入时可以声明保留。第三，双方当事人可以在合同中明确规定不适用该公约。(适用范围不允许缔约国保留)

3. 合同的订立。包括合同的形式和发价(要约)与接受(承诺)的法律效力。

4. 买方和卖方的权利义务。第一，卖方责任主要表现为三项义务：交付货物；移交一切与货物有关的单据；移转货物的所有权(title)。第二，买方的责任主要表现为两项义务：支付货物价款；收取货物。第三，详细规定卖方和买方违反合同时的补救办法。第四，规定了风险转移的几种情况。第五，明确了根本违反合同和预期违反合同的含义以及当这种情况发生时，当事人双方所应履行的义务。第六，对免责根据的条件作了明

确的规定。

我国对该公约的态度是：基本上赞同公约的内容，但在公约允许的范围内，根据我国的具体情况，提出了以下两项保留：1) 国际货物买卖合同必须采用书面形式的保留；但1999年10月颁布的中国新的《合同法》中有明确规定口头合同的有效性，而且该《合同法》适用于国内和国际贸易。2) 关于《公约》适用范围的保留。

第十章　外贸产品样本资料翻译

什么叫"翻译症"(Translation Syndrome)？其主要特征为词不搭配，表达失误，只考虑表层意思。其结果为：文笔拙劣，译出来的东西不自然，不流畅，生硬、晦涩、难懂、费解，甚至不知所云。出现这种现象是由于翻译时受原语表达方式的影响和束缚，使译文不符合译语习惯和表达方式。

——范仲英

讨论时间
1. 出口产品样本翻译的基本原则是什么？
2. 样宣、样本翻译应当注意哪些问题？
3. 如何把握翻译转换中语言的准确、专业与规范？

第一节　样(宣)本翻译与存在的问题

一、出口产品样本与翻译的功能

(一) 出口产品样本是什么

所谓样宣或样本，英文 catalogue，指的就是出口产品的宣传资料，即产品样本和企业的业务信息与形象推介册，图文并茂，包含了一系列有关企业基本概况、产品规格、选型资料的内容。一册好的样本应当准确传达出企业的形象和产品的优良品质，展示企业精神、核心理念等企业灵魂，给受众带来卓越的视觉感受，进而获得在选购和使用之后的价值提升。样本通常由三种要素组成，即企业与产品形象、品牌名称和文案介绍。样本中的中英文介绍词，特别是英文部分，其创意和翻译的过程，实质上是一个企业理念的提炼和展现的过程。目前，无论是出口制造企业或外贸公司，均有自己的样本、目录介绍，只要是参展国外的贸易博览会或国内的广交会，与客户进行商务谈判，样本是必备之物。通过阅读样本，客户快捷地了解了这家企业与它制造的产品，所以说，样本在外贸业务中扮演着非常重要的角色。

目前的中国对外贸易规模已居全球第三，跻身外贸大国行列，仅每年每届参展广交会的国内企业就达 3 万余家，企业带去大量向客户派发的产品样本资料(catalogue，literature)参展。有实力的企业还热衷于参加一些国际知名展会。作为广告翻译体的样本、样宣材料，在此种场所被广为散发，它是企业形象战略(Company Image Strategy)的重要组成部分，国外采购商通过阅读其内容获取厂商之实力、产品、规模、品牌等一系列信息。

(二) 出口产品样本翻译的功能

翻译实践告诉我们,大多数情况下,外贸企业出口产品的样本翻译要求与其他类文本的翻译不太一样,其文本特点和具体的交际场景又不允许译文做太大篇幅的发挥,译文信息含量、译文占有空间、译文预期功能、译文传播媒介等是译者不得不考虑的重要因素,常常左右着译文的信息内容和表达形式,例如考虑译文与图片、表格的比例和配置、语言是双语还是单语等等。如何突出译文"诱导"功能,使这类具有广告性质的样本、样宣翻译符合译文读者的期待并让他们喜闻乐见,这样的诱导功能常常需要译者对原文信息内容做出合理的取舍。因此,这种文体的翻译仅仅做到"信息对等"是不够的。

由于汉、英产品的宣传文字在各自遣词用字、行文风格上存在着较大差异,因而,翻译样宣与样本材料,需要充分考虑受众即国外客户的阅读习惯,在文本形式和信息内容上作较大调整和改动,使之简洁精练,表达方式直截了当,信息明确,逻辑条理清楚,这是我们对外贸企业产品样本与宣传资料翻译的基本认识。

二、企业翻译目前存在的两大问题

"中国制造"在全球已极具吸引力,但各类企业样本内的英文翻译却存在许多问题,如非规范缩略语、术语、地名、人名误译、词性、词义混淆、语句结构混乱等"野蛮装卸"的语言失范现象。关于企业翻译的研究在我国译学研究中一直处于次要地位,一些零星的研究也显得相对薄弱。企业翻译目前存在以下几个问题:

(一) 主观因素

一是译员的整体素质不高,外语知识不系统,造成译文语法混乱,习惯用法表达不清,选词不准确。有些人通晓外语,但专业知识欠缺,面对一大堆专业词汇及行业内某些固定的说法,往往只能依靠词典,生搬硬套,亦步亦趋,望文生义。在口译中则表现为大部分口译人员只能负责日常接待、陪同,而不能进行商务谈判(文军,2004)。二是汉语文字表述能力差:在现有的企业翻译人员中,不乏既懂外语又有专业知识的人,但有些人汉语素养不够,翻译出来的东西文理欠通,译文对实践很难具有指导意义。

(二) 客观因素

首先是一些人对翻译的片面性认识,他们认为翻译不过是一种简单的文字转换,只要懂外语的人,什么材料都能翻译,一旦译错,便认为水平不高。这种偏见使得翻译人员处于非常尴尬的境地。其次是翻译人员工作环境与待遇不理想,既无经常被派出去进修或出国深造的机会,又缺少各种大型工具书、词典、相关文献与最新信息的占有,一本词典加一台电脑这种典型的配置,无法使他们更新和译介国外先进的企业文化。再者,一些企业身处内陆地区,或坐落于乡镇县等边远区域,信息闭塞,文化不发达,人员工资待遇差,从而造成翻译人员的工作积极性不高。如何提高企业翻译,特别是企业样本、样宣语篇翻译的水平,提高译者的翻译水准,使商务翻译真正体现出语言的经济价值,是商务翻译必须面对的实际问题。

第二节　对样(宣)本翻译的语篇特征把握

通过上节已知,出口产品样本是指对各种工业产品进行文字说明的印刷文本,属商务语篇范畴,是买卖商品或商务活动中使用的正式文体。它装帧完美,图文并茂,由英文或中、英文对应组成,主体(body text)由两至三段构成,概括介绍企业发展历程、地理位置、生产规模、经营范围、产品特色、主打产品、员工构成、合作意愿等。文字以直接表述为主,使用客观性语言风格,忠实、准确传达有关产品的性能和用途,其译文质量的优劣是产品推介过程中不可忽视的因素。那么在汉译英处理这样的语篇时,应当注意哪些方面的问题呢?

一、忠实传达原文信息

样本、样宣语篇翻译属于商业广告体(Commercials)的一个部分,传达信息是它的基本功能,翻译转换中不存在过多的语言与文化差异,语篇中较少使用修辞手段,多用直译即语义翻译(Semantic Translation)。其语言表达既有日常书面语的文体特点,也兼有广告体英语行文特征。句法结构在表现内容繁复、冗长的汉语意义时,由于篇幅所限,多使用单句、复合句与固定搭配,从句使用上又多以定语从句为主,以尽可能少的文字进行有效的信息等值宣传,达到凝练之效。措辞上注重清晰(clarity)、规范和逻辑上的连贯(coherence),语篇通体具有浓厚的行业色彩,力戒主观随意性。

比较而言,大企业、特别是一些大型专业外贸公司的样本翻译具有较高的质量水准,以下甄选广东省轻工业品进出口集团公司的样本为例,来比较一下两种文字的转换过程中,英文翻译的行文如何展开。

译例1 广东省轻工业品进出口集团公司有着二十多年经营进出口贸易的历史,是广东省重点发展的大型企业集团之一,以出口轻工业产品著称,经营品种达上万种,国内外注册商标63个,在海内外协作群中享有较高的声誉,具有稳定的营销网络和出口供货渠道。

本公司有一支高素质的管理人才队伍,在管理上实施ISO9001国际质量标准,并获得英国BSI公司的认证证书,其质量方针是"质量为本,信誉至上,服务真诚,顾客满意"。

译文 GLIP (Guangdong Light Industrial Products Imp. & Exp. Corp.), with more than twenty-year history of handling import and export trade, is one of the key developing enterprises in Guangdong province. It is well known for exportation of light industrial products. We deal in thousands of merchandises and 63 main registered trademarks. Our corporation ranks high in reputation among coordination units in the world. We have established a stable promotion network and an exporting supply channel.

Our corporation has a highly-qualified management team and follows ISO9001 international quality management system with the certificate granted by the BSI company. Our quality policy is "Quality Priority, Reputation First, Service Sincere, Customer Satisfactory".

以上两段英文翻译,文体简约,用词准确。"出口轻工业产品"被译成 exportation of light industrial products,用一个表示"输出,输出品"的名词 exportation 而非 export,说明很费了一番斟酌。第一段中有两处"经营",译者在第一处取的是一个普通词汇 handling,而在第二处时选择了一个很讲究的短语 deal in,其意为"经营,经销",使选词上起了变化。第二段中 highly-qualified management team 和 Quality Priority, Reputation First, Service Sincere, Customer Satisfactory 翻得严谨而流利,无懈可击。

要做到信息表达的清晰,就需要做到文体规范,选词造句恰当流畅,不犯低级错误。"思维层次与语义层次的关系是十分密切的,思维层次是语义层次的基础。"(许钧,2003)。样本翻译的优劣取决于多种因素,这不仅仅指译者的外文水平,还包括译者在商务方面的背景与必要的专业知识。因此,动手翻译之前,在句法与词汇方面要注意以下几点:

1. 商务样宣资料翻译常使用一般现在时态。
2. 句子结构常使用被动语态。
3. 经常使用各种省略手段以避免过多重复。
4. 使用复合句、特别是定语从句多,以涵盖大量信息。
5. 常使用专业术语和行话,行文简洁,避免零乱和随意。
6. 准确选词,以避免生搬硬套的表层化翻译。

二、把握好中英文语言的异同点

英美人喊"救命"时,用的词是 Help,"抓贼"用的是 Stop thief。中国特色的词汇"派出所"正确的译法是 Local police station。中英文表达同一个意思时的不同,由此可见一斑。有人把"蛇皮袋"直译为 snake skin bag,闹出笑话,其实它指的是 PVC 编织袋,仅仅是因为它的编制形状和颜色像蛇皮,所以被俗称为蛇皮袋,正确译法是 polysack。"节日灯具"并非节日才用,只是一串装饰用的小灯泡,所以要译为 decoration lamp set。"小磨香油"被误译为 fine-ground sesame seeds oil,这属表层翻译,其实并无必要加"小磨(fine-ground)",只需译为 sesame oil 即可。以下这个案例摘自青岛一家具有限公司,其译文的生硬表达也验证思维层次与语义的重要关系。

译例 2 ▶ 青岛海旺花园家具有限公司其主要产品为"海旺"花园家具和"金华"木制太阳伞。我公司设备齐全,管理体系完善,已有几十年的加工、生产、销售历史,从而积累了丰富的出口经验。目前在国内设生产加工基地近十处,并由公司质量控制中心随时做巡回检查。

我公司生产的两个系列产品有 200 多个品种,设计美观,款式考究,深受国内外客人喜爱。目前已销往欧美等十几个国家和地区。本公司以"信誉为本,质量上乘,实事求是,开拓创新"为宗旨。

恭请各界朋友光临!

误译 ▶ Qingdao Hivigor Garden Furniture Co., Ltd. is a factory to produce "Hivigor" garden furniture and "Jinhua" wooden umbrella for more than ten years. We have very well equipment and perfect management. Now, we have ten industrial bases in our country. There is a quality control center in charge of inspecting them.

We have more than two hundred styles for the product. They are exquisite and exported to more than 10 countries in Europe and U.S.A. They are deeply popular among the customers all over the world. We have first class reputation, first class quality and first class service.

We welcome the friends around the world to our factory.

此段译文生搬硬造,除了语法上大有问题外,表达方面前后不协调,流水句太多。A factory to produce 在此处系误译,应该是 a factory producing/manufacturing。原文"几十年历史"须译成 for decades 或 for years。We have very well equipment and perfect management 一句过于使用大白话式的口语。Now 后不必加逗号与后面断开。control center 与 in charge of 介词短语之间无法形成逻辑主谓关系。"200 多个品种"不能乱译成 two hundred styles,工业产品的"品种"常用 kind(s),sort(s),item(s),variety 等词。deeply popular 这种翻译完全是对应着原文"深受……喜爱"之意,属不伦不类的死译。最后一句使用了 first class reputation, first class quality and first class service,过于简单化的词句重复无法把原语篇中的用意表现出来,是误译!另:"已有几十年的加工、生产、销售历史,从而积累了丰富的出口经验。"被漏译。以下是改动后的译文,供参考。

改译 ▶ Qingdao Hivigor Garden Furniture Co., Ltd. is a plant manufacturing "Hivigor" brand garden furniture and "Jinhua" brand wooden umbrella as its main products. It has complete equipment with good management. In the past decades of manufacturing, processing and marketing, it has accumulated rich experience in exportation. Up to now nearly ten production bases have been set up nationwide, which is under the timely supervision by the quality control center of the headquarters.

The plant has formed two products categories with more than two hundred different varieties. They are novel in design, exquisite in pattern and are well received in Europe, U.S.A. and some other regions in the world.

Its motto is: Reputation First, Quality First, Constant Innovation.

You are sincerely welcome for visit and business negotiation with us.

以上画线部分是改译,均使用创译、加词、重组等翻译策略组合,经过这样大手术般的改动之后,其用词造句、语篇结构形成一个严密而自然的整体,特别是像"有几十年的加工、生产、销售历史……并由公司质量控制中心随时做巡回检查。"几句,合译成 In the past decades of manufacturing, processing and marketing, it has accumulated rich experience in exportation. Up to now nearly ten production bases have been set up nationwide, which is under the timely supervision by the quality control center of headquarters. 可以说是恰如其分!原文中"实事求是(Pursue a realistic and pragmatic approach)"与上下文没有太多关联,做省译处理。

三、熟练运用翻译策略

译者在进行语篇翻译时,不必受原文段落或结构的束缚,可以灵活运用翻译策略,使得译文表达得体、行文流畅、信息完整。翻译中常使用的重组法、加词法、省略法等一系列策略就可以达到这样的效果。

译例 3 ▶ 云南茶园集团股份有限公司,属外贸进出口企业,主要经营茶叶、咖啡、松茸、菌类、脱水蔬菜、花卉等出口业务,代理进出口业务。

云南的茶区大多分布在远离污染的山区,土壤肥沃,涵养水分丰富,森林覆盖率高,茶叶农药残留量水平最低,具有开发有机茶和无公害茶的有利条件。

云南的大叶种茶,牙叶肥壮,发芽早,白毫多,充育芽力强,生长期长,叶枝柔软,持嫩性强,鲜叶中水浸出物、酚类、儿茶素含量均高于国内其他优良品种,与印度的阿萨姆种和肯尼亚种同属世界茶叶的优良品种。

误译 Yunnan Tea Garden Group Shareholding Co., Ltd. is a foreign trade enterprise, mainly focuses on tea, coffee, matsutade, mushrooms, vegetables, flowers and other products import and export business, and other business for import and export.

Most tea areas in Yunnan are distributed in the mountain areas where are far away from pollution. The rich soil, abundant rainfall precipitation, high level of forest coverage, low growth period. Comparing with other domestic tea products.

Yunnan tea has higher content of lolyphenol, catech in and other extracturm from water. Yunnan tea is one of good specimen in the world with the same fame of Indian tea and Kenya tea.

以上译例选自中国土畜产云南茶叶进出口公司和云南茶园集团股份有限公司的对外出口产品样本,其译文中一些难译的关键词句、专业术语以及句子结构等都被漏译掉了,从语篇角度来看,译文信息支离破碎,构不成一个整体,与原文流畅的汉语相比较,就能发现诸多翻译上的漏洞。

第一段中的"股份有限公司"被错译为:Shareholding Co., Ltd,属于典型的画蛇添足。Shareholding 意指"股东,股票持有人"。"股份有限公司"的准确翻译应为 limited-liability company,还可以用更为简洁的 limited company 或 Co., Ltd.。接下来的 mainly 与 focus 两个词属重义并列使用,此为误译,compare with 属于误用词组。最后一句重复使用 import and export 和 other,属于典型的对等套译,仍然没有把"代理进出口业务"(commission agent for imp. & exp. business)之意完全准确地译出。

第二段中的 distribute 一词使用不当,茶区的"分布"一意用 scatter 更为准确和妥帖,distribute 着重于"分发,分配,分送"等意,也有"分布"之意,但两词指代的范围有所区别。Scatter 侧重的是一种稀疏的、自然的散布。两词相比,当然要用 scatter。"品种"在此文中指的是植物类,用 specimen 系错误用词。Specimen 之意为"样品,标本,抽样"等,其范围为医疗、检验、实验、科研或馆藏等。须用 strain 这个词,其意为"(动物、昆虫、植物等的)系,品系,品种,种等",例如:a new strain of wheat(小麦的新品种)。文中用 where are far away from pollution 属于从句连接词使用错误,且此处也无须使用从句,可直接译为"Most tea areas in Yunnan are scattered in the mountain areas far away from pollution."。

后面的文句与段落翻译颠三倒四,不成体系。"涵养水分"被误译成 abundant rainfall precipitation,即成了"降雨量丰富",应译为 water-containing moisture。且因为最后一段有多处"难啃的骨头",使译者干脆选择了"省译"之法。即原文"土壤肥沃,涵养水分丰富,茶叶农药残留量水平最低,具有开发有机茶和无公害茶的有利条件。云南的大叶种茶,牙叶肥壮,发芽早,白毫多,充育芽力强,生长期长,叶枝柔软,持嫩性强,鲜叶中水浸出物、酚类、儿茶素含量均高于国内其他优良品种",这些意思都没有被译出。这是以上诸多错误中最严重的问题!此风不可长。现对原译中的流水句和死译、漏译等地方重新做了加词、减词与语篇结构上的调整与翻译,供参考。

改译 Yunnan Tea Garden Group Co., Ltd. is a foreign trade enterprise dealing in import & export of tea, coffee, pine mushrooms, edible mushrooms, vegetables, flowers as well as doing commission agent related import & export business.

Most tea areas in Yunnan are scattered in the mountain regions, where there is little pollution. Under the environment of thick forest coverage, fertile soil, watery moisture and lowest insecticide residue, Yunnan Big-leaf Tea bears great potentials to be developed into a kind of innoxious and organic product. Moreover, with the distinctive feature of early sprouting, fully-developed budding, tender and plump leaves, moisture-retaining capacity, low growth period, baikhovi richness, its content of water infiltrator of tea leave, polyphenol, catechol averagely surpass the other domestic fine strains of seeds, which makes it comparable to the world fine strains of India (Asam seed) tea and Kenya tea.

减词（省译）翻译法是指在翻译的过程中省略原文中无关宏旨的或多余的词汇。但是，对于那些必要的、重要而完整的信息不得采取减译或省译之法。在处理一些难度较大的翻译时，由于其专业难度和翻译难度，大面积有意漏译这些难度较大、但属于必要的、重要的信息源，这是十分不妥当的。

第三节　商务翻译中的文化差异

不同国家每个层面上的文化表达形式都不尽相同，翻译时需要特别注重两种语言的不同文化背景。商务翻译的目的性决定了译者必须重视目的语文化及目的语读者的接受或排斥的反应。这些反应体现在一国国民的文化风俗、宗教信仰、习惯观念、语言与教育、思维方式、价值观等多个方面，从而在颜色、动植物、空间、数字、符号、衣食住行等方面形成一个国家特有的语言表达模式，掌握这些差异性，就不会出洋相或少出洋相。

一、动物的象征性差异

这样一句话该怎么译？"这家工厂是纺纱、织布、印染一条龙的大型联合企业。"这里的"一条龙"是不对等的，即无法按原词义进行死译，只能改译为"This factory is a big united enterprise with the production lines of spinning, weaving, printing and dyeing."羊这种动物在汉语中象征"顺从、听话"，如"像小绵羊一样温顺"。但在英语中，sheep 指的是好人，to separate the sheep from the goats 意为"分清是非，区分好人和坏人"，black sheep 指的是"害群之马"之意。中国的"仙鹤牌"产品出口到欧洲的法国，就不能翻译成 Crane。在法国，仙鹤意味着"淫妇"之意。Crane 在英文中也只是指一种普通的鸟，并无什么文化含义。中国许多商品用海燕作为商标名。但是，若要将商标名为"海燕"的产品推向国际市场，翻译该种商标时就必须注意东西方文化的差异。西方文化中的海燕并不是中国人所认为的那样，勇敢地冒着暴风雨，他们把海燕看做是灾难与暴力的动物，因此，"海燕"牌产品的英译就不要用 petrel，而是根据该国文化和人民的喜好，找出一种象征吉祥的飞禽来代替，就如我们用 tiger 来代替 dragon 的道理一样，"亚洲四小龙"被译成 Four Tigers of Asia。中国人对鸡这种家禽并无恶感，有"闻鸡起舞"、"金鸡报喜"、"雄鸡一唱天下白"等褒称。但在具体翻译"金鸡"牌闹钟时，绝不可译成 Golden Cock，因为 cock 还可以指男性的生殖器，怎么办？换词，用 Rooster 来替代 Cock！

这里有一个很好的译例：中国"孔雀"牌彩电出口时，用的商标不是 Peacock，而是 Uranus（天王星），为什么？这是因为译者对中西方文化差异的了解。英语中孔雀的对应词 peacock 在英语国家的文化中并没有代表吉祥的意思，而是带有贬义，指虚荣、洋洋得意、炫耀自己的人。而在中国，人们通常认为，孔雀开屏代表吉祥和幸运，厂家常常用"孔雀"做商标。同样的实例还有喜鹊（magpie）。喜鹊在中国文化中也属吉祥之物，听到喜鹊叫，预示有好事情要到来。但在英文中，magpie 常用来比喻喋喋不休、令人讨厌的人。在苏格兰，magpie 上门意味着死亡；在瑞典，magpie 与巫术有关。

在涉及到一些文化差异翻译方面，特别是意译可能引起误解或反感的商标牌号时，可以考虑音译。如功夫（Gongfu），红梅牌（Hongmei），红旗牌（Hongqi），白象牌（Baixiang），金龙牌（Jinlong），孔雀牌（Kongque），喜鹊牌（Xique）等等，这样译，也增加了一层异国色彩，可以激发人们的购买力。也可在汉语拼音后加注，如：延龄白酒 Yanling（prolong life）liquor。不同文化对动物赋予的象征性造成了对同一种动物产生不同的认识，所以才有 Every dog has his day.（凡人皆有得意时），Dog does not eat dog.（同类不相残、同室不操戈）。

二、颜色类词汇的喻义

中西方文化差异还体现在颜色上，红色在中国常象征"欢乐、吉祥"，最为流行，但译成英文却未必对应为 red。红糖：brown sugar；红茶：black tea；红运：good luck；红利：dividend；红榜：honor roll；红事：wedding。Green 有多个含义，可以表示妒忌、眼红，green eyes 相当于汉语中的"红眼病"。而医学上的"红眼病"在英文中用的是 pink eyes。此外，green 还表示"钞票、钱财、经济实力"；也可表示没有经验、缺乏训练，如 green hand（新手，菜鸟）。还有，中国的"黄酒"也不能翻译成 yellow wine，而要译为 yellow rice wine 或 Shaoxing Wine。在英语中，yellow 可以表示"胆小、卑怯、卑鄙"的意思，例如：a yellow dog（可鄙的人，卑鄙的人）；a yellow livered（胆小鬼）。蓝色（blue）在汉语中的引申意义较少，而在英语中 blue 是一个含义十分丰富的颜色词。在翻译与这一颜色有关的表达时，我们应该注意其中的特别含义。Blue 常用来喻指人的"情绪低落"、"心情沮丧"、"忧愁苦闷"，如：They felt rather blue after the failure in the football match.（球赛踢输了，他们感到有些沮丧。）Blue 有时用来指"黄色的"、"下流的"意思，如：blue talk（下流的言论）；blue video 黄色录像。白色（White）在中国有不吉祥的一面，英语中的 white 没有这种含义。西方的婚纱是白色的，白色有纯洁、美好的含义。英语中的 white wine 不是汉语中所说的"白酒"，而是指"白葡萄酒"。"白酒"的英语是 liquor 或 spirits。汉语中有些与"白"字搭配的词组，实际上与英语 white 所表示的颜色也没有什么联系，而是表达另外的含义，如：白开水 plain boiled water；白菜 Chinese cabbage；白字 wrongly written word；白搭 no use；白费事 all in vain。黑色在汉语和英语中都有"阴险"、"邪恶"的含义，不过翻译时不一定用"黑"或 black 的字眼。经济方面，black 等表示颜色的词有如下词义：red ink 赤字；in the black 盈利；white goods 白色货物，指冰箱、洗衣机等外壳为白色的家电产品，brown goods 棕色货物，指电视、录音机、音响等外壳为棕色的电子产品。

三、文化差异造成误解

英汉两种语言在文化与习俗表达上有很多不同之处，这种差异在交际中随处可见。在一个招待外商的宴会上,好心的业务员按汉语习惯用英语对老外说:Eat slowly, please. 结果,老外满座皆惊,不知如何是好。其根源是汉语文化的思维模式。请客吃饭方面,中国人招待客人时,一般都准备了满桌美味佳肴,不断地劝客人享用,自己还谦虚:"没什么菜,吃顿便饭。薄酒一杯,不成敬意。"行动上多以主人为客人夹菜为礼。西方人会对此大惑不解:明明这么多菜,却说没什么菜! 而他们请客吃饭,菜肴特别简单,经常以数量不多的自助餐了事,席间劝客时仅仅说:Help yourself to some vegetables, please! 吃喝由客人自便自定。

文化差异会造成误解或误译。有一些词语由于文化内涵的差异,其英语涵义与汉语涵义不对等,有些辞典的释义,翻译可能不够准确,会造成理解或表达上的偏差。比如大家都熟悉的1972年《上海公报》中使用的acknowledge一词,中美双方的理解就不一致。我们译的是"承认",而美方却不认为是承认,只是"获知,知道"。中美"撞机事件"涉及的sorry一词的翻译和理解也有这种情况,这涉及到如何确切理解词义及文化背景的问题。

第四节 样本翻译的词汇特点

一、使用已有的定译词

定译词是指在历史上已经被前人译好并后来被社会接受的词汇(甚至当时的译法与译文是错的),人名如"蒋介石",就不能按拼音翻译,而要按约定俗成的规矩 Chiang Kai-shek,孙中山为 Sun Yat-sen。"广交会"叫做 Canton Fair,而不能说成 Guangzhou Fair! 香港的九龙是按照广东话音译而来 Kowloon。Fleet Street(舰队街)原为伦敦城外的一条小河。16世纪时,河的两岸住满了人家,但河水浑浊,臭气熏天。1737年开始了舰队河的掩埋工程。填平后,原址成为一条街,取名"舰队街"。18世纪以来,英国的老报社、出版社都设立在这条街上。影响较大的有《每日电讯报》(The Daily Telegraph)、《每日邮报》(Daily Mail)。"舰队街"已经成为英国报业及新闻界的代名词,但是舰队街实与"舰队"无关,不过是相延已久的误译。

译例 1 杭州中亚健身器材有限公司,坐落在美丽的西子湖畔北侧。

译文 Hangzhou Zhongya Fitness Co., Ltd., is located in north of the beautiful Xizi lake.

"美丽的西子湖畔"指的就是杭州西湖,西湖是闻名中外的名胜,英文翻译早就定型,即the (Hangzhou) West Lake。清华大学的英文为 Tsinghua University, 北京大学的英文翻译为 Peking University,而不译成 Beijing University 等等。这些定译属常识性问题,搞不清它们就会犯把 Chiang Kai-shek(蒋介石)误译成"常凯申"的错误。

二、防止对等套译

商务翻译在处理具体词条或语汇时,切忌望文生义,由于中西方文化的差异性,所以要防止语言中的死译、套译、对等翻译。所谓死译、套译、对等翻译是指译者在将汉语(源语)译成英语(目的语)时,完全按照汉语字面意思"搬字过纸",望文生义;其原因在于受汉语思维方式负迁移以及译者翻译能力的影响。翻译家范仲英说,中国人的思维方式离不开自己的母语——汉语,由此及彼,涉及到翻译上的表现多为生搬硬套。

山东省一家企业名称为青岛高艺彩绘转印有限公司,它的样本上的英文翻译是Qingdao High-Art Colored Trans-Printing Co.,Ltd. 译者在翻译时,将"高艺"直接对等英文中的high 和 art 进行翻译,有 high-art 这样的说法吗?这纯粹成了杜撰,就像不能把 high sea 即"公海"译成"高海"一样,闹出笑话。人名、地名、公司名称等属专有名词,不可乱译。有人把"珠三角"直译为 Pearl Triangle(triangle,三角),就属直接套译,看似是个笔误,实则是语言基础与翻译水平的大问题。三角洲要用 delta 这个词,如:Yangtzi River Delta(长三角),Pearl River Delta(珠三角)。

译例 2 ▶ 我公司是专业生产生活用纸类系列产品的制造商(广东中山绿草堂日用品有限公司)。

误译 ▶ Our company is the professional manufacturer in living paper in China.

显然,living paper 被直接套译汉语语义的"生活用纸",闹出笑话。这样一来,living paper 到底是什么纸?恐怕无人能回答。句中的"生活用纸"指的应该是 napkin,toilet tissue 这一类日常用品,若笼统地进行翻译处理,可使用 daily-used tissue(toilet) paper,若要确切是哪一类产品,则译出那个产品名称好了,而不可乱译成 living paper。

译例 3 ▶ "高质量、低价格"是华夏公司对顾客永恒不变的承诺

误译 ▶ We always promise "High quality and low price" to our customers.

译者在词义的选用上直接套译,这简直就是自贬身价!句中的关键词"低价格"不能简单化地用一个 low price 表达,而要用 good price,best price 或 competitive price 才较为准确和妥帖。许多样本都存在类似的翻译错误,看后触目惊心!其后果是:使外商往往将中国产品同质次价低的垃圾货联系在一起。

译例 4 ▶ 桐庐丹霞笔业有限公司是一家初具规模专业生产圆珠笔的厂家,力量雄厚,设备先进,主要生产各种高、中、低档圆珠笔……

误译 ▶ As a producer specializing in making ballpens, Tonglu Danxia Pen Co., Ltd. enjoying strong technical power and advanced equipment, with the main products of series of high, middle and low quality ballpens...

以上翻译,前面没有大问题,主要是后面的"高、中、低档圆珠笔"中的"档"字该怎么翻,若依原译使用的 low quality 肯定不行,这里的"档"指的是产品的一个质量档次标准或分级。档次有高、中、低价格之分,当然也包括质量,还有产品功能、不同用途等其他因素,有些产品功能奇多,而有些产品只需基本功能,价格与功能的不同就有了不同档次,因此,绝不能说"高、中、低档"中的"低档"就是质量很低。而 low quality 就是"低质、劣质"之意。这样的翻译,客户读过以后,恐怕没人敢买 low quality 的产品。正确的词义应当为 grade,如 high-grade goods(高档产品),low-grade goods(低档产品)。

三、洞悉汉译英词序上的差异

译例 5 ▶ 竭诚欢迎国内外新老客户来公司洽谈指导……

误译 ▶ Wholeheartedly welcome all new and old clients abroad and domestic to our company...

尽管这是一句再简单不过的句子,但也犯了典型的套译的错误。此句"新老客户"的汉

语语序排列是"新"在前,"老"在后,可是英语译文却应该是 old and new。此不同点是中英文不同的思维层次形成的习惯表达,不了解这种差异就会犯类似"简单"的错误。译者必须把握那些基本的英、汉语序差异。

正译 Wholeheartedly welcome both old and new clients at home and abroad to our company.

再如:old and young 青老年,back and forth 前后,right and left 左右,north and south,east and west 东南西北等等。同时,需要译者关注的是,由于英语文化、传统、地理位置、生活方式等的差异造成的习惯性表达,使得两种文字在说明同一样东西时,词的位置发生极大变异,英语的一些表达同汉语刚好相异,汉译时就须按照英语的习惯做相应的调整,例如:

a. 东北（西南）northeast（southwest）
b. 前后、左右 back and forth, right and left
c. 迟早 sooner or later
d. 油漆未干 wet paint
e. 乱七八糟 at sixes and sevens
f. 泰山 Mount Tai
g. 三思而行 think twice/second thought
h. 无论晴雨 rain or shine
i. 您先请 after you（不要译成 you go first.）
j. 最新消息 latest news（不是最晚的消息）
k. 衣食住 food, shelter and clothing

在词汇的排列顺序方面,译者必须警惕中英文词序排列的语言差异,特别是前置、后置定语的差异,要看清定语的位置! 有些定语是前置。英语中两个或两个以上的单词做定语,共同修饰一个名词时,常放在名词之前;其基本顺序是由小到大,由次要到重要,语气由弱到强。而汉语则与此相反,遣词造句时须把握此点。例如:

a. 中国的先进经验 the advanced Chinese experience
b. 社会实践活动 practical social activities
c. 陡峭的高山 a high steep mountain
d. 中国古代的炼金术 the ancient Chinese alchemists
e. 中国的贸易最惠国地位 most favoured nation trading status for China
f. 支付的利息 the interest rate charged（有些定语是后置）
g. 由商检局出具的检测报告 survey report issued by the Commodity Inspection Bureau
h. 环绕原子核运动的粒子 particles moving round their atomic nucleus
i. 重要的事情 something very important

译例6 公司以"以人为本、质量立厂、精益求精、名牌兴业"为奋斗目标,建立起一支高素质的员工队伍……（浙江某泵业有限公司）

误译 With the constant policy of "humane technology, quality as essence, strive for excellence and prosper with famous brand", the company has built up an outstanding team...

以上几个四字并列的名词性短语用 with 引导,但后一句又冒出来 strive for 和 prosper

with 的动词短语,前后结构并列错误,且不对称。"以人为本"被误译为 humane technology,确切的意译应该为 people-oriented 或 people foremost。

正译：With the constant policy of "people-oriented, quality-based, perfection-seeking and famous brand undertaking (thriving)", the company has built up an outstanding team.

四、上下文与一词多义

理解是翻译的基础和关键,准确理解一种语言的词汇含义、结构和惯用法对外语学习者是一个基本素质要求,应力戒望文生义。Industry 其一为"工业",其二为"勤勉,刻苦",殊不知还有"行业、企业"等意。the tourism industry 就不能译成"旅游工业",它指的是"旅游业"。The brisk pickup of business in abortion industry has greatly alarmed many people. 这句话应译为:"堕胎行当的生意兴隆使许多人大为震惊"。capital 与 capitol 两词因读音及拼法极其相似而常被误用。capital 作形容词时,意为"首要的,主要的,上等的",作名词时,意为"首都,省会,资金"等。capitol 指议会大楼,如果 c 大写,特指美国国会地址,如报刊上常出现的 Capitol Hill 就指的是"国会山,美国国会",小写时则指各州议会会址。

有一位学生在课堂把 The old man's youngest son... 翻译成了"那个老头最年轻的儿子",令人捧腹。Who's who 如按字面直译就成了"谁是谁"。这个短语的实际意思是"重要人物,名流",意思上和 VIP 是一样的。advise 一词常用义是"建议",而在商务英语中为"通知"。cover 的常用义是"覆盖"、"盖"、"掩护"、"包括",而在外贸英语中为"给（货物）保险"。accept 常用义是"接受"、"认可",而在国际结算中为"承兑（单据、汇票等）"。confirm 常用义是"使（权力等）更巩固"、"使（意见等）更有力"、"使有效"、"证实",而在国际结算中根据行业特点译为"确认"、"保兑"。缩写词 CIFC3 为"成本加保险费、运费价,含佣金 3％"。Draft payable at sight 在国际结算中为"即期汇票"。

第五节 样本翻译中的汉英句子结构

一、中英文句子结构差异比较

英汉两种语言在句法及语言表达习惯上存在着较大差异,英语属拼音文字,汉语属象形文字。翻译的成功与否,关键在于能否妥善掌握两者的差异,在进行英汉翻译时学会做相应的词序、语序以及词义上的调整,而非机械地套用汉语习惯,生搬硬套。一家外贸公司的业务员,有一次拿起国外客户打来的国际长途电话,问对方："You are who?"（你是谁?）这种英语让人听起来忍俊不禁。Who is it/Who is this speaking? 与 You are who? 的问题,实则就是语言表达上句子结构的一个英汉差异问题。句序是指句中各种成分的排列顺序即位置。英语重形合,汉语重意合。英语句子的结构表达严谨而逻辑化,汉语句子的表达就较为简短、松散。同时,英语的句序、结构、语态与汉语也迥然不同。学习者在造句或翻译实践时,应当使用正确的句子表达,这就需要平时多记多练。例如：

a. I was born on 9th Sep, 1965.（时间状语、地点状语由小到大,常居句后）

我生于1965年9月9日。

b. What's this?（特殊疑问句型）
这是什么？

c. Long live our motherland!（倒装句型）
祖国万岁！

d. There comes the bus.（倒装句型）
公交车来了。

e. What beautiful hair the girl has!（感叹句型）
那个女孩的头发是多么的美丽啊！

f. Some people don't think it is possible to finish the work by the weekend.
有人认为要在周末完成这一任务是不可能的。

（注意：不能用这种结构 people think it is not possible to...）

g. Led by the Chinese Communist Party, the Chinese people, united as one, are engaged in the great task of building socialism.
中国人民在中国共产党的领导下，团结一致地进行着社会主义建设。

（注意：句中的两个不同的状语分别放在句首和句尾，或分别放在句首和主语之后，以免句子出现不平衡的头重脚轻现象。汉语则反之，往往把两个状语连在一起放在句中。）

h. I knew nothing about it until you told me.
你告诉我了，我才知道。

（注意：至今仍有不少人不会翻译好这个看似简单的not...until句型，最典型的说法就是"我不知道，直到你告诉我。"）

i. Three million tons of coal were exported that year.
那年出口了三百万吨煤。

（注意：译成汉语时，可将原来的被动语态译成主动语态；不可译成"三百万吨煤被出口了"这样的句子！）

j. It seems to be more lonesome in the mountains when birds are singing.
鸟鸣山更幽。

k. He who respects others is constantly respected.
敬人者人恒敬之。

l. He had his left hand cut off.
他被人砍去了左手。

m. We cannot thank him too much.
我们无论怎样感谢他也不为过。

二、把握好从句与主句的关联度

首先须防止乱用从句。一句话若能用简单句表达，就不使用复合句，这是一个基本原则。反之，该用从句时，又不用从句，而反复使用几个简单句，也是有问题的。有一个学生作文中的一句话是 This is my sister who is a doctor. 这就是典型的乱用从句。My sister is a doctor. 就足矣。再如 There are many students who like collecting stamps in our class. 此句应该为:Many students in our class like collecting stamps. 以下为样本翻译中的一些误译,请比较:

译例 1 这家工厂可以生产许多种不同产品。

误译 There are different kinds of products that can be made in this factory.

改译 Different kinds of products can be made in this factory.

以下译例是一段较长的文字,本例摘自扬州市中成旅游工艺拖鞋厂样本英译,其译文存在句子结构逻辑错误的问题。

译例 2 本厂是专业生产航空、宾馆、酒店、铁路、游轮等场所用中、高档拖鞋的厂家,产品有"抛弃型"、"可洗型"、"环保型"与"一次型"等几大类,畅销国内并远销香港、日本、新加坡、欧美等国家和地区,款式达数百种,可供客户选择,也可按客户要求设计定样,欢迎国内外客户洽谈合作。

译文 We are a manufacturer of slippers which are used in airplane, hotel, train, travel ship. Our products include "disposable slippers", "washable slippers", "environmental protection slippers", "one-off slippers", etc. They are well sold in domestic market and exported to Hongkong, Japan, Singapore, Europe and America, etc. There are hundreds of styles for customer's choose, the styles can also be redesigned according to customer's demand. Welcome all the customers domestic and overseas.

此段文字中存在好几处误译,其中以首句为最。首句中使用 which 引导的定语从句,看似正确,实则是大错。这里出现了结构指代不清的问题,句中被定语从句修饰的先行词不应该是 slippers(拖鞋),而是 a manufacturer of slippers(拖鞋生产商),因此,后面的 which are used in airplane, hotel, train… 在逻辑上是矛盾的。即:该厂生产的拖鞋可用在不同的场所,而不是说该生产厂家可以用在各不同场所!

改译 We are a professional manufacturer of all kinds of slippers which are widely used in airplanes, hotels, trains and travel ships. Our products include "disposable slippers", "washable slippers", "environmentally friendly slippers", etc. They are well sold in the domestic market and exported to Hong Kong, Japan, Singapore, Europe and America. There are hundreds of styles for customers to choose from. Moreover, the styles can also be customized according to customers' specific needs. Customers from both home and abroad are welcome to our company for business negotiation.

译例 3 江苏中鼎化学有限公司,地处新兴现代化港城——江苏张家港市南部,交通便捷……

误译 China Top Chemical (Jiangsu) Co., Ltd. lies in the south of Zhangjiagang city Jiangsu province, which is a rising modern city and enjoys the convenient transportation…"

此段的英文翻译指代不清,句中的主语为 China Top Chemical (Jiangsu) Co. Ltd.,之后跟一个非限制性定语从句,与主语产生逻辑混乱。原意是说这家公司所处之地交通便利,而不是说张家港这个城市交通便利,句中的连接词 and 显然是结构错误。

改译 China Top Chemical (Jiangsu) Co. Ltd., Ltd., which lies in the south of Zhangjiagang, a rising modern city in Jiangsu province, enjoys convenient transportation.

第六节 校对与印刷存在的问题

在本节中,我们强调排版印刷前校对(proof-reading)的重要性,这是因为,在我们已经收集到的企业对外宣传材料和产品样本中,有大量的这一类纸质材料出现印刷错误,包括有些名片的英文行文中,都存在着不容忽视的校对、印刷、拼写错误,试想,客户拿到这样的样本,会对产品或厂家留下什么样的印象?这样的错误是本可以避免的,否则即使翻译得再好的英文,由于拼写或印刷错误,同样造成负面印象。

例如将 customers first(顾客第一)误写为 customs first(习俗第一);expanding 丢掉最后一个字母 g,成了 expandin;professional dealer 误写为 profesional dealer;将 China 小写成 china,create 漏写成 creat;All 印成 Aii;杭州桐庐金牌龙塑料彩印包装公司将 Contact Person(联系人)误写为 Contract Person(合同人);深圳南鹏竹木制品厂将"法人代表"译成 Depuyt of Artificial Person 等等,令人不知所云。福建漳州的片仔癀药业股份有限公司生产的"片仔癀"是国家一级中药保护品种,也是中国驰名商标,但在广交会向外发布的正式样宣中,在不到两百字的英文内,竟出现了五六处拼写、大小写、误写等纰漏。此类错误不胜枚举,完全是企业管理上出现的漏洞,会让外商对企业的文化形象产生不佳印象。

样本翻译的质量优劣事关产品之销售,翻译时至少要做到基本错误不犯,表意准确,措辞严谨,通顺规范(胡庚申等,2001)。译者须有刻苦钻研的工作态度和一丝不苟之精神。中国出口产品的质量本身并不差,但一流的产品往往给人的印象是三流的包装,样本也属包装内容一个十分重要的部分。日本及欧美客商很精明,卖二流产品,用一流包装。比较一下发达国家的产品样本、样宣可知,它的设计、印刷和文字均非常讲究。

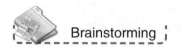

翻译趣闻与花絮

在 2010 年普通高等学校招生全国统一考试英语(天津卷)中,有"To err is human. To blame the other guy is even more human"的文句,当时有考生对其中的"To err is human."不甚了解。

"To err is human."是英国十八世纪诗人波普的一个警句,之后的一句是"to forgive divine"(宽恕则是神)。这两句话完整的意思是"犯错的是人,原谅的是神。"此意与中国古人讲的"人非圣贤,孰能无过"的意思十分的相当。中国前外交部长钱其琛在任时,有一年去美国访问,提及到"文化大革命"期间,毛泽东曾经犯过的一些错误,他引用了"人非圣贤,孰能无过"这个古语。译员听后,将这句话译为:To err is human. 应当说,这样的翻译非常见功力,尽管译文与原文在词语上不完全对应。当然,美中不足的是把 human 念成了 humane,两字只差了一个 e 字母,意思和发音却完全不同,前者是"人的"或"人性";后者是"仁道"或"仁慈"之意。

Practice in Class
课堂翻译与实践

1. Translate the following catalogue sentences into English.
    1)"革新技术、培训员工、创新管理、顾客至上"是贝赛德的企业精神,它推动着贝赛德的迅猛壮大和发展,从而一直处于传动装置行业的领先地位。
    2)我公司95、96年分别实现产值400万美元、500万美元,销售收入420万美元、550万美元,连续两年利税超过150万美元,成为×××市经济效益支柱产业,自95年以来,先后被授予"××县城市经济功勋企业"、"××市经济效益支柱企业"、"××省供销合作社十强工业企业"、"银行信誉AAA企业",95年在全国供销工业企业经济效益百强中排名第十八位,并被批准为"中华人民共和国海关保税工厂"。
    3)中钞国鼎拥有一支锐意进取、理想高远的高素质团队,他们是一群乐于奉献的灵魂舞者,在创意与设计的世界中舞蹈,在文化与经济的领域中翱翔。正是这样一支队伍,演绎了中钞国鼎三年间飞速发展的惊世传奇。

2. Translate the following catalogue into English.
   索迪斯集团(SODEXHO)由皮埃尔·白龙先生(Pierre Bellon)创建于1966年,1983年在巴黎证券所上市,2000年于纽约上市,总部位于法国巴黎。今天,凭借着40年的丰富经验和在五大洲的成功经营,索迪斯联盟已成为世界上最大的从事餐饮服务及综合后勤管理的跨国公司之一,名列《财富》杂志全球500强企业名录。截止2005年年底,索迪斯联盟全球拥有员工32.4万人,在76个国家设立了24000个分支企业。
   索迪斯作为首家国际化餐饮综合服务公司于1995年登陆中国。目前,索迪斯在中国内地设立了华北、华东、华南、华中四大区,在北京、天津、沈阳、上海、青岛、苏州、无锡、杭州、南京、广州、深圳、武汉这12个城市设有分支机构,拥有员工9000多人。索迪斯致力于以世界级的专业服务水准,为中国客户提供全套优质后勤服务,培养一流人才,提供最佳客户体验,并为中国的社会经济发展作出贡献。

商务应用文有哪些种类?

商务英语所涉及的专业范围很广,并具有独特的语言现象和表现内容,文体复杂。商务英语翻译要求翻译者具备丰富的商务理论和商务实践知识,为了提高翻译质量,翻译者还必须了解一定的商务应用文知识。商务应用文具体是指商务活动中的项目招商通告、营业执照、招投标文件、请柬等具有固定行文格式的商务文件。

普通类:商业函件(commercial correspondence)、商业计划(commercial plan)、公司简

介(company introduction)、招商材料(commercial promotion)、广告宣传(advertisement)、社交请柬(invitation letter)、国际旅游(international tourism)、新闻时事(news)等。

技术类：产品说明(product category)、用户手册(manual)、设备安装调试资料(installation and maintenance information)、学术研究论文(academic paper)、科普资料(popular scientific material)等。

合同条款类：合同(contract)、协议(agreement)、契约(bond)、标书(bidding document)、上市公司年报(annals of listed company)、公告(announcement)、招股说明书(statement of raising capital through share)、公证(notarization)、证书/证明(certificate)、专利资料(patent material)、信用证(letter of credit)、司法/仲裁文件(legal/arbitration document)、政府公文(government document)、外交公文(foreign affairs document)等。

第十一章　外贸英语翻译

译文要能讲得通，或者至少不要让人感到莫名其妙，除非已经确信该文章具有讽刺意义，或者有意识要荒唐无稽。不要选用那些在语境中明显有误的词典释义。一定要把原文文本看明白。语法比词汇要灵活得多。为了译文的通顺流畅，你可以选择不同的句子结构，可以把从句转换为词组、把动词转换为名词。源语言中那些无法在目标语内用一个单词表示的，可以使用两个单词。

——纽马克

> **讨论时间**
> 1. 外贸业务的基本流转过程是什么？
> 2. 怎样理解外贸单证的语言特点及单证翻译的要领？
> 3. 如何把握外贸英语翻译的专业性和得体性原则？

第一节　外贸英语与出口单证的概念

外贸英语（Foreign Trade English）属于商务英语范畴，确切地说是针对外贸行业的英语。主要包括外贸英语口语、外贸函电、外贸合同、单证英语、信用证英语等。外贸英语翻译的要求非常高，需要学习者拥有扎实的国际贸易知识和良好的英语水平，以便于进行国际商务交流和国际贸易业务的展开。因此，熟悉并掌握当代商务理念和国际贸易惯例与操作，了解西方国家的社会和商务文化，是对外贸业务人员的基本要求。

出口单证是指出口商在装运货物的同时，为了收取外汇或应国外进口商的要求而向有关方面如银行、海关、商检机构、外汇管理机构等提交的各种单据和凭证。出口单证根据其本身性质的不同可以分为资金单据、商业单据和公务证书三大类。资金单据包括汇票（Draft/Bill of Exchange）、本票（Promissory Note）和支票（Check/Cheque）等代表货币的支付凭证，又称票据；商业单据指商业发票（Commercial Invoice）、各种运输单据（如海运提单 Bill of Lading，航空运单 Airway Bill，铁路运单 Railway Bill，联合运输单据 Multi-Modal Transport Document 等）、保险单（Insurance Policy 或 Insurance Certificate）、装箱单（Packing List）等证明或说明有关商品情况的单据；公务证书是指由政府机构、社会团体签发的各种证件，如出口许可证（Export License）、商检证书（包括质量检验证书 Inspection Certificate of Quality，数量检验证书 Inspection Certificate of Quantity，原产地证明书 Certificate of Origin，Form A）等。

第二节　对外贸翻译人员的素质要求

一、对文化与语言素质的要求

翻译的跨文化属性促使译者必须具备较高的文化素质。首先是对文化的敏感能力,即对贸易伙伴的文化背景有足够的敏感度,包括其语言规则、社会规范、宗教信仰、人际交往模式及民族性格等。缺乏这种认知能力,就可能造成交际失误。其次是文化理解能力,它指对贸易伙伴的行为采取非评价、非判断的态度,即:不以自己的文化标准评判他人。

就语言素质而言,译者还须具备扎实的英、汉语言基本功。译者翻译水平的高低,首先取决于他对原文的准确理解能力,为了提高英语阅读理解能力,译者必须做好三个方面的工作:一要掌握足够的英语词汇量,特别是与国际贸易相关的专业词汇量,并能在口、笔译中灵活运用;二要掌握系统的英语语法知识,确保在语言层面少出错误,或不出错误,以免在国际贸易活动中造成争议或不必要的经济损失;三要大量阅读国际贸易的相关英语原文文本,不断丰富自己的语言知识,提高自己的语言感悟能力。例如,notary party 指的是"被通知人",consignor 是"发货人",consignee 是"收货人(也称提单的抬头)",obligor 指的是"债务人",obligee 指的则是"债权人"等等。简言之,外语基本功是国际贸易英语翻译人员所必备的素质。可以说,语言素质越高,翻译质量也就越高。

二、对国际贸易专业素质的要求

外贸英语翻译人员,除具备以上文化素质和语言素质以外,还必须具备必要的国际贸易专业素质。商务翻译是跨商贸的语际交际活动,商务英语涉及许多非语言学因素,如跨文化交际、国际经贸、金融、商法等,具备这样的素质,译者才能确保口译以及笔译活动的专业化,才能确保翻译文本的质量。换言之,必须使用行话。具体来说,其一,应了解进出口贸易、国际经济合作等贸易实务的操作过程,掌握国际公约和惯例、国内法规等方面的知识;其二,具备国际贸易函电与贸易合同方面的知识;其三,掌握有关 FOB、C&F、CIF 三种常用贸易术语实务操作与报价以及 CIF 价格速算、出口商品盈亏率、换汇成本和外汇增值率的计算方法等商品价格方面的知识,这些专业知识涵盖运输、保险、支付、商检等领域,掌握并熟练应用它们将会极大地提高国际贸易英语翻译的准确性和规范性。

三、对翻译理论与方法的要求

就商务翻译而言,掌握基本翻译理论和翻译方法至关重要。从语言层面上说,译者应掌握直译、意译、音译等相关的翻译常识;就文化因素而言,还要掌握归化和异化的翻译理论。例如汉语中的"牛饮",就要翻译成 drink like a fish,而不能翻译成 drink like a cow。毫不例外,译者还需熟知中外翻译史上一些公认的翻译理论家及其翻译理论,如:严复的"信、达、雅"论,钱钟书的"化境"说,林语堂的"通顺标准"论,傅雷的"重神似不重形似"说,王佐良的"神似"论;奈达的"功能对等"论,纽马克的"交际翻译、语义翻译"论等。在研习理论的同时,不断熟练掌握基本翻译技巧,如:增译法、省译法、倒译法、改译法、简译法、归化法、移植法、正译法、反译法、拆句法、合句法、重复法、省略法等各种翻译技巧,通过大量翻译实践,达到自身翻译速度和质量的提升。

第三节 外贸工作流程及其翻译

工作流程:合同、信用证、单据,这是一条贯穿整个国际贸易程序始终的主线。交易的双方在从事贸易活动时首先要订立合同,以确定彼此的权利和义务,在此基础上(如果是信用证付款方式)由买方向本国开证行提出开证申请,并由后者向出口受益人开出信用证,然后买卖双方就以信用证和有关惯例的规定为准,履行各自的义务,实践中履行义务是通过单据的形式实现的。这条主线可简化为"3Cs":S/C(合同)、L/C(信用证)、DC(单据)。第一,制作单据。第二,对制作完成的单据严格审核。审核的一般过程是:制单人及其所在公司内部先自行核实,确认所做单据没有问题的情况下,再向本国银行提交。银行有关部门将结合信用证等,对单据进行逐字、逐句的审核。如单、证内容表面一致,银行将通过快递方式把全部单据寄往国外有业务往来的银行(付款行),付款行审核后如无异议即履行付款义务。买方从付款行赎单前也要对单据进行审核,所以审核单据在出口方、出口银行、进口银行和进口方之间一直在进行。第三,如果单据的制作和审核没有发现任何问题,出口方按规定的时间、方式和要求的种类、份数提交合格单据就成为顺理成章的事了。

外贸翻译涉及很多方面,译者首先要对产品出口程序做到心中有数,特别是对支付方式中的信用证有较高水平的认识程度,因为信用证的复杂程度代表了外贸业务与外贸翻译的最高难度,掌握了信用证,就等于掌握了外贸业务与翻译的金钥匙。一般而言,出口货物流程主要包括:询价与报价、签约、付款方式、备货、包装、商检与报关、装运与保险、制单与结汇等等。以下对其过程中的翻译实务做简要梳理,让我们从这些基本流转过程来学习和认识外贸英语翻译的疑难点。

一、外贸函电及其翻译

通过函电(信件、E-mail、传真)进行信息传递、交流和联络,已经成为国际间询价、报盘、确认的主要方式。商务函电(包括电子邮件)的写作与翻译应遵循一般信函的"7C原则",即Clarity(清晰),Conciseness(简洁),Courtesy(礼貌),Consideration(体谅),Completeness(完整),Concreteness(具体),Correctness(正确)。交易磋商的过程可分成询盘(Inquiry),发盘(Offer)也叫发价,还盘(Counter Offer)与接受(Acceptance)四个环节。这个过程的起草与翻译需要体现商务函电"7C原则"。

(一) 清晰(Clarity)

即避免使用可能产生歧义或意义不明确的词。

译例 1 ▶ We hereby accepted that the payment is by D/P 60 days after sight.

译文 我方确认贵司未来的支付方式为托收——见票后60天付款。

以上这句话不清晰。关键处是"见票后"这几个词对收款人不利。因为在业务中,如按照译例1去完成该笔业务,那么,付款人究竟何时见票并承兑,这个时间是非常模糊的,见票若晚10天,就意味着60天的远期汇票有可能变成70天。为了避免这种笼统模糊以及防止付款人可能钻空子,必须要列明"提单日期后或汇票日期后60天付款(payment by D/P 60 days after the date of B/L)"。

(二) 简洁(Conciseness)

要长话短说,开门见山。通常商业人士每天需要阅读大量的书信,啰里啰嗦的长句对阅读者是一种折磨。商业书信的内容要叙述得简洁,既不要说得不够(Understatement),更不要说得过头(Overstatement)。

译例2 We would like to know whether you would allow us to extend the time of shipment for twenty days, and if you would be so kind as to allow us to do so, kindly give us your reply by cable without delay.

译例2过分"客气",使用的句子过长,且不清楚。内容要求对方同意延期交货20天,一般情况下,应尽可能提出延期到那一天的具体日期。

改译 Please inform us immediately if you agree to delay the shipment until April 21.

(三) 礼貌(Courtesy)

表述方式上使用你式写法(You-attitude),你式写法充分体现对方的利益和需求,突出对方本位,故应尽量使用you,your,yours而不是we,our,ours。使用第二人称会显得更加真诚,有礼貌。少采用self attitude(自我态度),时时把对方放在获利的角度去考虑,这主要表现在对否定语气的弱化。在否定句前面加 I am afraid,I do not think,I am not sure 或 I am regretted 等,使强硬与绝对的语气得到弱化。在表达否定时,灵活使用 unfortunately, always, quite, too, scarcely, hardly 或 really 等,以便为对方留下考虑与回旋的余地。如:Unfortunately, this is our bottom price, we could not make any further reduction(很遗憾,这是我方的最低价格,我们不能再让了)。unfortunately 既表达了我方与对方达成贸易的诚意,又表明了鲜明的立场,语气坚定又不失礼貌。在业务洽谈表达主观意见或看法的过程中,通常使用 I think, I hope, I regret 或 please 等,使所要表达的观点或提出的要求不显主观、武断,同时保证语意明确。在外贸函电中,交易双方的谈判应尽量建立在平等互利的基础上,还须特别注意,为表示礼貌而过分谦卑的言辞会适得其反,令对方对你的能力产生怀疑,例如:

译例3 You could rest assured that we would make every effort to effect the shipment as soon as possible so as to meet your demand.

译文 贵方可以放心,我们向贵方保证会竭尽全力发货,尽可能地满足贵方的要求。

译例4 We assure you that we shall do our best to expedite shipment.

译文 我们向贵方保证我们会加速发货。

通过以上可以看出,译例3显得太过自贬,改译后就显得比较得体。

(四) 体谅(Consideration)

当撰写商务英语文书时,要将对方的要求、需要、渴望和感情记在心中,寻找最好的方式将信息传递给对方,语气上尊重对方,以客户为中心,礼貌而且友好。We are enclosing a catalogue outlining our company's goods available for export. 就要比 Enclosed is a catalogue outlining this company's goods available for export. 显得亲切。

译例 5 We should be obliged if you would let us have some names and addresses of likely importers of good standing from your customers, together with brief credit reports on them.

译文 如蒙告知贵司客户中比较可靠的进口商的名称和地址，并附其资信简报，我们将十分感谢。

以上实例从不同侧面体现了尽量令对方受益、自己吃亏的礼貌精神。"如蒙……将十分感谢"可以视作是典型的 you-attitude（对方态度）的书写方式。它从对方立场出发看待事情，淡化了以第一人称写作的主观立场。

（五）完整(Completeness)

即完整表达所要表达的内容和意思。接受对方报盘时，须把交易条件全部阐明：即谁订货、订什么货、何时交货、货运至何处、如何付款以及价格条件等。可概括为 5Ws（who, what, when, where, why）和 1h（how）。以下译例 6 是合同条款：

译例 6 包装：货号 502 半英寸，长 3 码，小纸盒 10 件装，每个纸箱装 50 盒，托盘装 20 英尺货柜。

原译 Art. No. 502 1/2"x 3yds packed in 10pcs boxes, 50 boxes a carton, and 20 feet container.

该条款被译成英文并发给客户时，意思没有说清楚，并且漏掉了一些重要信息如"小纸盒(paper box)""托盘装(pallet)"，纸箱为 carton。

改译 Art. No. 502 1/2"x 3yds to be packed in paper boxes of 10 pcs, 50 boxes to a carton, then pallets and 20 feet container.

（六）具体(Concreteness)

译例 7 Our product has won several prizes.

译例 7 仅仅说了一个大概，而没有说清楚具体内容，从而在信息传达上显得很模糊。

改译 The Swan washing machine has won the First Prizes in four national contests within the past three years.

改译后的句子提供了具体的产品名称，具体的时间，具体的奖项和数量，给对方提供了关于我方产品更准确详尽的描述，从而传递更具体且有说服力的信息。

（七）正确(Correctness)

译例 8 本合同签订之后，签约双方中任何一方不得将合同内容泄露给第三方。

原译 Any of the two parties can not divulge the contents of the contract to a third party after the conclusion of the contract.

以上译文句法有误。双方中任何一方应该为 either of the two parties，三方（或三方以上）中任何一方才用 any of the parties，因本句为否定句，应当译为：Neither of the two parties can divulge the contents of the contract to a third party after the conclusion of the contract.

二、外贸合同及其翻译

(一) 外贸合同的定义与功能

国际贸易合同具有特殊的社会和交际功能,即提供信息、规定权利和义务。大不列颠百科全书对合同所下的定义是:A contract is a promise enforceable at law. The promise may be to do something or to refrain from doing something. (合同是具有法律约束力的承诺,该承诺可以是保证做某事或保证不做某事)。外贸合同的功能主要是提供信息,同时还要求相关订约人必须履约,所以又具备祈使(或称请求)功能。作为法律文件,合同文本属于正式程度最高的契约文体。外贸合同的起草与翻译最基本的要求就是:表述严谨,措辞确切,行文庄重。

(二) 外贸合同的类别

合同一般写做 Contract,如果是副本则在左上方注明 Copy,正本则注明 Original。随着电子业务不断强大的功能,以 E-mail/Fax 等电讯手段签订的有关产品买卖的电子版合约,也算合同的一种。从总体上来看,由于贸易方式以及贸易内容的不同,国际贸易合同可以分为以下一些主要类型:购货合同 Purchase Contract;销售合同 Sale Contract;租赁合同 Lease Contract;运输合同 Shipping Contract;销售(售货)确认书 Sales Confirmation;技术转让合同 Contract for Technology Transfer;合资或合营合同 Contract for Joint Venture/Joint Cooperation;补偿贸易合同 Contract for Compensation;国际工程承包合同 Contract for International Engineering Projects;代理协议 Agency Agreement;来料加工合同 Processing Trade Contract;保险合同 Insurance Contract。

(三) 外贸合同的篇章结构

尽管许多外贸公司都有印制好的外贸合同,不需要业务员自己再去花功夫起草,但作为一名出色的外贸业务员,还是有必要了解和掌握合同基本的要素和翻译要点。外贸合同的结构大致可分成三部分:约首(the head)、正文(the body)和约尾(the tail/end)。以下分解一份简明的外贸合同主要内容。

1. 约首(the head)

合同约首部分主要为双方当事人的基本信息,包括合同号码 Contract No.,买卖双方的公司名称、地址、传真、电话、电子邮件、日期。之后通常会有一至两段对合同起因的描述性文字,例如:

译例 9 This contract is signed by and between the Buyer and the Seller, according to the terms and conditions stipulated below.

译文 本合同依照买卖双方之间按以下条款签订。

2. 正文(the body)

序文之后会有一系列具体的合同条款,包括品名、品质、数量、体积、包装、装期、贸易术语、保险、运输、唛头、支付方式、仲裁等等。

1) 货物的名称(Commodity):货物的名称必须正确、规范,通常要包含品牌、规格和包装三要素。

译例 10 Great Wall Cellulose Tape 1/2″× 3yds, with plastic dispenser 800 doz.

译文 长城牌纤素带,宽半英寸,长 3 码,带塑料包装容器,800 打。

2) 品质条款(Quality):通常可以在下述几个标准中,根据产品的不同来规定:

(1) 凭样品（by sample）

(2) 凭行业标准（by standard）

(3) 凭商标（by brand）

(4) 凭产地（by origin）

(5) 凭规格（by specification）

(6) 凭文字解释（by description）

3) 数量条款(Quantity):数量条款包括计量单位,计量办法和具体数量三部分。以下选取部分国际常用的计量单位:

(1) 重量:用于一般的自然产品(羊毛,棉花,谷物,矿产品等):克(gramme—g);公斤(kilogramme—kg);盎司(ounce—oz);磅(pound—Lb);公吨(metric ton—M/T)。

(2) 件(个)数:件(piece—pc);套(set);打(dozen);罗(gross—gr);令(ream—rm);卷(roll coil)。

(3) 面积:木板、玻璃、地毯、铁丝网等。常用单位:平方米(sq. m.);平方英尺(sq. ft.);平方码(sq. yd.)。

(4) 长度:布匹、塑料、电线、电缆、绳索等。常用单位:米(m);英尺(ft);码(yd)

(5) 容积:谷物、小麦、玉米、液体等。常用单位:升(liter L);加仑(gallon-gal);蒲式耳(bushel-bul)。

(6) 体积:木材,工业品,钢材等,要用立方 Cubic 来表示。常用单位:立方米(cu. m.);立方英尺(cu. ft.);立方码(cu. yd.)

4) 价格条款(Price Term):包括计价单位,货物名称,单价金额和贸易术语。例如:UCP218 USD29.50. CIF. Hamburg. 这句话描述的意思是:218 型号的轴承,运保费付至汉堡,单价 29.50 美元。

5) 装运时间(Time of Shipment):通常会规定一个出口方最晚可以装船的时间。

6) 保险条款(Insurance):会显示由哪一方办理保险,保何种险别（coverage）,投保金额(insurance amount) 等。往往是投保一个基本险,即一切险(All Risk),再加一种特殊附加险(additional risks)。

一般附加险包括以下 11 种：

(1) Theft, Pilferage and Non-Delivery Risk（T. P. N. D.）偷盗,提货,遗失险

(2) Fresh Water and Rain Damage Risk 海水雨淋险

(3) Shortage Risk 短量险

(4) Intermixture and Contamination Risk 混杂沾污险

(5) Leakage Risk 渗漏险

(6) Clash and Breakage Risk 碰撞破碎险

(7) Taint of Odor Risk 串味险

(8) Sweat and Heating Risk 受潮受热险

（9）Hook Damage Risk 钩损险

（10）Breakage of Packing Risk 包装破碎险

（11）Rust Risk 锈损险

特殊附加险包括以下几种：

（1）War Risk 战争险

（2）Strike Risk 罢工险

（3）On Deck Risk 舱面险

（4）Import Duty Risk 进口关税险

（5）Failure to Deliver Risk 交货未到险

（6）Rejection Risk 拒收险

（7）Aflataxion Risk 黄曲霉素险（指花生、大豆等）

7）包装条款（Packing）：包装条款须包含包装材料。一般情况下，可以采取笼统表示或详细规定两类方式。若无特殊要求，可以使用笼统表示法，例如：customary packing；seaworthy packing；packing suitable for long distance；等等。详细规定的描述有：

译例11 ▶ To be packed in wooden cases, 30 pieces per case of 40 yd each.

译文 ▶ 木箱装，每箱装30件，每件40码。

译例12 ▶ In iron drum of 25kg net each.

译文 ▶ 铁桶装，每桶净重25公斤。

译例13 ▶ To be packed in polypropylene woven bags, 50kg each, gross for net. The bags should be fairly good in quality and suitable for ocean transportation, on which the name of the goods, weight, country of origin and package date should be written/marked in English.

译文 ▶ 使用聚丙烯编织包装袋，每包重50公斤，以毛做净，包装袋质量良好，适于海运，包装袋上须用英语写明品名、重量、原产地和包装日期。

8）唛头（运输标记）（Shipping Mark）：通常包括以下内容：

（1）目的港实称；（2）件数；（3）合同号码。

9）质量保证条款（Guarantee of Quality）：保证条款须要注明保证内容和保证时间。

10）检验、索赔条款（Inspection and Claims）：检验机构＋检验内容（检验证书）＋检验时间。请看以下合同内容及其翻译：

译例14 ▶ It is mutually agreed that the goods are subject to the Inspection Certificate of Quality and Inspection Certificate of Quantity issued by China Import and Export Commodity Inspection Bureau at the port of shipment. The Certificate shall be binding on both parties.

译文 ▶ 双方同意，在装运港由中国进出口商品检验局签发的品质及数量检验证书为最终依据，该证书对双方具有法律束缚力。

译例15 ▶ Before delivery the manufacturer should make a precise and overall inspection of the goods regarding quality, quantity, specification and performance and issue the certificate indicating the goods in conformity with the stipulation of the contract. The certificates are one part of the documents presented to the bank for negotiation of the payment and should not be considered as final regarding quality, quantity, specification and performance. The manufacturer should include the inspection written report in the Inspection Certificate of Quality, stating the inspection particulars.

译文 在交货前,制造商必须对货物的质量、规格、数量、性能作出全面细致的检验,并出具证书证明本批货物与原合同条款要求完全一致。该证书作为议付货款时向银行提交单据的一部分,但不作为货物质量、规格、数量、性能的最后依据。制造商应随同货物,提交一份详细的质检单。

关于索赔,往往有较为详细的索赔条款,包括索赔权的划定,索赔期限,索赔的依据以及赔付方式等等。让我们来看以下合同中的索赔条款及其翻译:

译例 16 Any discrepancy on the shipped goods should be put forward within 30 days after the arrival of the vessel carrying the goods at the port of destination and the Buyer should present the Survey Report issued by the Surveyor agreed by the Seller. If the goods have been processed the Buyer will lose the right to claim. The Seller shall not settle the claim within the responsibility of the Insurance Company or Ship Company.

译文 买方若对收到的货物存有异议,必须在装运货物的船只抵达目的港后30天内提出,并须出具经卖方同意的检验机构出具的检验报告,如果该批货物已经经过加工处理,买方将不再享有索赔的权力。属于保险公司或轮船公司责任范畴的索赔,卖方不予受理。

11)支付条款(Terms of Payment):支付条款也称付款条款,主要为信用证 Letter of Credit(L/C);托收 Collection(D/P, D/A),现金 In Cash;支票 By Check;汇票 Draft/Bill of Exchange;电汇 Telegraphic Transfer(T/T)等等。请注意下面的条款与翻译:

译例 17 The Buyer should pay 100% of the sale amount to the Seller in advance by telegraphic transfer not later than Dec. 15th, 2010.

译文 买方应当于2010年12月15前,将100%的货款用电汇预付至卖方。

译例 18 The Buyer should make immediate payment against the presentation of the draft issued by the Seller.

译文 买方应凭卖方开具的即期汇票,在提示时立刻付款。

译例 19 The Buyer shall open a confirmation irrevocable L/C in favor of the Seller with/through the bank acceptable to the Seller, one month before the shipment.

译文 发货前的一个月,买方通过银行,开立以卖方为受益人的不可撤销的保兑信用证至卖方。

12)运输条款(Terms of Shipment):运输条款中要列明运输方式和贸易术语,如 FOB, CFR, CIF,并根据不同的术语,在术语后列出装运港或目的港名称,例如:FOB Shanghai, CIF Rotterdam。

13)不可抗力条款(Force Majeure/Act of God):在运输中,会遇到一些非人力可以控制的因素,此时需要事前协商在发生不可抗力事件时,如何解决,以免引起不必要的争端。

译例 20 Any event or circumstance beyond control shall be regarded as Force Majeure but not restricted to fire, wind, flood, earthquake, explosion, rebellion, epidemic, quarantine and segregation. In case either party that encounters Force Majeure fails to fulfill the obligation under the contract, the other party should extend the performance time by period equal to the time that Force Majeure will last.

译文 ▶ 如果遭受人力无法控制的事件或情形时,可以将此种事件或情形视为不可抗力,但不限于火灾、风灾、水患、地震、爆炸、叛乱、瘟疫、检疫与隔离。如果遭受不可抗力一方不能履行合同规定的义务,另一方应将允许合同执行的时间向后延伸,所延伸的时间应与不可抗力事件持续的时间相等。

译例 21 ▶ If the Force Majeure lasts over 6 months, the two parties of the contract should settle the case of continuing the contract by friendly negotiation as soon as possible. Should the two parties fail to reach an agreement, the case will be settled by arbitration according to Clause 12 of the contract thereof.

译文 ▶ 如因不可抗力持续6个月以上,合同双方尽速通过友好协商的方式解决合同事宜。如果双方无法达成协定,则可依据合同中第12条款,通过仲裁解决。

14) 仲裁条款(Arbitration):当事人如因合同发生争议,可以有以下几类解决办法:
(1) Negotiation 协商,这是最佳的解决方式。
(2) Consultation/Mediation 调停,会有第三方参与。
(3) Arbitration 仲裁,这是组织或者机构的参与。
(4) Litigation 起诉,这是打官司。

以下是一份英文合同中的仲裁条款:

All disputes in connection with the Contract or the execution thereof shall be settled through friendly negotiations. In case no settlement can be reached through negotiations, the case should then be submitted for arbitration to the Foreign Trade Arbitration Commission of the China Council for the Promotion of International Trade. The arbitration shall take place in Shanghai and the decision rendered by the said Commission shall be final and binding upon both parties; neither party shall seek recourse to the law court or other authorities for revising the decision. The arbitration fee shall be borne by the losing party.

3. 约尾(the tail/end)

约尾包括合同的备注与解释、签约双方的签名、效期以及法规根据等内容。约尾称为合同的证明部分(attestation),是当事人签字或盖章的地方。双方签字处之前,通常会加上诸如译例中的一些类似文字:

译例 22 ▶ IN WITNESS WHEREOF, the parties hereto have caused this Contract executed in duplicate by their duly authorized representatives on the date first above written.

译文 ▶ 本合同已分别由双方正式授权代表在上文首次提及的日期签字,一式两份,特此证明。

当事人为自然人的用 SIGNED by....其后由证人在 In the presence of ...之后签名。当事人是法人或非法人单位时,授权代表则在 SIGNED for and on behalf of ...之后签字,最后由证人在 In the presence of ...之后签名。

译例 23 ▶ This Contract shall come into effect after signature by both parties. This Contract is made out in two original copies, one copy to be held by each party.

译文 ▶ 本合同一式两份,经双方签字后立刻生效,双方各执一份。

第四节 外贸单证翻译

一、单证与单证翻译的概念

单证的翻译不仅仅是两种语言的简单对译,更重要的是要按照进出口双方所在国家单证缮制的惯例、格式、术语、规范等制作出合乎业务标准的单证。单证翻译人员既要对两种语言所表达的内容和意义正确理解,又要精通进出口业务,这样才能保证单证缮制与翻译的质量,促进外贸业务的顺利进行。在实际制单业务中,并非所有的单证都需要翻译,但对商务工作者而言,单证翻译却是从事本职工作的一项基本岗位技能,是做好外贸业务的基础。

译例 1 In witness whereof the number of original Bills of Lading stated above have been signed, one of which being accomplished, the others are to be void.

译文 为证明上述内容,特签发正本提单,凭其中一份提货,其余各份即行失效。

这样一句简单的关于单证的文句,就包含了好几处单证方面的专业知识。Original 指正本,Bill of Lading 指提单,Accomplished 指提货,等等。

二、单证的语言特征

单证通常由两部分组成,一是各具体栏目的填写,二是说明性文句或起证明与保证作用的文句。其语言特点如下:

(一)专业术语、缩略语大量使用

一系列国际惯例与通则的使用,大大促进了单证的标准化、规范化和国际化进程,为买卖双方收汇与提货提供了保障。由此衍生出大量的涉及国际贸易单证方面的专业术语和缩略语。如,bill of exchange(B/E)(汇票),bill of lading(B/L)(提单),cash against document(CAD)(凭单付款),cost and freight(CFR)(成本加运费),cost, insurance & freight(CIF)(成本加保险费加运费),free on board(FOB)(装运港船上交货),generalized system of preference(GSP)(普遍优惠制),with particular average(WPA)(水渍险),free from particular average(FPA)(平安险)等。下表内是部分国际结算中常用专业术语的中英文对照:

中文	英文
出票	issue, draw
背书	endorsement
提示	presentation
付款	payment
承兑	acceptance
拒付	dishonour
拒付通知	notice of dishonour
拒绝证书	protest
追索权	right of recourse

(二) 要求性文句专业性强、结构复杂

1. 使用长难句、复合句多

大部分单证主体部分或正文都由统一的格式和固定的填写栏目组成。填写这些栏目需要使用许多名词或短语,例如汇票或提单栏目中就有许多处关于出票人(Drawer),出票条款(Drawn under xxxx 合同或信用证项下)以及收货人也称抬头(Consignee)栏,需要填写的是 To Order 或 To Order of xxx 等等。同时,对单据的说明性或要求性文字,结构复杂,专业性极强,不带标点,例如:

译例2 Full set of clean on board bills of lading made out to order and blank endorsed, marked freight prepaid showing freight amount notifying issuing bank.

译文 (受益人应)提交全套清洁已装船提单,作成空白抬头、空白背书,标明运费已付,并列明运费金额,通知开证行。

以上译例2这样一句话涵盖了大量信息。再看下面一段摘自提单里的表述:

译例3 Received goods in apparent good order and condition as specified below unless otherwise stated herein.

The Carrier, in accordance with the provisions contained in this document, undertakes to perform or to procure the performance of the entire transport from the place at which the goods are taken in charge to the place designated for delivery in this document, and assumes liability as prescribed in this document for such transport. One of the Bills of Lading must be surrendered duly endorsed in exchange for the goods or delivery order.

译文 承运人已收到符合提单规定的表面状况良好之货物(本提单另有说明的除外),承诺按提单规定完成货物从监管地到指运地(目的地)的全程运输,并承担相应法律责任。换取货物或提货单时,应按规定时间提交一份经背书的提单。

本句中托运人 the carrier 做两件事:第一是完成货物从监管地到指运地(目的地)的全程运输任务,即文句 undertakes to perform or to procure the performance of the entire transport from the place at which the goods are taken in charge to the place designated for delivery in this document;第二件事是按提单规定对本批货物运输承担相应法律责任,即文句 assumes liability as prescribed in this document for such transport. 全句的结构是:状语(Received..., in accordance with...)＋主语(the carrier)＋两个并列谓语(undertakes..., assumes...)。其中,地点状语 from the place 后跟一个 at which 引导的定语从句作它的后置定语。

2. 使用介词短语特别多

上例中使用了: in order and condition, as specified below, in accordance with, from... to..., at which..., in this document, as prescribed..., in exchange for... 等近10个介词短语。

3. 使用过去分词或被动语态结构比较多

以上译例3句中使用了: received, specified, stated, are taken in charge, designated, prescribed, be surrendered 等5个过去分词和2个被动语态结构。

三、单证的翻译技巧

(一) 直接套译原文格式

进行单证翻译时可直接套用原格式,进行文字翻译转换。其好处是不易引起因翻译时单证格式的变化而使交易双方对原文信息的理解产生歧义,例如一些一般的装船通知(Shipment Advice)、函电合同、货物确认书、原产地声明等。以下以一份受益人证明的套译为例:

Beneficiary's Certificate　　　　Feb. 27, 2010

To whom it may concern:

We hereby certify that:

1. All pillow blocks are neutral packing.
2. No Chinese words or any hints to show the products made in China.
3. No any printing materials are allowed to fill in the carton.

　　China Machinery & Equipment Imp. & Exp. Co., xxx Branch

受益人证明

日期:2010-2-27

敬启者:

兹证明:

1. 所有轴承均为中性包装。
2. 无任何中国字或迹象表明此产品产于中国。
3. 不得有任何印刷材料装入到纸箱内。

　　中国机械设备进出口总公司　　某某分公司

(二) 基本栏目直接对译

许多专业性很强的术语、短语、词语或简单语句一般都有已被国际惯例和行业内认可的翻译方法,也叫行话;如 terms and conditions 就不能一概译成"条件",而需要按照上下文译成"条款",Terms of Payment 指"付款方式",Negotiable Instruments 为"商业汇票、本票与支票"一类的结算工具。对于一些一般性的数据或信息,可直接对译,如 500 pieces/sets 可译为"500 件/套","Marks"直译为"唛头",Net 净重。

四、对单证长难句运用各种翻译技巧

说明性或要求性文句(提交证明等)的翻译是单证翻译的难点,对此最常用的翻译技巧是采用重组法。重组法是指在进行英汉翻译时,为了使译文更符合汉语表达习惯,在弄清原句结构、理解英语原意的基础上,彻底打破原文的句法结构和语序,对句子进行重新组合。重组后的译文虽然在外在表达形式上脱离了原文,但其内涵和所传递的信息和原文是完全一致的。通过重组法,可把较复杂冗长的英语句子,翻译成流畅、简洁的汉语,使译文贴近

"信、达、雅"的翻译标准。通过对原文的研读和逻辑分析,找出其主次结构,将英文原句中的结构、从句、短语、词语等在汉语译文中进行重新组合,使之形成通顺的汉语译文。

译例 4 3/3 original clean on board bills of lading plus non negotiable copies made out or endorsed to the order of Israel discount bank freight prepaid and due to danger of confiscation warranted vessel is not to call at ports and not to enter the territorial waters of Syria Lebanon Jordan Iraq Saudi Arabia Yemen Sudan Libya or other Arab countries prior to unloading in Israel unless in distress or subject to Force Majeure.

译文 受益人须提交三正三副已装船清洁海运提单,抬头做成凭以色列贴现银行指示或记名背书给该行并注明运费预付。鉴于货物存在被有关国家没收的危险,货物在运抵至以色列之前相关载货船舶不得在叙利亚、黎巴嫩、约旦、伊拉克、沙特阿拉伯、也门、苏丹、利比亚或其他阿拉伯国家的港口停靠或进入以上国家的领海,除非船舶在运输途中遭受到海难事故或不可抗力。

本句摘自 Johan Bergamin 所著的 Payment Techniques in Trade Finance 一书中一信用证原件的原文。我们对原文语序进行了加词、减词和重组。如加词"受益人"这个主语,用几个分句把原来的长句之意分别译出。再如省译 non negotiable copies(非议付单据)这个行业术语;因为"非议付单据"指的就是"副本单据"。用"三正三副"一笔带过,使行文和意思完全到位。Made out 指的是"抬头"即提单的收货人一栏如何填写的问题。Due to 译成"鉴于"而不是"由于,因为",比较符合商务表达规范。Warranted 在句中意为 justified 即"正当的"之意,并无实际意思,因此做了省译的处理。整句译文在准确理解的前提下显得平衡而流畅!

以下译例 5 以中国人民保险公司(PICC)保险单的承保声明文句为例,对这类句子的翻译技巧和方法做进一步分析:

译例 5 This insurance policy witnesses that the People's Insurance Company of China (hereinafter called the Company) at the request of China Machinery & Equipment Imp. & Exp. Co., Ningbo Branch (hereinafter called the Insured) and in consideration of the agreed premium paid to the company by the insured, undertakes to insure the undermentioned goods in transportation subject to the conditions of this Policy as per the clause printed overleaf and other clauses attached hereon.

译文 中国人民保险公司(以下简称本公司)根据中国机械设备进出口公司宁波分公司(以下简称被保险人)的要求,由被保险人向本公司缴付约定的保险费,按照本保险单背面条款所列的条件以及所附的其他有关特别条款承保下述货物运输保险,特立本保险单。

通过阅读分析,可得知本句的主干结构为:This policy witnesses that the People's Insurance Company of China undertakes to insure the under-mentioned goods. 本保单证明中国人民保险公司承保下述货物。沿着主干结构所提供的信息,依次找出相应的辅助性结构,即限制性成分(词语或分句)。undertakes to insure 即承保的前提条件有两个:第一,at the request of China Machinery & Equipment Imp. & Exp. Corp. Ningbo Branch,即应被保险人的要求;第二,in consideration of the agreed premium paid to the company by the insured 这句是说因被保险人向保险公司缴付了约定的保险费。undertakes to insure 的根据是 subject to the conditions of this Policy as per the clause printed overleaf and other clauses attached hereon,即按照本保险单背面条款所列的条件以及所附的其他有关特别条款。按照汉语表达习惯,"This policy witnesses that…"用"特立本保险单"表达出来,而且对其在文中的位置进行了重新调整,原文位于句首,译文中被移到句末。这样经重新组合的译文,按原文顺序似乎很难找到相对应的结构,但是原文所要表达的意思,所要传递的信息得到了完整的再现。

五、介词、分词、连词的翻译

单证说明性和保证证明性文句中经常出现许多介词、分词和连词,尤其是有些古体介词或副词如 hereinafter(在下文)、hereinbefore(在上文)、hereinwith(随本文)、herein(本文中)、hereon(关于此)、whereas(鉴于)、whereof(关于)、wherein(在那方面)、whereto(往那里,对此)等,这些词的词义理解并不很难,只要善于对其翻译方法进行总结就能掌握。

六、常用单证词汇与翻译

1. remitting bank 汇出行
2. paying bank 汇入行
3. drawee/payer 付款人
4. clean collection 光票托收
5. documentary collection 跟单托收
6. documents against payment 付款交单
7. mail transfer(简称 M/T)信汇
8. commission 手续费
9. principal/drawer 委托人
10. collecting bank 托收行
11. opening bank/issuing bank 开证行
12. advising bank/notifying bank 通知行
13. negotiating bank 议付行
14. paying bank/drawee bank 付款行
15. confirming bank 保兑行
16. presenting bank 提示行
17. clean L/C 光票信用证
18. reimbursing bank 偿付行
19. accepting bank 承兑行
20. sight letter of credit 即期信用证
21. usance letter of credit 远期信用证
22. confirmed letter of credit 保兑信用证
23. draft/bill of exchange 汇票
24. drawer 出票人
25. payee 收款人
26. presentation 提示
27. endorsement 背书
28. dishonour 拒付
29. sight draft 即期汇票
30. time draft 远期汇票
31. documentary bill 跟单汇票
32. clean bill 光票
33. banker's draft 银行汇票
34. commercial draft 商业汇票
35. amount in figures of draft 汇票小写金额
36. amount in words of draft 汇票大写金额
37. tenor of payment 付款期限
38. drawn clause 出票条款
39. promissory note 本票
40. cheque/check 支票
41. invoice 发票
42. unclean B/L 不清洁提单
43. straight B/L 记名提单
44. bearer B/L 不记名提单
45. order B/L 提示提单
46. direct B/L 直达提单
47. packing and measurement 包装及尺码
48. marks and nos 唛头及件数
49. commercial invoice 商业发票
50. customs invoice 海关发票
51. consular invoice 领事发票
52. proforma invoice 形式发票

53. transship B/L 转船提单
54. through B/L 联运提单
55. liner B/L 班轮提单
56. charter party B/L 租船提单
57. container B/L 集装箱提单
58. port of loading 装货港
59. port of discharge 卸货港
60. shipping advice 装船通知
61. packing list 装箱单
62. size assortment list 尺码搭配单
63. measurement list 尺码单
64. cargo receipt 承运货物收据
65. number of original Bs/L 正本提单份数
66. airway bill 简称 AWB 空运单
67. bill of lading 提单
68. shipper/consignor 托运人
69. carrier 货物承运人
70. transferee 受让人
71. holder 持有人
72. shipped on board B/L 已装船提单
73. insurance policy 保单
74. insurer 保险人
75. the insured 被保险人
76. inspection certificate 检验证明书
77. certificate of origin 产地证明书
78. import/export license 进(出)口许可证
79. export cargo declaration 出口货物报关单
80. documents against payment at sight(D/P at sight) 即期付款交单
81. documents against payment after sight(D/P after sight) 远期付款交单
82. telegraphic transfer(简称 T/T)电汇
83. remittance by banker's demand draft (D/D) 票汇
84. transferable letter of credit 可转让的信用证
85. irrevocable documentary letter of credit 不可撤销跟单信用证

第五节　信用证实务与翻译

一、信用证的概念与意义

信用证是国际贸易中使用最普遍的付款方式之一，其特点是受益人 Beneficiary（通常为出口人 exporter）在提供了符合信用证规定的有关单证的前提下，开证行承担第一性付款责任，其性质属于银行信用。应该说在满足信用证条款的情况下，利用信用证付款既安全又快捷。但必须特别注意的是，信用证付款方式强调"单单一致、单证相符"的"严格符合"原则，如果受益人提供的文件有错漏，不仅会产生额外费用，而且还会遭到开证行的拒付（Dishonor），对安全、及时收汇带来很大的风险。事先对信用证条款进行审核，包括非常准确的理解和翻译，对于不符合出口合同规定或无法办到的信用证条款及时提请开证人 Applicant（通常为进口方 importer）进行修改，也称改证（Amendment），可以大大避免今后不符合信用证规定即"不符点"情况的发生。

为此，根据国际商会 2007 最新版第 UCP600 号《跟单信用证统一惯例解释通则》的有关规定，结合国际贸易实务，业界对于 complying presentation 的含义有了更为完善的理解。在 UCP600 的条款中，专门规定了何为"相符的交单"，强调要与信用证条款、适用的惯例条款以及国际银行标准实务相符合。这一对"相符"的界定，可减少实务中对于单据不符点的争议。在审单标准条款中,进一步细化了这一规定。UCP600继续强调了银行付款的先决条件是"单证一致"、"单单一致"。汉语只使用了一个词汇"一致",可是英语中这两个"一致"对应的翻译却是两个词:compliance 和 consistency,即 documents comply with L/C and documents consistent with documents。信用证的内容一般来说较为复杂,长句子多,涉及到金融、保险、商检、报运、银行等多项专业知识。在对信用证的实际操作中,业务员由于专业及英语水平层次不一,对信用证特别条款理解不深或理解错误,给企业或所在单位造成不应有损失的事情时有发生。

二、信用证内的专业词汇翻译

1. Against:这个词在信用证中高频率出现,必须正确理解其义并准确翻译。我们常见的 against 是介词,通常意为"反对"(indicating opposition)。例如:

译例 1 ▶ Public opinion was against the Bill.

译文 ▶ 舆论反对此法案。

译例 2 ▶ The resolution was adopted by a vote of 30 in favour to 4 against it.

译文 ▶ 决议以 30 票同意、4 票反对获得通过。

另外还有"用……交换,用……兑付"之意。如:the rates against U. S. dollars 中的 against 就是指美元兑换率。但在信用证中常出现的 against 这个词及词义却另有所指,一般词典也较少释义相关用法与实例。注意以下两个出现在信用证句中的 against 之意,其意思是"凭……","以……"(take as the basis)。而不是"以……为背景"、"反对"、"对照"、"兑换"或其他什么意思。

译例 3 ▶ This credit valid until September 17, 2010 in Switzerland for payment available against the presentation of the following documents...

译文 ▶ 本信用证在 2010 年 9 月 17 日在瑞士到期前,凭提交以下单据付款……

译例 4 ▶ Documents bearing discrepancies must not be negotiated against guarantee and reserve.

译文 ▶ 含有不符点的单据凭保函或在保留下不能议付。

译例 5 ▶ The payment is available at sight against the following documents.

译文 ▶ 本证凭下列单据即期付款。

这里的 against 都是"凭……为条件,以……为前提"(in return for sth or on condition that)之意。支付方式中的两个贸易术语 D/A(承兑交单)、D/P(付款交单),展开后为 Documents against acceptance,Documents against payment;其 against 的意思都是"凭承兑单据而交单""凭付款而交单"之意。以下这句话就是理解上发生错误所致:

译例 6 ▶ The consignment is handed over for disposal against payment by the buyer.

误译 ▶ 货物交由买方处置,不用付款。

改译 ▶ 货物凭买方付款后,方可移交其处置。

注意以下这样的句子,不可译错。正确的意思是:We cleaned the room against your coming.(我们把房间打扫干净,等候您的光临。)

2. Subject to:在一份信用证中有几种意思,此概念在审证时必须把握清楚。

译例 7 ▶ This documentary credit is subject to the Uniform Customs and Practice for

Documentary Credits (2007 Revision) international Chember of Commerce (publication No. 600).

译文 本信用证受《跟单信用证统一惯例》国际商会第600号出版物（2007年修订本）管辖（或约束）。

本句话中的 subject to 在证中意为"受……约束，受……管制"。此条款一般在来证的上方或页面的空白处载明，表明其适用的范围和承担的义务。类似的含义如：We are subject to the law of the land.（我们受当地法律约束。）以上是一种意思。而同时，它出现在证内其他一些条款中，又是何意？请看下面这个条款。

译例 8 The certificate of inspection would be issued and signed by authorized applicant of L/C before shipment of cargo, whose signature is subject to our final confirmation.

译文 发货前由开证申请人授权开立并签署的检验证书，其签字须待我方最终确认。

这是一条软条款（the soft clause），意在发生对进口人不利的情况时，限制这份信用证的实际生效，做出了对我方出口人极其不利的设限，使其从收到信用证的第一天起就处在被动之中。你的货备好之后，进口人随时都可以以检验不合格等借口不履行付款责任或乘机压价。这里的 subject to 意为"有待于，须经……的，以……为条件"（conditionally upon）之意。这样的限制性条款往往又出现在信用证的最下端或与其他条款混在一起，用词讲究，很容易被忽略，或即使被看到了，审证人一扫而过，没有要求对方改证，最后给企业造成损失。搞国际贸易的人除了要具备良好的英语审证能力外，还须养成对每一项条款都仔细阅读的好习惯。同一种含义的句子还会出现在证内其他所要求的单据条款中，例如：This Proforma Invoice is subject to our last approval.（本形式发票有待我方最后同意。）

3. Draw：准确把握该词在信用证中的释义及正确的翻译。

首先要对 draw 这个词以及它的派生词准确理解，之后明白其动词和其过去分词的意义。这个词的词义和用法非常多，在此不一一赘述。我们现在看看它在信用证中的含义。Drawer 意为"出票人"，一般指的就是信用证的受益人。Drawee 意为"付款人"，指信用证内确定的付款行。Drawn clause 意为"出票条款"，既信用证项下汇票出票的依据。需要特别提醒的是，一些外贸业务员常常混淆了这两个词的不同意思，在信用证要求的汇票缮制中错打，造成单证不符点。以下的两个句子也请注意分词形式的 drawn 的意思。

译例 9 We hereby establish this Irrevocable Credit which is available against beneficiary's drafts drawn in duplicate on applicant at 30 days sight free of interest for 100% of invoice value. Document against acceptance.

译文 我方兹开立不可撤销信用证，本证凭受益人开给申请人的30天一式两份汇票付款，不计利息，承兑交单。

此句中 drawn 为"开给""向……开立的"之意（established or written out to such as draft/bill/cheque, etc）。信用证中，开给 xxx 汇票的"开给"，英语常用 drawn 和 valued，有时也用 issued。用 drawn 这个词时，后面常跟的是介词 on。例如：Drawn on Bank of China, Head Office.（开给中国银行总行。）

译例 10 The beneficiary's drafts drawing at 120 days after sight are to be paid in face value as drawn at sight basis, discounting charges, commissions and usance interest are for account of the accountee.

译文 受益人开立的120天远期汇票,按票面金额即期付款,银行贴现费用、佣金和远期利息由付款人负担。

此外,还要注意 drawn on 后面跟的三个人称复数词,当后面跟的是第一人称 us, ourselves 时,它指的就是开证行。而若是跟了 you, yourselves, 指的是通知行。如果是 them, themselves, 指的是买方即进口商。审证时应该特别仔细,以防出错。

4. Negotiate 与 Honor:Negotiate 在信用证业务中的含义是"议付",请看以下句子。

译例 11 At the time of negotiation, 5% commission to be deducted from invoice value and should be remitted by the negotiating bank in the form of a bank draft in favour of Cima Co.

译文 议付到期时,将按发票金额扣除百分之五的佣金,该扣除金额须由议付行以银行汇票形式付给西马公司。

Negotiable 这个形容词,指代的又是具有物权凭证的议付单据,意为"可议付的,可流通的,可兑现的",如: negotiable documents "议付单据",包括汇票、发票、提单等正本。而 non-negotiable documents 是指"非议付单据",即提单、保单一类的副本单据,而不是结汇单据。Honor 之意是"兑现,如期支付",如兑现票据中的支票与汇票等(honor a bill, cheque, draft, etc)。教学过程中,须清楚这一类词词义上的区分。Acceptance 指的是"承兑,认付";即买方在见到汇票时答应并签字确认,待到汇票到期后一定付款,(accept/promise to pay on due date by signing the draft)而不是马上付款。Maturity 与 due 意为"(票据的)到期"。Discharge 可做名词或动词,证内一般指"卸货",如 Port of Discharge 为"卸货港"。Commission 为"佣金"等等。

译例 12 This L/C will be duly honored only if the seller submits whole set of documents that all terms and requirements under L/C No. 45675 have been complied with.

译文 只有出口人提供与信用证 No. 45675 号项下相符的全套单据,本行将予以付款。

5. Unless otherwise expressed:此句经常出现在信用证的特别条款中,语气带有命令和强制色彩,意思是"除非本信用证另有规定"。这样的句子也马虎不得。

译例 13 Unless otherwise stipulated herein, any charges and commissions in respect to negotiation of drafts under this credit prior to presentation to us to be collected from beneficiary.

译文 除非信用证在此另有规定,开证行见到银行提示前的任何议付费用和其他费用都向受益人收取。

本句看上去的确不大好翻译;这就需要对句子里出现的较难的词做"手术"。第一,in respect to 这个短语与"尊重、关心"毫无关联。它的意思是"关于","就……方面"(with regard to)。第二,掌握 prior to 之意,意为"在……之前"即 previous to or before 之意。第三,搞清 presentation 的意义,词根 present 的意思非常之多,在本条款中的意思是"提示,银行提示"。第四,出现在句中的 collect 并不是"收集",而是"收款,收账"。美国人常用的一种电话是 a collect telephone call 即向受话者收费的电话。明白了这几个词的意思后,再把整句话连起来就可破解疑难句。最后来看 unless otherwise stipulated 这个说法,实际上它已经成了一个固定的句式,有时还可以看到与它类似的变形,比如 unless otherwise expressed, 或者是 except otherwise stated, 还有较为复杂一点的如 so far as otherwise expressly stated... 等等,它们都是"除非另有规定"之意。

6. Bona fide holders 与 Act of God：Bona fide holders 实际指的是外贸业务中汇票或提单等票据的合法持有者,意思是"善意持有人",即议付单据的持有者或受让人。Bone fide 本是个拉丁语词,意思是"真正的,真诚的"。

译例 14 This documentary credit is available for negotiation to pay without specific restriction to drawers or bone fide holders.

译文 本跟单信用证对出票人或善意持票人不限制议付。

教学过程中,有人曾问教师什么叫 Act of God,教师开玩笑道：不就是上帝的行为呗！学生追问：上帝的行为是什么行为呀？就是"不可抗力"。许多人知道 Force Majeure 是"不可抗力"；但并不知道 Act of God 是何意。

以上我们学习到了一些证内出现的关键词的理解与翻译,信用证内实际上还有一些专业词汇,也需要学习者准确把握其义,例如：Beneficiary 是"受益人"指出口商,而有人把它译成"收益人",这是错误的翻译！"收益人"指的是某项目中得到的收入、收益或利润。两者的法律含义和界定根本不同,不可误译,用词组表示时,用的是 in favor of。Payee 指的是收款人,而不是付款人！付款人叫做 drawee。Holder in due course（正当持票人）与 bona-fide holder 属于同一种意思,译为"善意持票人"。Obligee 是债权人,而非债务人,债务人的英文是 obligor。Shipper 之意为"托运人",须知提单在所有单据中处在核心位置,是物权凭证。提单的抬头一栏常有这样几个字：to order of shipper 即"凭托运人（发货人）指示"。这里的托运人指的就是货主（出口商）。Discrepancy 指的是单证中的"不符点"。

请比较下表内普通词义与专业词义的不同之处：

单词/术语	普通含义	外贸专业含义
negotiable	可谈判的,可协商的	可转让的,可流通的
document	文件	单据
open account	开立账户	赊销
draw	拉,拖,拔,吸	开立（汇票）
accept	接受,领受	承兑
dishonour	不名誉,丢脸,耻辱	拒付
collection	收集,采集	托收
discount	折扣	贴现
draft	草案,草图,草稿	汇票
maturity	成熟,长成	（票据等的）到期
future(s)	将来	期货（交易）
commission	授权,委托	佣金
policy	政策	保险单
issue	发行,分配	出票
in favo(u)r of	赞同,支持,偏爱	（票据等）以……为受益人
settlement	安顿,定居	结算,清算
transfer	搬迁,转移,调动	（汇票的）转让
instrument	仪器,器械,器具	（支付）工具
bill	账单,清单,议案	汇票,票据,凭单
recourse	依靠,求助,救援	追索权
title	题目,标题	物权

三、信用证条款的文体特点与翻译方法

（一）信用证条款的文体特点

付款方式有多种，托收（Collection）、汇付（Remittance）、保理（Factoring）、信用证（L/C）等。若采用信用证方式付款，各方当事人均以信用证为据，信用证此时大于合同，因此，各方的权利义务或当事人完全是按照信用证行事，信用证具有了当然的法则与惯例的约束力。因此，其文体特点表现为：行文结构比较复杂，措辞确切，条理清楚；信息既完整又严密，证内除使用专业词汇外，还有不少结构复杂、逻辑严密的长难句子。它对于履行各项权利与义务的几方当事人的交货、交单、付款及其条件、方式、地点、时间都进行了严格限制，这也是在维护各方当事人的利益。不给他人曲解或误解留可乘之机，此无疑增加了信用证翻译的难度，准确理解和翻译信用证条款，对于许多译者来说，并非易事。

信用中的各项条款（terms & conditions）涉及到票据、运输、保险、议付等多项单据，在审证过程中，尤其需要准确理解这些条款，明确惯例对各当事方的定义，也才能更好地保护自身利益。以下对信用证中票据条款的一些长难句做必要的句法分析和译评。

（二）信用证条款的翻译方法

1. 找准句子的主干结构

首先要了解商务英文的句式特点，特别是合同类、信用证类文体，此类文体属法律、契约、惯例一类，以严谨的书面语体表达为主，措辞精准，长难句、复合句特别多。译者要找出全句的主语、谓语和宾语，即句子的主干结构，其次，要找出句子中所有的谓语结构、非谓语结构、介词短语和从句的引导词，然后再分析从句和短句的功能，即：是否是主语从句、宾语从句、表语从句或状语从句。

译例 15 ▶ We hereby engage with the drawers, endorsers and bona-fide holders of draft(s) drawn under and in compliance with the terms of the credit that such draft(s) shall be duly honored on due presentation and delivery of documents as specified (if drawn and negotiated within the validity date of this credit).

译文 ▶ 只要开立的汇票符合本信用证项下各项条款，并如期提示和提交本证规定的单据后，我行保证对出票人、背书人和善意持有人承担付款责任（须在本证有效期内开具汇票并议付）。

译例 15 是一个长难句。在这个句子中出现了一系列专有术语如 drawers（出票人），endorsers（背书人），bona-fide holders（善意持有人），drafts drawn（开立的汇票），duly honored（按时付款），due presentation（如期提示）以及介词短语等。解析了这些关键词之后，再来分析句子结构；这是一个主干结构为 We engage with(sb.)...that 的宾语从句，句中的 under and in compliance with...介词部分为表示条件的状语而已，即在什么样的条件下，开证行承担履行付款的责任。

译例 16 ▶ The shipper, consignee, owner of the goods and holder of this bill of lading shall be jointly and severally liable to the carrier for the payment of all freight and charges and for the performance of the obligating of each of them hereunder.

译文 ▶ 托运人、收货人、货物人和提单的持有人应联合负责向承运人支付所有运费和

费用,并负责履行他们各自的义务。

2. 掌握商务英文信用证条款的翻译方法

实际上,信用证条款的翻译方法同外贸英语合同的翻译方法大体上是一致的,两者都属法律文体,句子结构复杂,逻辑性强。但是,无论多长的句子,多么复杂的结构,它们都是由一些基本的成分组成的。只要弄清了合同或者信用证条款原文的句法结构,找出整个句子的中心内容及各层意思,然后分析各层意思之间的逻辑关系,再按汉语的特点和表达方式组织译文,就可以保证合同翻译或者是信用证翻译的准确性,这也是本章前一部分介绍到的重组法翻译策略。

译例 17 We hereby issue this credit which is available against beneficiary's drafts drawn in duplicate on us at sight for 100% invoice value, accompanied by the following documents.

译文 我行兹开立这份不可撤销信用证,凭受益人开给我行的一式两份发票金额的即期汇票付款,并需要随附以下单据。

译例 18 Drifts are to be drawn in duplicate to our order bearing the clause "Drafts under Union Bank of Switzerland, Zurich. Irrevocable Letter of Credit No. 2461 dated July 12, 2009".

译文 汇票一式两份,以我行为抬头,并注明"根据苏黎世瑞士联合银行 2009 年 7 月 12 日第 2461 号不可撤销信用证项下开立"。

以上译例17、译例18中几个条款理解与翻译的难点是 drawn 这个词。drawn 在信用证的汇票条款中出现频率最高,每个句子中都有它的影子,而学习者恰恰对这个词的理解有误,这主要是受该词常义的干扰。查几本英语大词典,其票据专业的词义都注的很靠后,且给的例词和句子是原形 draw;而实际信用证中看到的是 drawn on/in/under 或 drafts so drawn,此外还有 drawn clauses 即出票条款(注:即出具汇票的法律依据)等等,不一而足。根据英文版 The Advanced Learner's Dictionary of Current English 大词典(draw 共有 20 个词义注解),该词在商务票据中的定义是 write out(bill,cheque,order on a banker,etc. for a sum of money)。根据这一释义和贸易实务中已形成的译法,drawn 的翻译是"开具(的)","开立(的)","开出(的)";如果是原形动词 draw,其意是"开立,出票",如是过去分词,表示动作已完成,所以更多的情况下要在"开立"后面加上"的"字。例如:

译例 19 Drafts drawn under this letter of credit must be drawn on the issuing bank or any other bank designated by the issuing bank.

译文 本证项下开具的汇票必须开给开证行或开证行指定的银行。

以上译例19的翻译处理,通过使用加词手段,就把其确切的意思完全拽出来了!

译例 20 Payment:By irrevocable L/C at sight to reach the sellers 30 days before the time of shipment.

误译 支付:不可撤销的即期信用证装船前30天开到卖方。

改译 支付:买方应当在装船前30天将不可撤销的即期信用证开到卖方。

以上译例20的误译原因为:译文完全按照原文字面翻译,从内容上看显然不够完整,未能恰当体现出原文中买方和卖方的关系。正译通过"加词法",即添加原文表面所无、实际却隐含的成分"买方应当"使译文完整,内容清楚,体现了信用证文字的严密性,便于读者的准确理解。

译例 21 DOCUMENTS MUST BE PRESENTED AT PLACE OF EXPIRATION WITHIN 15 DAYS OF ISSUE DATE OF TRANSPORT DOCUMENT AND WITHIN THE L/C VALIDITY.

译文 必须在不超出信用证有效期的前提下,自运输单据签发之日起15天内在有效地点提交单据。

译例 22 The L/C will be confirmed by the Bank of China, Shanghai, that will accept your draft payable at sight for the amount of your invoice.

译文 信用证将由中国银行上海分行加保,该行将凭单承兑发票所开金额(按发票金额承兑即期汇票)

以上译例21、译例22继续使用"重组法"翻译策略,打乱原有句子结构,先根据L/C、confirm、draft payable at sight等词语的行业含义去描述和解构信用证细节,之后将此句重新组合,使译文规范通顺,条理清楚,语言独具商务风格。

翻译趣闻与花絮

温家宝总理在十届全国人大五次会议记者招待会上,引述了"沉舟侧畔千帆过,病树前头万木春……"等很多古诗词等,用以回答中外记者们的提问,可谓妙语连珠,文采飞扬。而坐在总理身旁的译者,名叫费胜潮,34岁,武汉人,毕业于武汉大学外语系。他飞速地在纸上记录着。每当总理话音一落,他的译文声便从话筒传出,表述准确,翻译到位。给现场所有人留下极为深刻的印象。

费胜潮在总结自己的翻译体会和心得时说,翻译是一个硬功夫,必须事先做大量准备工作,更要熟知政策,阅读官方会议文件,了解国内外每天发生的大事,关注媒体报道和群众关心的热点问题,还要经常上网浏览信息等。

给国家领导人做翻译,风光背后还有许多不为普通人知道的酸甜苦辣。出国在外常常连续作战,倒时差或者吃不上饭的事情都不算什么事情。有一次记者招待会上,接近尾声时,凤凰卫视的记者用中文提了一个问题,翻译起来并不难,费胜潮顺畅地脱口而出,但全场大笑,原来他忙中出错,用中文把人家的问题重复了一遍。

有网友问,像"搬起石头砸自己的脚"、"三个臭皮匠顶个诸葛亮"这些俗语,该怎么翻译?费胜潮说,翻译这类语言,要经常积累一些英语俗语;若找不到对应的说法,则可视情况采取直译或意译,即我们常使用的变通法翻译策略。

Practice in Class
课堂翻译与实践

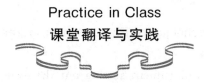

1. Translate the following document terms into Chinese.

    1) notify party
    2) confirmed letter of credit
    3) collecting bank
    4) shipping documents
    5) draft/bill of exchange
    6) endorsement
    7) check
    8) proforma invoice
    9) carrier
    10) beneficiary
    11) port of loading
    12) port of discharge
    13) place of delivery
    14) marks and nos.
    15) description of goods
    16) numbers of original bills of lading
    17) transshipment
    18) basic terms and conditions
    19) free from particular average (FPA)
    20) insurance premium

2. Translate the following document clauses, paying attention to some necessary adjustment to the order of original sentences.

    1) Mr. and Mrs. John Smith request the pleasure of your company at a dance to be held at the auditorium on Friday, the tenth of June at seven o'clock.

    2) The guarantee period shall start from the exact date on which the purchaser receives notification in writing from the vendor that plant is ready for dispatch from the works.

    3) All the payments shall be made in the U.S. Currency by the buyer to the seller by telegraphic transfer to the seller's designated account.

    4) The seller shall not be held responsible for late delivery or non-delivery of the goods owing to generally recognized force majeure causes.

    5) This Credit is available with any bank by negotiation of your drafts at 90 days after B/L date for 100 percent of invoice value on us marked as drawn under this credit and accompanied by the following documents.

    6) We add our confirmation to this credit and undertake that drafts and documents drawn under and in strict conformity with the terms thereof will be honored on presentation.

    7) Delivery of 5% more or less than total contract quantity shall be allowed and settled.

    8) We herewith certify this message to be true and correct.

    9) The buyer has the right to cancel the contract unilaterally if the seller fails to ship the goods within the L/C validity.

3. Use the Translation Technique of Re-adjustment to translate the following document sentences.

1) Insurance policy is a document setting out the exact terms and conditions of an insurance transaction—the name of the insured, the name of commodity insured, the amount insured, the name of the carrying vessel, the precise risks covered, the period of cover and any exceptions there may be. It is also a written contract of insurance between the insurance company and the insured.

2) Bill of lading is a document given by a shipping company, representing both a receipt for the goods shipped and a contract for shipment between the shipping company and the shipper. It is also a document of title to the goods, giving the holder or the assignee the right to possession of the goods.

3) Commercial invoice is a document which contains identifying information about merchandise sold for which payment is to be made. All invoices should show the name and address of the debtor, terms of payment, description of items, the price per item, and the amount for which payment is to be made. Besides, the invoice should show the manner of delivery.

关于翻译标准的几种观点

严复的"信、达、雅"被公认为翻译标准,其影响深远,用今天的话来说,"信"就是忠实准确,"达"就是通顺流畅,"雅"就是文字古雅。这个标准对商务英语的翻译同样具有指导作用。

商务英语要求语言严谨、准确,就要做到"信",同时在"信"的基础上追求"达、雅"。严复的三字标准在中国翻译界讨论翻译标准时,几乎没有人不提及。正是在这个三字标准的基础上,许多学者和翻译家结合自己的翻译经验,提出了更多的独特见解,从而不断推动了我国的翻译研究和实践。20世纪50年代初,傅雷在《〈高老头〉重译本序》中提出了"所求的不在形似而在神似"的重要观点;60年代初,大学者钱钟书提出了"化境"之说。"神似"论和"化境"说,同"信、达、雅"三字标准一样,都是具有中国特色的翻译理论体系的重要组成部分。

18世纪末,爱丁堡大学历史教授亚历山大F·泰特勒(Alexander Fraser Tytler)在《论翻译的原则》(Essay on the Principles of Translation)一书中系统地提出了进行翻译和评判翻译的基本原则,一是"译文应当完全复写出原作的思想"(A translation should give a complete transcript of the ideas of the original work.);二是"译文应和原文同样流畅"(The style and manner of writing should be of the same character as that of the the original composition.)。

"功能对等"(Functional Equivalence)翻译准则,是由美国著名翻译家尤金·奈达(Eugene A. Nida)提出的。在众多的国外翻译家中,奈达的翻译理论可以说对我国的影响最大。他认为,翻译的预期目的主要是原文与译文在信息内容、说话方式、文体、风格、语言、文化、社会因素诸方面达到对等。奈达的对等论对商务英语的翻译具有巨大的指导意义,因为不管原文属于什么文体,关键是信息(语义信息和风格信息)的对等。

"语义翻译"与"交际翻译"标准由著名英国翻译家彼特·纽马克(Peter Newmark)提出。他在所著的《翻译探索》(Approach to Translation)收集的论文中提出该标准。交际翻译侧重信息产生的效果,语义翻译侧重信息内容。由此看来,纽马克的交际翻译标准更适用于国际商务英语翻译。

"翻译等值"由加拿大翻译家让·德利尔教授在其著作《翻译理论与翻译教学法》提出,他说:"代码转译是确立词的一致关系;翻译是寻求信息的等值。"他在该书的后半部分中提到"词义等值"、"语言等值"等是"代码等值"的同义词,"意义等值"、"语境等值"、"信息等值"等是"翻译等值"的同义词。德利尔教授的翻译标准对商务英语翻译具有很大的指导意义,对商务英语翻译标准的制定很有参考价值。

第十二章 国际商务旅行与翻译

近年来出国旅游已经成了一种普遍的风气。所谓"行万里路胜读万卷书",出国一游的确能增长不少见闻。但是在行万里路之前最好先有周全的准备,而其中最重要的就是语言——学好世界通用的英语,必能使旅途更为顺利,也更有信心。

——杨淑惠

> **讨论时间**
> 1. 国际旅行途中需要经过多少"关卡"?
> 2. 出了机场后接下来该怎么办?
> 3. 预定酒店时应该了解哪些信息?

第一节 机场与国际航班英语翻译

西方国家的一些大型机场建筑面积宏大,内部结构复杂,熙熙攘攘的旅客奔赴世界各地,例如著名的英国希思罗机场(London Heathrow International Airport),由于拥有众多的跨境航班,其跨境客流量位居世界第一。而世界上转乘量最大、最繁忙的机场当属美国的亚特兰大哈兹菲尔德·杰克逊国际机场(Hartsfield-Jackson Atlanta International Airport),根据国际机场理事会(Airport Council International)公布的数据,亚特兰大机场2010年的客运量达到了惊人的88,453,708人次,航班数量高达96.4万次,相当于每天有超过24万人穿梭于机场内,平均每一分钟有两架飞机在机场起降。所以,人在机场,不禁会有找不着北的感觉。

随着中国经济的快速发展和对外开放的不断深入,越来越多的中国人开始走出国门,虽然目的各不相同,但是必不可少的一个环节就是要搭乘国际航班,这个过程中需要办理各种手续,如过海关、安检、行李托运等。面对铺天盖地的英语指示牌、说明以及广播,如何方便快捷地找到问讯处、行李托运处、厕所、免税商店、登机口等等,对普通的中国人来说就显得尤为重要。但是如果英语词汇不过关,想在国际机场"找到北"的确不是件易事。

因此如果事先对国际机场内的指示牌、标识、广播有一定了解的话,可以最大限度地节约时间,减少搭错航班的机率,还能增加国外旅行的乐趣和收获。但在常用的英语课本或教材中,很少出现这类内容,遑论大部分没有经过专门英语学习的出国旅客,他们在踏出国门之前很少有机会可以接触到相关的英语词汇。

出国旅客在机场大厅(Airport Terminal)一般要面临的情况不外乎需要找到不同的地

点,还有就是要能够读懂机场内的航班信息牌(Flight Information)。

机场内的不同地点

(一) 候机、搭机、转机

International Airport 国际机场　　　　　Domestic Airport 国内机场
Airport Terminal 机场候机楼　　　　　　International Terminal 国际候机楼
International Departure 国际旅客出发　　Domestic Departure 国内旅客出发
Inquiries/Information Desk 问讯处　　　　In/Entrance/Entry 入口
Exit/Out/Way Out 出口　　　　　　　　　Airport Lounges 机场休息室
Flight Connections 转机处　　　　　　　Departure Gate 登机口
Departure Lounge 候机室　　　　　　　Satellite 卫星楼
International Passengers 国际航班旅客　Transfers 中转
Transfer Passengers 中转旅客　　　　　Transfer Correspondence 中转处

Transit 过境[长途飞行中,飞机因加油或其他原因而暂时滞留在机场。滞留时间通常约为一个小时,然后再起飞。搭同一班飞机继续旅行的乘客,称为过境旅客(transit passenger)。过境旅客和在机场下机的旅客不同,他们通常会收到一张过境卡(transit card),然后到机场的过境室内休息,等登机时交回,故须将此卡保管好。]

(二) 出入境、安检

Customs 海关　　　　　　　　　　　　　Goods to Declare 报关物品
Nothing to Declare 不需报关　　　　　　Check-In 登机手续办理
Greeting Arriving 迎宾处　　　　　　　　Up/Upstairs 由此上楼
Down/Downstairs 由此下楼　　　　　　Emergency Exit 安全出口
Exit to All Routes 各通道出口
Passport Control Immigration 护照检查处
Lifts to Departures 由此乘电梯前往登机

(三) 行李、购物、兑换

Left Baggage 行李寄存　　　　　　　　　Lost Property 失物招领
Luggage Locker 行李暂存箱　　　　　　　Duty-Free Shop 免税店
Luggage/Baggage Pick-up/Reclaim 取行李
Money/Currency Exchange 货币兑换处

(四) 其他服务

Hotel Reservation 旅馆预订处　　　　　　V. I. P. Room 贵宾室
Ticket Office 售票处　　　　　　　　　　Cashier 付款处
Airport shuttle 机场班车　　　　　　　　Taxi 出租车
Taxi Pick-Up Point 出租车载客处　　　　　Coach Pick-Up Point 客车载客处
Airline Coach Service 航空公司汽车服务处　Car Hire/Rental 租车处(旅客自己驾车)
Bus/Coach Service 公共汽车　　　　　　　Public Phone/Telephone 公用电话
Toilet/W. C/Lavatories/Restroom 厕所　　　Men's/Gent's/Gentlemen's 男厕

Women's/Lady's 女厕 Restaurant 餐厅
Bar 酒吧 Coffee Shop/Café 咖啡馆
Bank 银行 Post Office 邮局
Rail Ticket 火车票售票处 Missing People Help Line 走失求助热线
No Smoking Except in Designated Area 指定区域外禁止吸烟

航班信息牌

机场内最醒目最重要的标识应该是航班信息牌,它是旅客了解所乘坐航班的最直接的方式。航班信息牌上会及时地登出即将出发的航班号、时间、登机口等重要信息,如果因为天气、机械或者其他各种因素影响而导致航班安排的变动,也会迅速地在上面反映出来。出国人员有必要对下面的英语说明有所了解:

(一)常见航班信息

Arrival Time 抵达时间 Departure Time 出发时间
Departure Airport 启程机场 Destination Airport 到达机场
Status 状态 Delayed 延误
Landed 已降落 Boarding 正在登机
On Time 按时 Boarding Gate 登机口
Flight/Flight No. 航班号 Arriving From 来自……
Departure to 前往…… Scheduled Time 预计时间

(二)航空公司、城市和机场代号

为了信息传递的简洁和快捷,航班信息牌上还经常出现航空公司、城市和机场的缩写代号。例如,CA 代表的是中国航空(Air China),AF 是法国航空(Air France),AA 是美国航空(American Airlines)。这些都比较容易理解,基本上是各个航空公司英文名称的首字母缩写,但是 MU 是东航、3U 是川航,就有点匪夷所思了。实际上,航空公司的二字代码是向国际航协(IATA: International Air Transport Association)申请的,因为是全世界航空公司的统一编码,很多代码一经申请,后面的航空公司就不可再用,所以二字代码不可能完全对应航空公司的名称,申请得越晚越不容易与名字相关联。CA 是沿用以前中国民航(中国民航改革前只有一家)的二字代码,国航成立后,CA 就被国航用了,而像东航、川航等都是后来申请的,所以就越来越没有规律了。

另外,为了统一和规范航空服务业的运作,国际航空协会将拥有定期航班的城市设定了各自的城市代号(City Code),一律以三个大写英文字母表示。例如:上海的英文全名为 SHANGHAI,其城市代号为 SHA,香港的英文全名为 HONG KONG,其城市代号为 HKG,但是有的时候,代号和城市全名会有一些出入,例如:北京的英文全名为 BEIJING,但是其城市代号为 BJS,广州虽然英文全名为 GUANGZHOU,但是在选用城市代号时,却参照它惯用的英文名称 CANTON,所以使得它的城市代号为 CAN,恰好与加拿大的简称相同。

一些国际化的大都市,例如纽约、东京、巴黎、伦敦等等,本身拥有两个以上的机场,只有一个城市代号无法区别不同的机场,所以除了城市本身的代号外,每一个机场还有各自的机场代号(Airport Code)加以区别。例如：东京 TOKYO 本身的城市代号为 TYO，但有两个不同的机场，一是成田机场(Narita Airport)，其机场代号为 NRT；一是羽田机场(Haneda Airport)，其机场代号为 HND。美国纽约有三个国际机场，分别是肯尼迪国际机场(John Fitzgerald Kennedy International Airport)、拉瓜迪亚机场(LaGuardia Airport)、纽瓦克自由国际机场(Newark Liberty International Airport)，它们的机场代号分别为 JKF、LGA 和 EWR。中国上海的浦东机场的机场代号是 PVG，虹桥机场是 SHA。更多航空公司代码如下表。

国内航空公司			
代码	航空公司	代码	航空公司
CA	中国国际航空公司	WH	中国西北航空公司
MU	中国东方航空股份有限公司	CJ	中国北方航空公司
CZ	中国南方航空股份有限公司	F6	中国航空股份有限公司
SZ	中国西南航空公司	XO	新疆航空公司
3Q	云南航空公司	X2	中国新华航空公司
MF	厦门航空公司	HU	海南航空股份有限公司
FM	上海航空公司	SC	山东航空公司
国际航空公司			
代号	航空公司名称	代号	航空公司名称
AF	法国航空公司	JL	日本航空公司
AZ	意大利航空公司	KE	大韩航空公司
BA	英国航空公司	LH	德国汉沙
CP	加拿大国际	LO	新加坡航空公司
NW	美国西北航空公司	LY	俄罗斯航空公司
OZ	韩国亚洲航空公司	RO	美国联合

第二节 飞机机舱广播英语与翻译

每当坐上国际航班之后，飞机机舱内的广播都会滔滔不绝地来上一大堆英语。机舱广播(in-flight announcements)，顾名思义就是飞机扩音器中播出的广播，一般登机完毕坐定后就开始播放。由于时间、飞行距离、航班机型、国别或者航空公司的不同，机舱广播也不尽相同，但是一般来说，以下几个重要阶段都必定会有类似的机舱广播英语：

一、登机(Boarding)

当飞机仍然停在停机坪时，正在接待最后一批的旅客登机的时候，会有如下广播：

译例 1 ▶ Ladies and gentlemen, the Captain has turned on the Fasten Seat Belt sign. If you haven't already done so, please stow your carry-on luggage underneath the seat in front of you or in an overhead bin. Please take your seat and fasten your seat belt. And also make sure your seat back and folding trays are in their full upright position. If you are seated next to an emergency exit, please read carefully the special instructions card located by your seat. If you do not wish to perform the functions described in the event of an emergency, please ask a flight attendant to reseat you. At this time, we request that all mobile phones, pagers, radios and remote controlled toys be turned off for the full duration of the flight, as these items might interfere with the navigational and communication equipment on this aircraft. We request that all other electronic devices be turned off until we fly above 10,000 feet. We will notify you when it is safe to use such devices. We remind you that this is a non-smoking flight. Smoking is prohibited on the entire aircraft, including the lavatories. Tampering with, disabling or destroying the lavatory smoke detectors is prohibited by law. If you have any questions about our flight today, please don't hesitate to ask one of our flight attendants. Thank you.

译文 各位乘客,现在"系好安全带"的信号灯已经打开,请没有坐好的乘客抓紧时间将随身行李放到您身前的座位底下或头顶上的行李架内,坐在自己的座位上并系好安全带。请将自己的座位靠背和身前的托盘保持竖直的位置。如果您坐在"紧急出口"旁,请认真阅读您座位边上的特别说明。如果您不愿意在出现紧急情况时履行上面的义务,请和我们的乘务员联系,帮助您更换座位。现在,我们要求各位乘客在飞机飞行全程,关闭自己的手机、无线电、遥控玩具等设备,以免干扰飞机航行和通讯设备的正常工作。同时关闭其他各种电子设备,当飞机攀升至一万英尺的高空时,我们将会通知各位再次打开使用。各位乘客,本次航班为"无烟航班"。整个机舱内,包括卫生间,严禁吸烟。擅自触摸、关闭或损坏卫生间内的烟雾探测器将面临法律后果。若有任何问题,请与我们的乘务员联系,谢谢。

二、关闭舱门(Door Closure)

一般在舱门关闭之前或正在关闭时,会有如下广播:

译例 2 Ladies and gentlemen, this is/my name is XX and I'm your chief flight attendant. On behalf of (Captain Z and) the entire crew, welcome aboard ×× Airlines flight ××, non-stop service from ×× to ×× (then continuing on to ××). Our flight time will be of ×× hours and ×× minutes. We will be flying at an altitude of ×× feet/meters at a ground speed of ×× miles per hour/kilometers per hour. At this time, make sure your seat backs and tray tables are in their full upright position. Also make sure your seat belt is correctly fastened. Also, we advise you that as of this moment, any electronic equipment must be turned off. Thank you.

译文 各位乘客,我是××,本次航班的首席乘务员。我代表机长 Z 和全体乘务员欢迎各位乘客乘坐本次航班,我们将会全程提供不间断的空中服务。我们的飞行时间为××小时××分钟,飞行高度将保持在××英尺/米,飞行速度为每小时××英里/公里。现在请将自己的座位靠背和前方小桌板保持竖直位置,检查安全带是否系好,同时请关闭所有的电子设备,谢谢。

三、安全演示前(Before Safety Demonstration)

如果飞机内有视频系统,将会有如下说明:

译例 3 ▶ Ladies and gentlemen, I'd like to direct your attention to the television monitors. We will be showing our safety demonstration and would like the next few minutes of your complete attention.

译文 ▶ 各位乘客请注意,大家面前的电视已经打开,我们将为您播放飞机安全事项演示,请大家在接下来的几分钟内认真观看。

机上没有视频系统,乘务员一般会站在中间过道上作如下说明:

译例 4 ▶ Now we request your full attention as the flight attendants demonstrate the safety features of this aircraft.

译文 ▶ 各位乘客请注意,乘务员将向您展示飞机的安全注意事项。

四、安全演示（Safety Demonstration）

无论机舱内是否有电视,一般来说安全事项说明都以航班欢迎致辞开始,然后提示"系好安全带"灯已经打开,而且提醒将前面小桌板和座位靠背保持竖直、放好随身行李等等。一般均会有以下的广播:

译例 5 ▶ When the seat belt sign illuminates, you must fasten your seat belt. Insert the metal fittings one into the other, and tighten by pulling on the loose end of the strap. To release your seat belt, lift the upper portion of the buckle. We suggest that you keep your seat belt fastened throughout the flight, as we may experience turbulence.

There are several emergency exits on this aircraft (×× forward, ×× aft, and ×× over each wing.) Please take a few moments now to locate your nearest exit. In some cases, your nearest exit may be behind you. If we need to evacuate the aircraft, floor-level lighting will guide you towards the exit. Doors can be opened by moving the handle in the direction of the arrow. Each door is equipped with an inflatable slide which may also be detached and used as a life raft.

Oxygen and the air pressure are always being monitored. In the event of a decompression, an oxygen mask will automatically appear in front of you. To start the flow of oxygen, pull the mask towards you. Place it firmly over your nose and mouth, secure the elastic band behind your head, and breathe normally. Although the bag does not inflate, oxygen is flowing to the mask. If you are travelling with a child or someone who requires assistance, secure your mask on first, and then assist the other person. Keep your mask on until a uniformed crew member advises you to remove it.

In the event of an emergency, please assume the bracing position. (Lean forward with your hands on top of your head and your elbows against your thighs. Ensure your feet are flat on the floor.)

A life vest is located in a pouch under your seat or between the armrests. When instructed to do so, open the plastic pouch and remove the vest. Slip it over your head. Pass the straps around your waist and adjust at the front. To inflate the vest, pull firmly on the red cord, only when leaving the aircraft. If you need to refill the vest, blow into the mouthpieces. Use the whistle and light to attract attention. (Also, your seat bottom cushion can be used as a flotation device. Pull the cushion from the seat, slip your arms into the straps, and hug the cushion to your chest.)

The following electronic devices (calculators, CD players, laptop computers) may be used when the seat belt sign is off, or when permitted by your crew. Cellular/mobile telephones, remote-controlled toys or any electronic device operating with an antenna must be turned off at all times.

We remind you that this is a non-smoking flight. Tampering with, disabling, or destroying the smoke detectors located in the lavatories is prohibited by law.

You will find this and all the other safety information in the card located in the seat pocket in front of you. We strongly suggest you read it before take-off. If you have any questions, please don't hesitate to ask one of our crew members. We wish you all an enjoyable flight.

译文 当"安全带"提示灯亮起,请各位乘客系好安全带。将安全带上的两个金属扣对准插好,用力拉安全带松的一端可以将其系紧。若想解开安全带,扳起安全带扣的上端即可。飞行途中可能会遇上气流颠簸,请您在整个飞行途中都系好安全带。

机上紧急出口,××在机身前部,××在机身后部,××在机翼附近。请大家花几分钟时间来熟悉一下身边最近的紧急出口的位置。如果需要紧急撤离飞机,地板指示灯会引导大家前往紧急出口。按照箭头方向扳动把手即可将门打开。每扇门都有充气滑梯,将其取下可以充当救生筏使用。

本航班自动监测舱内氧气含量和压力情况。当出现气压下降时,氧气罩会自动下降。拉动氧气罩就会开始供氧。将氧气罩紧贴嘴部和鼻子,套紧橡皮筋,正常呼吸。氧气面罩袋子不会膨胀,但是氧气会自动充进面罩内。如果您和小孩或其他需要帮助的人士一起旅行,请自己戴好氧气罩后再帮助他人。请务必一直戴好氧气罩,等到穿制服的乘务员告知可以取下后方可摘下。

遇到紧急情况,请保持前倾姿势,双手抱膝,两肘加紧大腿,双脚紧贴地面。

救生衣位于座位下或扶手间的塑料袋内。当乘务员指示穿上救生衣时,请打开塑料袋,拿出救生衣。从头部套入,将绑带系在腰间,并拉动带子前部进行调节。用力紧拉红色线即可给救生衣充气。只有在离开飞机后,才能给救生衣充气。如果您需要再次为救生衣充气,可以朝充气孔吹气。使用救生衣上的哨子和电筒以吸引注意。(另外,你的座位底部的坐垫可以用来作为漂浮设备。从座位下拉出坐垫,双臂塞入两边带子,紧抱于胸部。)

当安全带指示灯熄灭时或经乘务员许可,可使用计算器、CD播放器、笔记本电脑。飞行全程严禁使用移动电话、遥控玩具或任何带有天线的电子设备。

提醒各位乘客,本次航班为无烟航班,擅自触摸、关闭或损坏卫生间内的烟雾探测器将面临法律后果。

前方座位口袋中您可以找到写作所有安全信息卡片。建议您在起飞前认真阅读。如果您有任何问题,请联系我们的乘务员。祝大家旅途愉快。"

五、起飞前 (Before Takeoff)

在飞机起飞前,机长通常会做一个简短的说明,例如告诉机上乘客还有多久可以起飞;

第十二章 国际商务旅行与翻译

译例 6 ▶ We are third in priority for take-off, we should depart in about five minutes.
译文 ▶ 我们前面还有两架飞机等待起飞,我们将在五分钟后起飞。
另外,还会告知空乘人员做好起飞前的准备:
译例 7 ▶ Flight attendants, prepare for take-off please.
译文 ▶ 各乘务人员,请做好起飞准备。
译例 8 ▶ Cabin crew, please take your seats for take-off.
译文 ▶ 各机乘人员,请各就各位,准备起飞。

六、飞机爬升(Ascent)

起飞之后一分钟内,一般都会有广播提醒系好安全带。穿过云层或气流后,一般会熄灭安全带指示灯,但通常情况下,飞机仍然在爬升到巡航高度的过程中。乘务员根据情况会请乘客取下安全带:

译例 9 ▶ Ladies and gentlemen, the Captain has turned off the Fasten Seat Belt sign, and you may now move around the cabin. However we always recommend to keep your seat belt fastened while you're seated. You may now turn on your electronic devices such as calculators, CD players and laptop computers.

In a few moments, the flight attendants will be passing around the cabin to offer you hot or cold drinks, as well as breakfast/dinner/supper/a light meal/a snack. Alcoholic drinks are also available at a nominal charge/with our compliments. Now, sit back, relax, and enjoy the flight. Thank you.

译文 ▶ 各位乘客,安全带指示灯已熄灭,现在可以在机舱内走动。坐在座位上的时候,请尽量系好安全带。您现在可以打开计算器、CD播放机、笔记本电脑等电子设备。

再过一会儿,乘务员将向您提供冷热饮料和早餐/晚餐/中餐/便餐/小吃。我们同时也提供优惠价的酒水。请您在座位上坐好,享受本次航班为您带来的服务,谢谢。

七、气流颠簸(Turbulence)

经常性的在飞行途中会遇上气流颠簸的情况。一般情况都会提示系好安全带,根据气流的强弱程度,都会有如下广播:

译例 10 ▶ Flight attendants/Cabin crew, please be seated.
译文 ▶ 请乘务员坐在各自的座位上。
安全带提示灯亮起后,会有如下广播:
译例 11 ▶ Ladies and gentlemen, the Captain has turned on the fasten seat belt sign. We are now crossing a zone of turbulence. Please return to your seats and keep your seat belts fastened. Thank you.
译文 ▶ 各位乘客,现在安全带指示灯已经亮起,我们正穿过气流区,请您回到座位上并系好安全带。谢谢。

八、飞机下降(Descent)

在飞机下降前和过程中,一般会播报当地时间、气温、到达时间,并有如下广播:

译例 12 ▶ Ladies and gentlemen, as we start our descent, please make sure your seat backs and tray tables are in their full upright position. Make sure your seat belt is securely fastened and all carry-on luggage is stowed underneath the seat in front of you or in the overhead bins. Please turn off all electronic devices until we are safely parked at the gate. Thank you.

译文 ▶ 各位乘客，飞机现在开始下降，请将座位靠背和小桌板放回竖直位置。系好安全带，并将所有的随身行李放在身前的座位下面或头顶上的行李架内。关闭所有的电子设备直到飞机安全停靠。谢谢。

九、着陆前（Final Approach）

在着陆前一般会有如下的乘务员广播：

译例 13 ▶ Ladies and gentlemen, we have just been cleared to land at the ×× airport. Please make sure one last time your seat belt is securely fastened. The flight attendants are currently passing around the cabin to make a final compliance check and pick up any remaining cups and glasses. Thank you.

译文 ▶ 各位乘客，我们即将在××机场着陆，请系好安全带。乘务员正在机舱内进行最后的检查，并收回大家手上的饮料杯，谢谢合作。

十、着陆后（After Landing）

着陆后，飞机将滑行离开跑道并在登机处停靠，乘务员会就本次航班做最后一次广播。

译例 14 ▶ Ladies and gentlemen, welcome to ×× Airport. Local time is ×× and the temperature is ××. For your safety and comfort, we ask that you please remain seated with your seat belt fastened until the Captain turns off the Fasten Seat Belt sign. This will indicate that we have come to a complete stop at the gate and it is safe for you to move about. Please check around your seat for any personal belongings you may have brought onboard with you and please use caution when opening the overhead bins, as heavy articles may have shifted around during the flight. If you require deplaning assistance, please remain in your seat until all other passengers have deplaned. One of our crew members will then be pleased to assist you. We remind you to please wait until inside the terminal to use any electronic devices (or to smoke in the designated areas.) On behalf of ×× Airlines and the entire crew, I'd like to thank you for joining us on this trip and we are looking forward to seeing you on board again in the near future. Have a nice day/evening/night/stay!

译文 ▶ 各位乘客，欢迎到来××机场，当地时间是××，气温为××。为了大家的安全，请大家系好安全带，在座位上坐好。当飞机在登机口停稳，"系好安全带"的指示灯熄灭后，您将可以起身准备下机。请您检查好随身行李。打开行李架时请小心里面的行李掉下。下机时若需要帮助，请在座位上等待，让其他乘客先下，我们的乘务员将非常高兴为您提供帮助。请各位乘客到达机场后再打开电子设备，或到指定区域抽烟。最后，我代表××航空公司及本次航班的全体乘务人员，感谢您乘坐本次航班，期待您的再次乘坐。祝您一路顺风！

第三节　出入境英语与表格翻译

一、怎么过海关

下飞机后,非常重要的一个环节就是通过机场海关。一般"过关"的时候,海关检查人员在检查游客护照、签证的同时,会对游客提出一些和个人出国有关的问题,例如国籍、出游目的、计划逗留时间等等。只要出国人员没有携带违禁物品、证件齐全、有一定的英语交际能力,基本上不会有太大的问题。

这里特别需要指出的是各个国家都有自己独特的礼仪习惯,在国内可以接受或习以为常的一些行为举止在目的国可能是一种失礼。最好的办法就是察言观色、见机行事。例如在加拿大,海关人员坐在出口处的柜台后面,离柜台大约二三米外有一道黄线,一般要求站在黄线后面等待前面正在办理出关手续的旅客。即使前面的旅客已经离开,如果海关人员没有喊"下一个(next)"或招手示意,最好不要自己贸然走上前去。因为他们可能手头上的事情还没忙完,或者临时有其他事务。

对于海关人员提出的一些问题,也尽量清楚干脆地做出回答。例如,准确地告诉海关人员,到达目的国后将会前往何处。如果不能很清楚的回答这类问题,海关人员可能会怀疑你出国的真正目的,而要求对你进行更进一步的讯问。

下面是出国人员通过海关时经常会碰到的问题:

1. May I have your name, sir/madam/miss? /What is your name?
   先生/女士/小姐,请告诉我您的姓名。
2. May I see your passport and declaration forms please? /Show me your passport and visa, please.
   请把护照和申报表给我。/请把护照和签证给我。
3. Where/Which country do you come from, please?
   你是从哪个国家来的?
4. How long do you plan to stay in Canada?
   你计划在加拿大待多久?
5. Do you come to Canada for business or pleasure?
   你来加拿大是出差还是旅游的?
6. What is your purpose of coming to Canada?
   你来加拿大的目的是什么?
7. May I know your occupation?
   请问您是干什么工作的?
8. Do you have anything to declare? /Have you got anything to declare?
   您有需要申报的物品吗?
9. Do you bring any alcohol or tobacco with you?
   您带了烟和酒吗?

10. Is this baggage yours?
    这是您的行李吗?
11. Would you mind opening your baggage?
    请把您的行李打开。
12. I'm afraid you will have to pay import duties for this item.
    对不起,这件东西您需要支付进口税。
13. You are not supposed to bring any kind of meat into Canada.
    任何肉类都不能带入加拿大。
14. Have you got any foreign currency with you? / How much foreign currency are you carrying?
    你有随身携带外币吗? /你随身带了多少外币?
15. Do you have with you now over CAN＄5,000 in any form of currency, check or traveler's L/C?
    您所带现金、支票或旅游信用证的金额,有超过5,000加元吗?

二、海关申报表

乘坐国际航班途中,乘务员会发给所有旅客一份海关申报表(Customs Declaration Form),例如飞往加拿大的航班会给每位乘客发一张由加拿大边境服务部(Canada Border Service Agency)要求填写的"E311海关申报表",旅客必须申报所有携带或托运到加拿大的物品,包括在免税商店购买的物品,以及合计达到或超过10,000加元的现金和金融票据(支票、旅行支票等)。另外,枪械或其他武器、毒品、濒临灭绝的物种及其产品(象牙、珊瑚、爬行动物皮革等)以及文化财产可能在加拿大受到限制、控制或禁止,都需要特别入关许可才可携带入境。

这里以加拿大和美国的海关申报表为例,供旅客参考,方便到时填写:

(一) 加拿大海关申报表

> 海关申报表正面

Part A — All Travellers
A部分 — 所有游客
Instructions(说明)

译例1 ▶ All travelers must be identified on a Canada Border Services Agency (CBSA) Declaration Card. You may list up to four people living at the same address on one card. Each traveler is responsible for his or her own declaration.

Under the law, failure to properly declare goods, currency and/or monetary instruments brought into Canada may result in seizure action, monetary penalties and/or criminal prosecution.

Information from this declaration will be used for CBSA control purposes, and may be shared with other government department to enforce Canadian laws. For more information see Info Source (ref. no. CBSA PPU 018), at a public library or visit http://infosource.

gc. ca.

译文 所有游客填写加拿大边境服务署的申报卡。同一张卡上可以最多填写住在同一地址的四个人的姓名。各位游客只负责自己的申报。

根据法律规定,没有如实申报带入加拿大的物品、货币和币值票据将会被扣留,并受到罚款、刑事起诉。

申报卡上的信息将用于加拿大边境服务署的监控目的,同时可能会被加拿大其他政府部门使用以达到实施法律的目的。更多信息请到公共图书馆查看 Info Source 或登录网站 http://infosource. gc. ca。

Part B — Visitors to Canada

B 部分 —— 赴加拿大游客

译例 2 The following duty-free allowances apply to each visitor entering into Canada:
- Gifts (excludes alcohol and tobacco) valued at no more than CAN $60 each.
- 1.5 L of wine or 1.14 L of liquor or 24×355 ml cans or bottles (8.5L) of beer or ale.
- 200 cigarettes, 200 tobacco sticks, 50 cigars or cigarillos and 200 grams of manufactured tobacco.

译文 以下免税项目适用于每一位进入加拿大的游客:
- 礼物每件不超过 60 加元(不包括烟酒)
- 1.5 升葡萄酒,或 1.14 升烈酒,或 24 听/罐啤酒(总计 8.5 升)
- 200 支香烟、200 支烟棒、50 支雪茄和 200 克烟草。

Part C — Residents of Canada

C 部分 —— 加拿大居民

译例 3 Each resident returning to Canada is entitled to one of the following personal exemptions based on his/her time absent from Canada (include all goods and/or gifts purchased or received abroad):
- 24 hours: CAN $50

  Not claimable if goods exceed $50. Alcohol and tobacco cannot be claimed.
- 48 hours: CAN $400

  This includes alcohol and tobacco (see table below)
- 7 days: CAN $750

  This includes alcohol and tobacco (see table below)

译文 从国外返回加拿大的居民根据在国外逗留的时间长短可以免税带入加拿大的物品如下:
- 离境 24 小时:最高 50 加元的免税物品(烟草、酒精饮料除外)
- 离境 48 小时:最高 400 加元的免税物品,包括烟草、酒精饮料。(参见下表)
- 离境 7 天:最高 750 加元的免税物品,包括烟草、酒精饮料(参见下表)

Alcohol and tobacco exemption table	烟酒免税项目表
1.5 L of wine or 1.14 L of liquor or 24×355 ml cans or bottles (8.5L) of beer or ale.	1.5升葡萄酒、或1.14升烈酒、或24听/罐(总计8.5升)啤酒
200 cigarettes, 200 tobacco sticks, 50 cigars or cigarillos and 200 grams of manufactured tobacco.	200支香烟、200支烟棒、50支雪茄和200克烟草。

海关申报表背面

Part A All travelers (living at the same address)—please print in capital letters.

A部分 所有游客（相同住址）— 请用大写字母填写（注：yy/mm/dd——年/月/日顺序）

1. Last name, first name and initials：(姓＿＿＿＿名＿＿＿＿中间名缩写＿＿＿＿)

2. Date of birth：(出生日期)＿＿＿＿ Citizenship：(国籍)＿＿＿＿

3. HOME ADDRESS — Number, street, apartment No. (家庭地址—号码、街道、门牌号)

4. City/Town：(城/镇)＿＿＿＿ Prov/State：(省/州)＿＿＿＿

5. Country：(国家)＿＿＿＿ Postal/Zip Code：(邮编)＿＿＿＿

6. Arriving by(到达方式)○ Air(飞机)○ Rail(火车)○ Marine(海路)○ Highway(公路)

7. Airline/flight No., train No. or vessel name：(航班号、火车编号、轮船名称)＿＿＿＿

8. Purpose of trip(旅行目的)：○ study(学习)○ personal(私人)○ business(公事)

9. Arriving from：(来自) U.S. only(直接来自美国)○ Other country direct (直接来自其他国家)○ Other country via U.S. (来自其他国家、途经美国)○

    — For Agency Use Only —(以下内容仅供加拿大边境服务部内部使用)

10. I am/We are bringing into Canada：(我/我们带入加拿大：)

11. Firearms or other weapons (e.g. switchblades, Mace or pepper spray) YES ○ NO ○
    枪支和其他武器：例如弹簧刀、梅斯毒气、胡椒粉喷射器。 是○ 否○

12. Commercial goods, whether or not for resale (e.g. samples, tools, equipment). YES ○ NO ○
    零售的商品：例如商品样品、工具、设备。 是○ 否○

13. Meat/Meat products/dairy products/fruits/vegetables/seeds/nuts/plants and animals or their parts/products/cut flowers/soil/wood/wood products/birds/insects. YES ○ NO ○
    肉/肉制品、奶制品、水果、蔬菜、种子、坚果、动植物的部分或制品、鲜花、土壤、树木/木制品、鸟类、昆虫。 是○ 否○

14. Currency and/or monetary instruments of a value totaling CAN＄10,000 or more per person. YES ○ NO ○
    每人身上携带超过1万加元的货币或币值票据。 是○ 否○

15. I/We have shipped goods that are not accompanying me/us. YES ○ NO ○
    我/我们还另有运输进入加拿大的物品。 是○ 否○

16. I/We have visited a farm and will be going to a farm in Canada. YES ○ NO ○
我/我们到过农场,到达加拿大后将去农场。 是○ 否○

Part B　Visitors to Canada
B 部分　赴加拿大游客

Duration of stay in Canada _____ days： 在加拿大停留时间_____天

Do you or any person listed above exceed the duty-free allowances per person?（see instructions on the left.） YES ○ NO ○

你/申报卡中任何人是否带超过免税额度的物品?（参照左边说明） 是○ 否○

Part C　Residents of Canada
C 部分　加拿大居民

Do you or any person listed above exceed the exemptions per person?（see instructions on the left.） YES ○ NO ○

你/申报卡中任何人是否带超过免税额度的物品?（参照左边说明） 是○ 否○

Complete in the same order as Part A（按照 A 部分的顺序填写）

Date left Canada YY-MM-DD	Value of goods — CAN＄ purchased or received abroad (including gifts, alcohol & tobacco)	离开加拿大日期 年/月/日	物品价值—加元, 国外购买或获赠 （包括礼品、烟酒）

Part D　Signatures（age 16 and older）: I certify that my declaration is true and complete.
D 部分　签名(16 岁及以上)：我确认本人的申报真实完整。Date(日期)

（二）美国海关申报表

　　无论美国公民或是持有观光签证的游客,每一位到达美国的游客都必须填写一份由美国海关和边境保护局(U. S. Customs and Border Protection)提供的美国海关申报表(Customs Declaration Form 6059B)。若是一家出游,则全部家庭成员只需填写一份申报表。

　　填写海关申请表时务必据实以报,因为美国海关人员有时候会抽查入境游客的行李,如果所带的东西被查到没有申报,海关可以依法没收,并且本人会留下不良信用纪录,以后再次进入美国时,可能每次都会被检查行李。

　　外国游客携带少于美金一百元的礼品入境不需关税,带入美国的金钱数额不限多少,但如果超过美金一万元,则在海关申报表上必须注明。不可携带任何食品进入美国,尤其是易腐烂食物,如水果、蔬菜、肉类或农作物等,也不可以携带任何盗版或色情物品进入美国。任何含有麻醉(narcotic)成分的药品,或注射药物均须附上医生开示的处方证明。走私麻醉药物入境美国,将受巨额罚款。下面提供了美国海关申报表的内容以及翻译：

　　海关申报表正面
　　Each arriving traveler or responsible family member must provide the following information (only ONE written declaration per family is required):

每一位入境美国的游客或主要家庭成员必须提供以下信息(一个家庭只须申报一份):

1. Name:Last (Family)_____ First(Given)_____ Middle_____(姓名:姓_____名_____中间名_____)

2. Birth date:Day_____ Month_____ Year_____(出生日期:日_____月_____年_____)

3. Number of family members traveling with you(与你同行的家庭成员人数):

4. (a) U. S. Street Address (hotel name/destination):[在美居住地址(旅馆名称/目的地)]:

b. City (城市)_____ c. State (州)_____

5. Passport issue by (country):(发照国家)

6. Passport number:(护照号码)

7. Country of Residence:(居住国家)

8. Countries visited on this trip prior to U. S. arrival:(此次旅游期间来美国之前去过的国家)

9. Airline/Flight No. or Vessel Name:(航空公司/班机号码或船名)

10. The purpose of my trip is or was business ○YES ○NO
    (此次旅程的目的主要是商务 ○ 是 ○ 否)

11. I am (We are) bringing:[我(我们)携带]:

a. fruits, plants, food, or insects? (水果,植物,食物或昆虫?)

b. meats, animals, or animal/wildlife products? (肉类、动物或动物/野生动物制品?)

c. disease agents, cell cultures, or snails? (带病原体、细胞培养或蜗牛?)

d. soil or have you visited a farm/ranch/pasture outside the United States? (土壤或你曾经去过美国境外的农场或牧场吗?)

12. I have (We have) been in close proximity of (such as touching or handling) livestock outside the United States?:○ YES ○ NO
    [我有(我们有)靠近(如触碰或接触)牲畜 ○ 是 ○ 否?]

13. I am (we are) carrying currency or monetary instruments over $10,000 U. S. or the foreign equivalent:○ YES ○NO
    (你携带现金或财物品,其价值超过一万美金或相当于一万美金的外币吗? ○ 是 ○ 否)

14. I have (We have) commercial merchandise:(article for sale, samples used for soliciting orders, or goods that are not considered personal effects):○ YES ○NO
    [我(我们)有携带商品:(卖品、商业样品或任何不属于个人使用的物品) ○ 是 ○ 否]

15. Residents — the total value of all goods, including commercial merchandise I/We have purchased or acquired abroad, (including gifts for someone else, but not items mailed to the U. S.) and am/are bringing to the U. S. is:美国居民——我们带入美国所有物品(包含商品及礼品,但不包含邮寄入美国的物品)的总价值为:

16. Visitors — the total value of all articles that will remain in the U. S., including

commercial merchandise is：观光客——将留在美国境内的物品价值为（包含商品）：

17. Read the instruction on the back of this form. Space is provided to list all the items you must declare.（请阅本表读背面的说明，请将须申报的物品在空格内列出）

I HAVE READ THE IMPORTANT INFORMATION ON THE REVERSE SIDE OF THIS FORM AND HAVE MADE A TRUTHFUL DECLARATION.（我已阅读过背面的说明，且已如实申报）

Signature/Date（day/month/year）（签名及日期（日／月／年））

海关申报表背面

Important Information
重要信息

1. U. S Residents — declare all articles that you have acquired abroad and are bringing into the United States
   美国居民——申报所有在外国获得并要带入美国的物品
2. Visitors (Non-Residents) — declare the value of all articles that will remain in the United Sates.
   游客（非美国居民）——申报留在美国所有物品的价值
3. Declare all articles on this declaration form and show the value in U. S. dollars. For gifts, please indicate the retail value.
   在本表格上申报所有物品，以美元价值填写。收到的礼物以其零售价格填写。
4. Duty — CBP officers will determine duty. U. S. residents are normally entitled to a duty-free exemption of ＄800 on items accompanying them. Visitors（non-residents）are normally entitled to an exemption of ＄100. Duty will be assessed at the current rate on the first ＄1,000 above the exemption.
   税金——税金由海关官员决定。美国居民通常允许随身携带价值 800 美元的免税物品。游客（非美国居民）通常允许携带价值 100 美元的免税物品。超过免税价值的第一个 1,000 美元将以目前的税率计算税金。
5. Controlled substances, obscene articles, and toxic substances are generally prohibited entry. Agriculture products are restricted entry.
   管制物品、淫秽物品以及有毒物品一般情况禁止携带入境。农业产品严禁带入。
6. The transportation of currency or monetary instruments, regardless of the amount, is legal. However, if you bring in to or take out of the United States more than ＄10,000（U. S. or foreign equivalent, or a combination of both）, you are required by law to file a report on FinCEN 105（formerly Customs Form 4790）with U. S. Customs and Border Protection. Monetary instruments include coin, currency, traveler's checks and bearer instruments such as personal or cashier's checks and stocks and bonds. If you have someone else carry the currency or monetary instrument for you, you must also file report on FinCEN 105. Failure to file the required report or failure to report the total amount that you are carrying may lead to the seizure of all the currency or monetary instruments, and may subject you to civil

penalties and/or criminal prosecutions. SIGN ON THE OPPOSITE SIDE OF THIS FORM AFTER YOU HAVE READ THE IMPORTANT INFORMATION ABOVE AND MADE A TRUTHFUL DECLARATION.

无论携带多少货币或币值票据都是合法的。但是,如果您携带进入美国或从美国带出超过10,000元(美金或等值外币,或两者的组合),根据法律规定,游客需要向美国海关服务处填写"海关表格4790"(Customs Form 4790)申报。币值票据包括硬币、货币、旅行支票和持票人形式的流通票据,例如个人或银行本票、证券或债券。如果是他人替您携带货币或等值票据,您也一样必需用"海关表格4790"申报。没有填写必需的申报表或没有申报携带物品的总价值可能会导致所有的货币或币值票据被扣留,而且可能会受到民事处罚／刑事起诉。阅读过以上的重要资讯并做出诚实的申报后,请在本表格反面签名。

Description of Articles 物品描述 (list my continue on another CBP Form 6059B) 若空格不够,可在另一张相同表格上填写	Value 价值	CBP USE Only 只供CBP使用
Total 总价值		

第四节　入住与退房

出国旅行还有一个非常重要的内容就是旅馆入住。随着社会科技的发展,信息化的程度越来越高,大大方便了出国前的旅馆预订。一般来说预订旅馆首先可以到对方的网站上去查询各种信息,而且许多大型的连锁酒店,例如 Marriott(万豪)、Hilton(希尔顿)、Sheraton(喜来登)等等,已经入驻中国,其网站也有中文版本,所以这里不再赘述。更为常见的就是电话预约,即使是没有事先预定好房间,下了飞机后也可以在机场或公交车站使用免费预订电话。

一、电话预约

译例1

R (Reservationist): Las Vegas MGM Grand Hotel. May I help you?

G (Guest): Yes. I am calling from Beijing China. I'd like to book a single room with bath from the afternoon of July 1 to the morning of July 8.

R: From July 1 to 8. Just a moment, ma'am…Yes, we have a vacancy for that period.

G: What is the rate, please?

R: The current rate is $100 per night.

G: What services come with that?

R: For $100 you will have a color television, a telephone, a complimentary buffet breakfast and a major international newspaper delivered to your room every morning.

G: That sounds interesting. I will take it.

R: Very good. Could you tell me your name, ma'am, please?

G: Wang Xinhua. Wang is my surname and Xinhua is my given name.

R: Could you spell your name, please?

G: Wang—W-A-N-G, Xinhua—X-I-N-H-U-A.

R: That's OK, Ms. Wang... A single room with bath from the first of July to the eighth?

G: That's right. By the way, I would like a quiet room away from the street if possible.

R: A quiet room away from the street is preferred. How do you like to pay for it? This hotel prefers Visa and MasterCard.

G: I see. When can I receive your confirmation?

R: Not until you have paid 10 percent margin. You can get some detailed information about us online.

G: I'll log in to the Internet to know about you. I know your address.

R: Thank you. Bye.

译文

预订员：这里是拉斯维加斯MGM大酒店。有什么可以效劳吗？

客人：是的，我是从中国北京打来的电话，我想预订一个带浴室的单人间，时间是7月1号下午到8号上午。

预订员：7月1号到8号。请稍等，女士……是的，我们有空房。

客人：请问费用是多少？

预订员：100美元一晚。

客人：有些什么服务呢？

预订员：100美元一晚的房间包括彩电、电话、免费自助早餐，另外每天早上有一份国际新闻报纸送到房间。

客人：听起来不错，我想预订一个房间。

预订员：好的，请问您贵姓？

客人：王新华。王是姓，新华是名。

预订员：请问您的姓名是如何拼写的？

客人：王—W-A-N-G，新华—X-I-N-H-U-A。

预订员：好的，王女士。一个单人间，7月1号到8号。

客人：对的。顺便问一下，如果可能的话，我想要一间安静点的，不要临街的房间。

预订员：好的。您准备采用什么方式付款呢？本店希望客人使用Visa卡或万事达卡付款。

客人：明白了，我什么时候可以得到你们的确认？

预订员：您只要支付10%的预订金，我们就予以确定。您可以在网上找到我们的更多信息。
客人： 我会的，我知道你们的网址。
预订员：谢谢，再见。

二、登记入住

译例 2

R（Receptionist）：Welcome to Las Vegas MGM Grand Hotel. Can I help you?

G（Guest）：I called a few days ago to make a reservation.

R：Yes ma'am. Can I have your name, please?

G：Wang Xinhua. Wang is my last name.

R：Just a moment, ma'am... I will check. Here it is. Ms. Wang. Yes, we have a reservation for you. A single room with bath from July 1 to 8, right?

G：That's correct.

R：Would you please fill out the registration card with your name, address, passport number, and be sure to sign it.

G：Is it all right?

R：Fine. And could I see your passport, please? Thank you.

G：How much do you charge for a single room?

R：$100 per night. How will you pay, cash or charge?

G：Charge, please.

R：May I see your credit card, please? You can sign the voucher when you check out.

G：What is the check-out time, please?

R：It's 12 o'clock. Here's your key. Your room is 207. The bellboy will take your baggage and show you to your room.

G：Thank you. By the way, can I have dinner this evening?

R：Yes, we're serving dinner in the dining hall, which is on the second floor.

G：What time is breakfast?

R：Breakfast starts at 7:30, and it serves until 9:00.

G：And do you have morning call service?

R：Sure, what time would you like it?

G：Seven o'clock, please.

R：Very good ma'am.

G：Thank you.

译文

接待员：欢迎来到拉斯维加斯MGM大酒店，有什么可以效劳吗？
客人： 我几天前预定了房间。
接待员：好的，女士，请问您贵姓？
客人： 我姓王，叫王新华。

接待员：请稍等,女士。我查一下,找到了。王女士,是的,的确有您的预定,单人间,7月1号到8号。
客人：对的。
接待员：请您填这张登记卡,写上您的姓名、地址、护照号码,而且请务必要签名。
客人：这样可以吗?
接待员：好的,能让我看一下您的护照吗?谢谢。
客人：单人间多少钱?
接待员：每晚100美元,你想怎么付款,现金还是刷卡?
客人：刷卡。
接待员：请让我看一下您的信用卡,好吗?你退房的时候可以签这张收据。
客人：请问退房时间是几点?
接待员：12点。这是您的钥匙,您的房间是207。服务生会帮您搬运行李,并带您到房间去。
客人：谢谢,顺便问一下,晚上我能吃晚餐吗?
接待员：可以,在二楼餐厅,我们提供晚餐。
客人：早餐时间呢?
接待员：早餐是早上7点半开始,一直到九点钟。
客人：你们有早上叫醒服务吗?
接待员：有的,您需要几点叫醒?
客人：7点。
接待员：好的,女士。
客人：谢谢。

三、退房离开

译例3▶

R (Receptionist)：Good morning, ma'am. What can I do for you?

C (Guest)：Yes. I'd like to check out now.

R：May I know your room number, please?

G：Wang Xinhua, Room 207.

R：I hope you enjoyed your stay, ma'am.

G：Yes. Your service is fantastic, but the carpet has a funny smell. I think that the guest before me spilled some alcohol on it.

R：My apology, ma'am. I'll make sure it will not happen again.

G：That will be fine.

R：Excuse me, Ms. Wang. Did you have any extras?

G：What do you mean by extras?

R：I mean to ask you if you have ordered room service, laundry service, and such kind of things.

G：Oh, I made a long distance call to Beijing last night.

R: All right. Thank you.

G: Can I pay my bill with a traveler's check?

R: I'm sorry, ma'am. We only accept cash or a credit card. You can exchange your traveler's check at the exchange counter.

G: That being the case, I'll pay with my MasterCard.

R: That's fine. Here is the bill. You checked in on the first of July. Eight nights at 100 each. And here is the charge of the long distance call. That totals $820. If you find everything in order, please sign at the bottom.

G: Excuse me, but I don't think the room rate is right. You promised a 15% discount, so it should be $85 per night.

R: I'll look into it... Yes, a 15% discount. I'm terribly sorry for that.

G: That's all right.

R: Let me make a correction of it. Ms. Wang, please go over it to see if there's anything wrong.

G: Thank you. Here is my credit card.

R: Thank you. This copy is for you, ma'am. I hope to serve you again.

译文

接待员：您好，女士，有什么可以效劳吗？

客人：　是的，我想退房。

接待员：请问您的房间号是多少？

客人：　207，王新华。

接待员：女士，希望您在我们酒店的这段时间过得愉快。

客人：　是的，你们的服务很不错，只是地毯有点怪味道。我想可能是以往的客人把酒泼在上面了。

接待员：对不起，女士。我保证以后不会再有这种事情了。

客人：　这样就好。

接待员：王女士，请问您还有其他的费用吗？

客人：　您所说的"其他的费用"指的是什么？

接待员：我是想问一下，您有没有接受过客房用餐服务、洗衣服务或其他的类似服务？

客人：　哦，我昨天晚上打了一个长途电话到北京。

接待员：好的，谢谢。

客人：　请问我可以用旅行支票付账吗？

接待员：对不起，女士。我们只接受现金或信用卡。您可以在货币兑换处把旅行支票兑换好。

客人：　既然这样，我就用万事达卡付账。

接待员：好的，这是账单。您是7月1号入住的，共8个晚上，每晚100美元。这是长途电话的费用。一共是820美元。如果没有什么错误的话，就在这下面签字。

客人：　对不起，我觉得房费不对。你们承诺过要打八五折，所以每晚应该是85美元。

接待员：我查一下……是的，应该是八五折。非常抱歉。
客人：　没关系。
接待员：我把账单改一下。王女士，请看看有没有什么错误？
客人：　谢谢，这是我的信用卡。
接待员：这份您留着。希望能再次为您服务。

四、实用表达

1. I would like/prefer a double room with bath. 请给我一间带浴室的双人间。
2. I want a twin room with two separate beds. 我想要一间有两张床的双床房。
3. I would like a room with a front/rear view. 请给我一间临街/背街的房间。
4. I want a room with a nice view. 我想要一间可以眺望风景的房间。
5. How much do you charge for one night? 一晚上要多少钱？
6. What is the rate for a room per day? 每天一间房要多少钱？
7. Does the room rate include breakfast/lunch/dinner/three meals? 房费包括早餐/中餐/晚餐/三餐吗？
8. Do you have any cheaper room? 有更便宜的房间吗？
9. Are there any supplementary charges? 有没有其他附加的费用？
10. I'd like to check out now. /I'd like to pay my bill now. /I'm here to settle my account. 现在我想结账。
11. Can I close my account by traveler's check? 我可以用旅行支票付账吗？
12. Your service is terrific. I'm quite satisfied. 你们的服务很好，我非常满意。

五、重要词汇

(一) 酒店部门

hall, lobby 大厅
lounge 休息室、会客厅
general reception/front desk/registration 登记部
reception desk 前台、接待处
cashier 收银
exchange counter 货币兑换处
manager's office 经理办公室
business center 商务中心
cloakroom 行李存放处
room service 客房服务
laundry service 洗衣服务
banquet hall 宴会厅
dining-hall, restaurant 餐厅
cafe 咖啡厅
snack bar 小吃店
bar 酒吧
billiard room 弹子房
bowling room 保龄球房
gym 健身房
kitchen 厨房
lavatory, toilet, wash room, restroom 卫生间
sauna 桑拿
maintenance department 维修部
beauty salon 美容美发

(二) 房间种类

single room/single-bed room 单人房
double room 双人房

twin room 双床房　　　　　　　　twin room with bath 带浴室的双人房
triple room 三人房　　　　　　　 suite 套房
standard suite 标准套房　　　　 luxury suite 豪华套房

（三）房间设施用品

elevator/lift 电梯　　　　　　　　escalator 自动楼梯
carpet 地毯　　　　　　　　　　 soap 肥皂
soap dish 皂碟　　　　　　　　　hand towel 手巾
face towel 面巾　　　　　　　　　bath towel 浴巾
bathrobe 浴袍　　　　　　　　　 bathtub 浴缸
hair dryer 电吹风　　　　　　　　bedside lamp 床头灯
lampshade 灯罩　　　　　　　　 bookshelf 书架
cabinet 橱柜　　　　　　　　　　venetian blind 百叶窗帘
curtain 窗帘　　　　　　　　　　 wastebasket 字纸篓
night table 床头柜　　　　　　　 folding screen 屏风
hanger 挂钩　　　　　　　　　　 cloth brush 衣刷
wall plate 壁上挂盘　　　　　　　drawer 抽屉
spring 弹簧　　　　　　　　　　 cushion 靠垫，垫子
switch 开关　　　　　　　　　　 plug 插头
socket 插座，插口　　　　　　　 remote control 遥控器
floor 楼层，地板　　　　　　　　 carpentry（总称）木家具
tea trolley 活动茶几　　　　　　 tea table 茶几
astray 烟灰缸　　　　　　　　　 bedclothes 床上用品
quilt 被子　　　　　　　　　　　 mattress 床垫
pillow 枕头　　　　　　　　　　　bed sheet 床单
thermos 热水瓶　　　　　　　　 adapter 变压器

第五节　商务会议与翻译

　　出国除了旅游、留学，还有很大一部分人去其他国家参加各种各样的研讨会、商品发布会，希望在大大小小的商务会议中广结人脉，推介产品，寻找商机。随着全球化步伐的日益加快，英语早已成为了一门国际性语言，五花八门的国际性会议几乎无一例外地选择了英语作为工作语言（working language）。出国人员在这些会议上若听不懂或者说不出，势必达不到参加会议的目的，或者影响建立商务联系。

　　虽然各种国际性会议不尽相同，但是实际上一些基本的程序、过场都大同小异，不外乎就是寒暄、开幕、提问、闭会、讨论、发言、回答等等。了解和掌握一些基本的"客套话"，学会和其他参会人员"套磁"，必定会让参加会议事半功倍，收到意想不到的效果。

一、打招呼

各种会议的流程一般都是以问候开始。对于商务会议的场合,语言的使用要求比日常用语要更加正式和礼貌。比方说,平时见面时朋友或者熟人之间可以说"hi"、"hello"等等,但是在会场上最好使用"Good morning","Good afternoon"。

现在越来越多的女性在社会生活的各个方面都扮演着重要的角色,国际性商务会议也时常闪现着她们亮丽的倩影。而我们平时见到的很多措辞都是以男性为对象的,例如:chairman,businessman,因此在这些场合最好是隐去这些词汇的性别差异,特别是有时候我们不能根据姓名确定对方性别的时候,可以使用 chair(person),business person 等不带性别的称呼代替。例如:friends(亲爱的朋友们),colleagues(亲爱的同事们),fellow members(各位会员),fellow delegates(各位代表),distinguished guests(各位来宾)。

二、开场

如果是担任会议的主持人或者是重要嘉宾,那么将在商务会议开幕式上致简短的开幕词,需要对远道而来的参会人员表示感谢,对其他与会嘉宾的支持表示感谢。

1. Ladies and Gentlemen, please allow me to give a word of welcome to our guest.
   女士们、先生们,请允许我向各位来宾致辞表示欢迎。
2. Ladies and Gentlemen, please join me in welcoming our distinguished guests.
   女士们、先生们,让我们一起来欢迎今天的贵宾。
3. I would like to take this opportunity to express two or three hopes that I have for this conference.
   我想借此机会表达我对此次会议的两三点希望。
4. Ladies and Gentlemen, please forgive me if I am not a greatly experienced speaker...
   女士们、先生们,如果我说得不好请多包涵。
5. As President of the Committee, I would like to extend my warmest welcome to the guests coming from a far.
   作为委员会主席,我向远道而来的各位嘉宾表示最热烈的欢迎。
6. On behalf of Mr. ××, who is unfortunately unable to attend today's meeting. I'd like to welcome you.
   很抱歉××先生无法参加今天的会议,我谨代表他欢迎各位。
7. It is a great pleasure/honor/privilege to be here today.
   很高兴(荣幸)今天能来到这里。
8. It is my great pleasure to have this opportunity of offering you a few words of greeting.
   能有机会向各位致辞我深感荣幸。
9. I am more than happy that all of us are gathered in this hall today to exchange

views.

我非常高兴今天大家能聚集在一起交换意见。

10. Mr. Chair, ladies and gentlemen, it is indeed a great honor for me to be given this opportunity to address you on the occasion of this special meeting.

主席先生、女士们、先生们,此次会议能有机会发言,我深感荣幸。

三、介绍

在商务会议的场合,介绍一些重要嘉宾是非常重要的一个环节,对于被介绍人的姓名、性别、头衔事先要调查清楚,不要出错。特别是一些国家的姓名习惯,事先需要了解清楚,防止姓名前后颠倒。我们的近邻日本人,在用汉字写姓名的时候和中国一样"姓在前名在后",但是当日本人用英语拼写姓名时却是按照西方的习惯"名在前姓在后",例如日本前首相菅直人,报道中一般都是写作 Japanese Prime Minister Naoto Kan。而对于中国领导人仍然遵循我们的习惯,例如胡锦涛主席,中外媒体仍然写作 President Hu Jintao。

时刻记住自己的身份是介绍人,而不是演讲者,所以介绍必须要简单明了,不要占用太多的时间。介绍演讲者的同时要尽量突出会议的主题,让听众知道请演讲者上台的必要性和目的。如果可能的话,可以特意将演讲者的姓名留到最后再介绍,以制造一种悬念,最后达到高潮,最大程度的引起听众的兴趣和注意力。

译例 1 We are delighted to have a very special person with us today to give us a presentation. He is a professional engineer, a graduate of the University of Michigan. He received his M.B.A. from Harvard in 2000. Upon graduation, he joined the XX Company, and after years he was named President for his prominent vision and entrepreneurship. As we all know, he has led his company to a position of world leadership and is widely respected for his technical innovations. Ladies and gentlemen, please help me welcome President Mr. John Smith.

译文 今天我们很荣幸地请到了一位特别的嘉宾来给我们做一场演讲。他是一名专业工程师,毕业于密歇根大学,2000年他获得了哈佛大学的MBA学位。之后,他加入了××公司,几年之后他远见卓识和出色的领导才能,为他赢得了公司总裁的职位。众所周知,在他的领导下公司成为了业界的领军人物,并且由于其技术革新而备受尊敬。女士们、先生们,让我们一起热烈地欢迎××公司总裁约翰·史密斯先生。

四、重要词汇

(一) 会议名称

assembly 大会	convention 会议
plenary session 全体大会	party 晚会
at-home party 家庭宴会	tea party 茶会
dinner party 晚餐会	garden party 游园会
dancing ball 舞会	sketching party 观剧会

birthday party 生日宴会　　　　　Christmas party 圣诞晚会
luncheon party 午餐会　　　　　　fancy ball 化装舞会
commemorative party 纪念宴会　　 wedding dinner 结婚宴会
banquet 酒宴　　　　　　　　　　pajama party 睡衣派对
buffet party 自助宴会　　　　　　cocktail party 鸡尾酒会
welcome meeting 欢迎会　　　　　 farewell party 惜别会
pink tea 午后茶会　　　　　　　　new year's banquet 新年会
year-end dinner party 忘年餐会　　box supper 慈善餐会

(二) 会议术语

rostrum 讲台　　　　　　　　　　public gallery 旁听席
notice board 布告牌　　　　　　　to convene, to convoke 召开
standing orders，by-laws 议事程序　rules of procedure 议事规则
constitution/statutes 章程　　　　 procedure 程序
agenda 议程　　　　　　　　　　 timetable/schedule 日程表,时刻表
item on the agenda 议程项目　　　 other business 其他事项
to place on the agenda 列入议程　　working paper 工作文件
opening 开幕　　　　　　　　　　appointment 任命

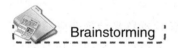

翻译趣闻与花絮

在中国大陆的《参考消息》这份报纸上，我们经常可以看到有一个英文新词的栏目介绍，这些新词很有用，其中也包括中式的英文词汇。如今国人开始故意错用甚至自创一些英语单词，中式英语(Chinglish)的内涵也在不断地被拓展，人们对中式英语的态度也由开始的拒绝、嘲笑转变为欣赏、把玩。语言本身是活的，是时代变迁反映，一些中式英语被接受的背后，显示的是中外交往的不断密切和中国国际影响力的增强。在"Long time no see"、"Good good study, day day up"之后，越来越多的中式英语将会成为外国人的日常用语。当然，"People mountain people see(人山人海)"这种完全是望文生义的翻译是要不得的。

中国中央电视台的外籍播音员现在在播报新闻时，也多爱用"Nihao!（你好）、"Zaijian（再见）"来开头和结束，而没有用英文的 How are you 或 Goodbye 等问候语。中式英语在一些论坛上成为了热点。近年来，中国人自创出来不少新词汇，比如："taikunaut"实则是 astronaut(宇航员)的变体，"Smilence"(Smile + Silence：笑而不语)、"Emotionormal"(Emotion + Normal：情绪稳定)，还有更富时代特色的"Chinsumer"(Chinese + Consumer：指到国外旅行疯狂购物的中国人)、"Vegeteal"(Vegetable + Steal：指网上的"摘菜")。还有更多的带有中国特色的热门词也得以翻译出来，比如"forced relocation(暴力拆迁)"，"rich second generation（富二代）"等等。人们在网络上传播和围观这些中式英语单词的同时，新

词在不断被创造出来。

Practice in Class
课堂翻译与实践

1. Translate the following into English.
   1) 我想要一间有两张床的双床房。
   2) 请给我一间临街/背街的房间。
   3) 我想要一间可以眺望风景的房间。
   4) 每天一间房要多少钱？
   5) 提醒各位乘客，本次航班为无烟航班，擅自触摸、关闭或损坏卫生间内的烟雾探测器将面临法律后果。
   6) 请把护照和申报表给我。
   7) 您所带的外币，支票或旅游信用证，金额超过5,000加元了吗？

2. Translate the following introduction into English.

尊敬的各位来宾，女士们，先生们：

下午好。六月的甬城，花团锦簇，阳光明媚。乘着第九届浙江投资贸易洽谈会隆重开幕的东风，我们在这里举行宁波市鄞州区现代服务业项目推介会，向各位传递鄞州区快节奏的发展脉搏，共同把握和分享鄞州现代服务业发展的良好商机。

背景知识

英式英语和美式英语有哪些区别？

英语作为一种世界性语言已经在大部分地方广泛的使用，同时它也是一些国家的官方语言，这些国家在英语的推广方面起到了推波助澜的作用，尤其是英国和美国，分别是昔日的"日不落帝国(the empire on which the sun never sets)和今日的世界唯一的超级大国(Super power)，更是英语能够大行其道的主要推手。分处大西洋两岸的英美两国，尽管都是讲英语，但是英式英语(British English)和美式英语(American English)还是有各自鲜明的特色。一般而言，美语的单词比英语单词要简单，且美语有越来越简化的趋向。试看以下一些英美词汇的异同之处。

拼写：公尺(metre/meter)、剧院(theatre/theater)、中心(centre/center)、颜色(colour/color)、喜爱的(favourite/favorite)、轮胎(tire/tyre)组织(organise/organize)、练习(practise/practice)、意识到(realise/realize)百科全书(encyclopaedia/encyclopedia)、考古学(archaeology/archeology)

用词：公寓(flat/apartment)、洗手间(bathroom/restroom toilet)、罐头(tin/can)、糖果(sweets/candy)、玉米(maize/corn)、尿布(nappy/diaper)、电梯(lift/elevator)、橡皮擦(rubber/eraser)、一楼(ground floor/first floor)、手电筒(torch/flashlight)、薯条(chips/French fries)、垃圾桶(dustbin/garbage can)、汽油(petrol/gas)、果酱(jam/jelly)、汽车的引擎盖(bonnet/hood)、生气(angry/mad)、餐巾(serviette/napkin)、手提包(handbag/purse)、足球(football/soccer)、来回票(return ticket/roundtrip)、人行道(pavement/sidewalk)、炉子(cooker/stove)、毛衣(jumper/sweater)、卡车(lorry/truck)、汽车后面的行李箱(boot/trunk)。

练 习 答 案

第一章

1. 参考译文
1) 淡季
2) (与夏季时间相对的)标准时间
3) (拳击中)先采取守势而后猛攻的选手
4) 他是一个动作很慢的学生。
5) 他理解力较差。
6) 他太迟钝,所有的事我都得解释好几遍。
7) 不要轻易许诺,一旦许诺要尽快实践。
8) 上个月生意不太景气。
9) 跟女人说话,他还有点笨嘴拙舌。
10) 沉着稳健者获胜。
11) 这本书很乏味(不精彩)。
12) 你最好不要急于下结论。
13) chronic disease
14) adjustments
15) regular freight

2. 参考译文

耐克需提高的是工人的最低薪金,而不是最低年龄

[美] 鲍勃·赫伯特 著

让我们别急着为耐克公司高唱赞歌。

拥有数十亿资产的耐克公司董事长兼总经理菲利浦·奈特,最近设法赢得了舆论的大量好评,因为他宣布允许独立的机构组织去视察生产耐克产品的国外工厂,宣称他将强化那些工厂的卫生和安全标准,还说他将采取严厉措施禁止雇用童工。奈特的这番主动行为有可取的地方,但其中也有不少烟幕。

奈特在童工问题上的主动是一道烟幕。童工问题对于耐克公司并不是什么大问题,这点奈特比任何人都更清楚。但公关就是公关。于是他宣布不允许那些工厂雇用童工突然间成了头条新闻。

奈特就像一个玩飞牌的高手。人们不得不随时死死盯住他。耐克公司最大的问题是其海外工人只能领到难以维持最低生活水平的工资。所以该公司需要提高的不是工人的最低年龄,而是工人的最低薪金,在耐克公司设在中国和越南的工厂中,大多数工人每天的薪金

还不到2美元,远远低于这些国家的最低生活水准。在印度尼西亚,工人每天的薪金还不到1美元。难怪奈特拥有数十亿资产。

有些人权组织一再指出,耐克公司的海外工人每天至少需要挣相当于3美元的薪金才能维持其温饱。总部设在旧金山的"全球交流联盟"一直在监视耐克公司的行为,该联盟主管梅狄亚·本杰明说:"对中国、越南和印度尼西亚来说,每天3美元仍是一个小数目,不过那会使工人的生活有显著改善。"但耐克公司对此一直充耳不闻。

耐克公司这个月傻眼了,因为他们在市场上和舆论法庭上都一直在遭受抨击。正如奈特所说的那样:"耐克产品简直已成了奴隶工资、强迫加班和任意虐待工人的同义词。"

第二章

1. 参考译文

1) 白领(办公室中从事脑力劳动的员工)

2) 蓝领(在室外从事体力劳动的员工)

3) 粉领(公司或银行中的女秘书或女店员等,待遇一般比白领阶层低一个层次)

4) 金领(专业技术非常娴熟的员工,尤其指有某种专有技术、能为公司带来巨额利润的员工,即受教育程度高又年轻而且富有开拓精神的专业人员)

5) 灰领(从事维修保养的技术工人)

6) 钢领(由钢铁等金属制造而成的机器人)

7) 新领(二战后出生于蓝领阶层而后成为白领工人的美中产人士)

8) 开领(通过现代化电讯手段与公司随时保持联系并在家办公的人,也就是 telecommuters)

2. 参考译文

有些比喻在日常使用中变得约定俗成,失去了原有的比喻特性。当一个比喻专门用来指某物时,由于听者已经不再把它的原意和新的含义联系起来,它没有了文体效果,也就成了死喻。例如:一贫如洗、被解雇、披着羊皮的狼。死喻不再鲜活,就像在花园举行婚礼时下雨一样不是时候,就像馅饼一样难以忘记,愚笨得跟纽扣一样,记忆力差得跟大象一样,完全是乱七八糟。事实上,每一种语言都有这种现象存在。

在写金融报道时,记者们常常通过缩略、扩写和拆分结构等方法让死喻复活。例如:哪里有彩票哪里就有中奖者。(cf. Where there is a will there is a way. 有志者事竟成。)随着用户第一主义的上升,美国社会出现了越来越多的吹嘘企业的人。(whistle-blower 旧指美国大公司等的内部起来揭发腐败内幕的雇员)。有钱能使市长动。(cf. Money makes the mare go. 有钱能使鬼推磨。)这个放高利贷者像狐狸一样狡猾,但看上去像披着羊皮的狼那样温顺。("as cunning as a fox" and "a wolf in sheep's clothing"是死喻)虽然这是一件需要勇气的事,但他依然镇定自若。("as cool as a cucumber"是死喻)

第三章

1. 参考译文

1) 封面   2) 信封、封套   3) 头寸

2. 参考译文

1）开放政策　　　　　　　　　2）冷战

3）浑水摸鱼　　　　　　　　　4）趁热打铁

5）乱七八糟　　　　　　　　　6）一个抑制型消费者

7）一个过度型消费者　　　　　8）痛点

9）大众时尚流行趋势　　　　　10）盛装

11) She was born with a silver spoon in her mouth.

12) He's talking through his hat again.

13) You should keep your nose out of my business.

14) Good to begin well, better to end well.

15) The girl is a dead shot.

16）史密斯仍然记得，参加开幕式的人中有波士顿的一位社会名流，这使他感到十分得意。

17）他的上一次投资失败之后，声誉一落千丈。

18）他乘马车到了西部，卷入了那里的淘金热和淘银热。

19）我很高兴来到了美丽的枫叶之国。首先，我要对贵公司周到的安排表示衷心的感谢。

20）由于许多原因，纺织品整理剂在今天的市场上已经到了无人问津的地步。

3. 参考译文

社交面试时常在初试之前进行，或者代替初试。一般情况下，几个人被邀请参加一个鸡尾酒招待宴会。这种活动可以安排在与双方无关的地方（闹市区的俱乐部）或者在公司的工作地点。由于这种招待会通常是非结构性的，可能感觉不像一次面试。你可能会被鼓励谈谈你自己，随便向公司的代表提任何问题。要小心！你可能不知道几个人当中谁是你要留下印象的重要的人。这些重要的人可能默不作声地正在听你的问题和回答。最好的法则是少喝一点酒，四处转转，保持镇静，提问深思熟虑，回应时要自信而又不显骄傲自大。

第四章

1. 参考译文

1）装运须知

2）首次上市（initial public offering）

3）市场资本总额

4）风险管理

5）国民生产总值（gross national product 商品和劳务币值总和，包括海外收入支出）

6）人均国内生产总值

7）扩大内需

8）长期国债

9）抛售

10）投资回报率

2. 参考译文

1) income tax

2) statement of account/bank statement

3) dividend policy

4) fixed assets

5) return premium

6) contentious clause

7) draft with recourse

8) be not in accordance with the terms and conditions of a credit

9) port of entry

10) gap between import and export

3. 参考译文

1) Both parties shall abide by the contractual stipulations.

2) All the activities of both parties shall comply with the contractual stipulations.

3) The last batch per "Alexander" will arrive in Shanghai on December 20.

4) The first batch ex "Alexander" will arrive in Ningbo on January 30.

5) The vendor shall deliver the goods to the buyer by July 1. (before July 2)

4. 参考译文

1) 亚太经合组织是本地区最有影响力的经济论坛,也是世界上最具活力的经济合作组织之一。它的运行方式具有自己的基本特点,这就是:充分尊重各成员的多样性;承认成员之间发展水平和发展阶段上的差异及其带来的不同利益与需求;强调灵活性、渐进性和开放性;遵循平等互利、协商一致、求同存异、自主自愿的原则;实行单边行动与集体行动相结合。

2) 中国经济发展出现了高增长、低通胀的新局面。国民经济继续快速增长,市场物价基本稳定。据统计,去年我国国内生产总值完成74,772亿元(9008.7亿美元),比去年增长8.8%,其中,第一产业增长3.5%,第二产业增长10.8%,第三产业增长8.2%。物价涨幅持续走低,全年商品零售价格总水平比去年上涨0.8%,居民销售价格上涨2.8%,涨幅分别比上年回落5.3和5.5个百分点。经济增长方式转变取得了进展,经济效益有所提高,每万元国内生产总值能源消耗比上年降低了5.2%。

第五章

1. 参考译文

1) 如你所知,我方正处于一个高度竞争的市场,为此我们已不得以将价格降到最低来尽可能地满足贵方要求。

2) 对于金额超过1万美金的订单,我们可给3%的特殊折扣。订单超过5万美金,折扣增加到5%,10万美金就是7%。

3) 如果合营公司的经营规模比双方原来预期的规模有大幅度缩减,或合营公司持续遭受严重亏损,导致双方商定的业务计划中所未预期的盈余保留负数,或在任何相关法律允许或双方一致同意的情况下,双方可以协议按原有出资比例减资。

4) 仪器应用牢固的新木箱包装,适合海运,并防湿、防潮、防震、防锈、耐粗暴搬运。

5) 当事人另有约定的,按照其约定执行。

6) 大多数制造商都非常渴望得到外国的订单,但由于资金短缺,无法购买生产所需的国外原材料,所以只能望单兴叹。

2. 参考译文

亚太经合组织的唯一使命,就是促进经济合作,不宜把讨论的范畴扩展到社会、政治、安全等非经济领域。要坚持有所为有所不为的原则,专心致志推进经济合作。

贸易投资自由化对任何成员来说都是相对的、有条件的。需要充分考虑各成员之间的差异和实际情况,坚持自主自愿、互惠互利、协商一致的原则。确定部门优先自由化,也应坚持由各成员自由选择,自主决定,自愿参加,同时要承认两个时间表的差异,即考虑自身的利益,也考虑各方的利益,以利共同发展。要在平等互利、优势互补的基础上,提倡发达成员以其经济技术优势帮助发展中成员,而不应损害它们的利益。只有这样,才能既为发达成员、也为发展中成员创造更多的合作机会。

第六章

1. 参考译文

1)西米德兰区伯明翰市凯多北路73号,邮编:B75AP

2)纽约市布鲁克林区亚特兰大大道388号,邮编:NY 11217

3)加利福尼亚州洛杉矶市第一大街西段202号,邮编:CA 90012

4)Fl. 3,Huahong International Center Bldg.,No. 717,Zhongxing Rd.,Ningbo

5)No. 9 Beiyitiao Alley,Zhongguancun,Haidian Dist.,Beijing,China

6)Rm. 801,No. 11,Lane 333,Fangdian Rd.,Pudong New Area,Shanghai

2. 参考译文

Carry Auto Trade Co. Ltd.
Zhou Fugui　　Finance Dept. Manager
No. 111,TianMu Rd.,Hangzhou,China,310000
Tel.:0571-88888888　　Fax:0571-88888866
Email:zhoufugui@carry.com.cn

Star Trade Company
Liu Zhen　　Deputy General Manager
Rm. 702,Bldg. B,Star Mansion,No. 35,Zhongshan Rd.(E),
Ningbo,China 315000
Tel:0574-8888888　　Fax:0574-88888866
Mobile:13500000000　Email:liuzhen@168.com

Kraft 食品有限公司
丽莎·汤普森　　销售代表
伦敦城市路226-236号　Email:lisa@kraft.com.uk
邮编:EC IV 2TT　　公司网址:www.kraft.com.uk
电话:(044)020 8888 8888　传真:(044)020 8888 8888

> **前进墨水公司**
>
> **杰瑞·威廉姆斯**　　人力资源总监
>
> 美国威斯康星州密尔沃基市保罗大道西街 1001 号 52132
>
> Email：jerry@progressink.com
>
> 电话：(800) 233-6121　　　传真：(800) 233-6122
>
> www.progressink.com

第七章

1. 参考译文

1) Committed to innovation, quality and service.

2) We do everything in our power to put you first.

3) The secret to perfect skin.

4) We are what others pretend to be.

5) You'll wonder where the yellow went when you brush your teeth with Pepsodent.

6) No business too small, no problem too big.

7) No dream is too big.

8) Give your clients the full picture of Hong Kong.

9) There has always been in this nation a spirit that just plain nose what's necessary when faced with a challenge.

10) Midea products are beautiful, beautiful from top to toe, beautiful from inside out.

2. 参考译文

1) 光临风韵之境——万宝路世界。

2) 对我而言，过去平淡无奇；而未来，却是绚烂缤纷。

3) 每日一块玛氏巧克力，工作满意，舒适惬意。

4) 天长地久。

5) 尽兴而不增肥。

6) 您的选择，我们的荣幸。

7) 你所需要的无非是好的伴侣，好的咖啡和丰富的想象力。只有 Taster 才是唯一正确的选择。

8) 这是你计划的时刻、期望的时刻、争取的时刻、长久等待的成功时刻。欧米茄，记下此刻，和所有重要的时刻。

9) 世界有个大后院。我们的星球到处都有不为人知的地方。它们是地球演化的生动例证。目睹世界上七种完全不同的自然景观。来吧，在最壮观的地方畅游吧。

10) 每天你都会休息，但是你的梦想不会停歇，因为斗志从不停歇，抱负从不停歇，目标从不停歇，希望从不停歇，机会从不停歇，这个世界也从不停歇。所以我们不分国界、不分昼夜，全力实现每个美梦。所以 CITI 从不停歇！

第八章

1. 参考译文

1) 本报盘为实盘,以我方在 6 月 8 日前收到回复为准。

2) 十分遗憾地通知贵方,尽管我方非常渴望能够为发展双方贸易创造条件,但恕无法接受承兑交单方式。

3) 我方已按发票金额外加 10% 对贵方的 40 公吨羊毛投保平安险。

4) 有问题的吹风机给我们造成了很大不便。为此,很遗憾,我方不得不向贵方投诉。

5) 不过,我方可以给予别的优惠,即允许你方赊账 90 天,而非 30 天。

6) 现告知,我方报价有效期约为一周。因我方的黑丝绸销路很好,故希望贵公司尽早回复。

7) 本公司的集装箱防水和密封性好,能避免货物受潮或沾水导致损坏。

8) 本公司是悉尼最大的轻工产品进口商和批发商之一,已有 40 余年的业务背景,现对各类轻工产品尤感兴趣。

2. 参考译文

1) We have received your letter of August 3, 2009, and thank you very much for your suggestions of promoting our products.

2) We hope that this transaction will be a good start and will lay a solid foundation for business cooperation between us in the time to come.

3) We feel sorry for the discrepancies existing between the L/C stipulations and the terms and conditions of Sales Contract No. 56.

4) Please see to it that the cartons should be marked with "Fragile" and "Handle with Care".

5) For the sake of safety, we recommend you to cover insurance for the shipment against All Risks and War Risk.

6) Established in 1955, we are a state-owned enterprise specializing in the import and export of textiles with a registered capital of RMB50 million.

7) We shall be able to place substantial orders with you if your articles are of high quality and moderate price.

8) Under separate cover, we have sent you samples of various sizes, our catalogue and price list for your reference.

3. 参考译文

敬启者:

订单号 AM-228—1000 台车载 DVD 播放机

感谢贵方寄来第 AM-228 号订单,订购 1000 台车载 DVD 播放机。

非常遗憾,按照贵方要求的价格,我方无法接受该项订单。从我方 6 月 15 日去函中可以发现,我方所报价格已达最低限。从那时起,价格即已上涨。贵方的利润已不允许我们再打任何折扣。

如果贵方愿意接受 CIF 洛杉矶价每台 280 美元的价格,我们将乐于接受贵方订单。

谨上

4. 参考译文

Dear Mr. Brown,

At the beginning of this month while attending the Canton Fair, I had an interesting conversation with Mr. Martin Freeman from your company about looking for an agent for your leather products in China.

I was deeply impressed by the high quality, original design and reasonable prices of your genuine leather products. We are convinced that your products will enjoy a promising market in China. We are interested in acting as your agent in China.

With an experience of more than twenty years in importing and distributing leather products, we have a good knowledge of our market and good connections with leading retailers. We firmly believe that our future cooperation will be of considerable benefits to both of us.

Please find enclosed an introduction to our company for your information.

I am looking forward to your favorable reply.

Yours sincerely,

Ye Ming

第九章

1. 参考译文

1) 承包人必须遵守与该工程有关的一切适用法律、规章和条例。

2) 在卖方国内发生的、与订立和履行本合同有关的税费、关税和其他一切费用,均由卖方承担。

3) 本协议中的标题完全是出于使用方便的目的,不应用于对本协议的解释上。

4) 若上述事故发生后超过10个星期而合同尚未履行完毕,买方有权撤销合同。

5) 在到岸价基础上订立的合同,将由卖方按发票金额110%投保综合险、战争险、S.R.C.C.(即罢工、暴乱和民变)险。

6) 本合同签字之日一个月内,即不迟于12月30日,你方须将货物装船。

7) 代理商不得在约定区域内直接或间接购买、销售或经营与约定商品相同、相似或具有竞争性的其他商品。代理商亦不得作为其他公司或个人的代理或经销商。

8) 按照离岸价格处理,卖方应保证在本合同第8条规定的时限内,按买方通知的日期,装运货物至买方指定的船只。

2. 参考译文

1) The formation, interpretation and execution of this Agreement shall be subject to the laws of the People's Republic of China.

2) The Seller shall be liable for any damage to the goods due to improper packing.

3) This Contract shall be written in Chinese and English languages, with both languages equally authentic. In the event of any discrepancy between the two aforementioned

versions, the Chinese version shall prevail.

4) Payment shall be effected within 15 days after receipt of the shipping documents stipulated under Clause 24 of this Contract by T/T.

5) The rights and obligations of both parties to this Contract shall be effective immediately after the Contract is signed by both parties.

6) In this Contract, "The Goods" means all of the equipment, machinery, and/or other materials which the Supplier is required to supply to the Purchaser under the Contract.

7) Should the quality and/or weight (quantity) of the goods be found not in conformity with those stipulated in the contract, the Buyer shall lodge a claim against the Seller upon the strength of Inspection Certificate issued by the China Exit and Entry Inspection and Quarantine Bureau.

8) In accordance with the regulations of Beijing Municipal Bureau of Labor and Social Security and the given situations of the Joint Venture, the salary of Chinese workers and staff shall be decided by the board of directors.

3. 参考译文

网上价格错误——柯达案例

2002年初,柯达公司拒绝履行顾客订购该公司一款数码相机的订单,该款相机在公司的零售网站上以100英镑的价格出售。柯达认为他们对顾客订单的确认是一种自动回复,不能构成他们对100英镑要约的接受。

柯达声称该标价搞错了,正确价格应该是329英镑。这一事件牵涉到几百名消费者,他们威胁柯达,如果不兑现合同就要诉诸法律。有些消费者已向所在县的法院提请诉讼。该事件在经过1个月之久的纷争和媒体沸沸扬扬的报道之后,最终柯达公司屈于压力,称将执行这些订单。《金融时报》报道称,该失误已导致柯达损失数百万英镑。

随着越来越多通晓网络的消费者和企业网上购物,因网站上的价格错误引起的纠纷也越来越常见,已不再是什么新鲜事了。

4. 参考译文

1) This Agreement is entered into between the parties concerned on the basis of equality and mutual benefit to develop business on terms and conditions mutually agreed upon as follows:

Supplier(hereinafter called "Party A"):

Agent(hereinafter called "Party B"):

Party A hereby appoints Party B to act as his sales agent to sell the commodities mentioned below.

2) The quantities, prices and shipments of the commodities stated in this Agreement shall be confirmed in each transaction, the particulars of which are to be specified in the Sales Confirmation signed by the two parties hereto.

3) Payment

After confirmation of the order, Party B shall arrange to open a confirmed, irrevocable

L/C available by draft at sight in favor of Party A within the time stipulated in the relevant S/C. Party B shall also notify Party A immediately after the L/C is opened so that Party A can get prepared for delivery.

4) Arbitration

All disputes arising from the execution of this Agreement shall be settled through friendly consultations. In case no settlement can be reached, the case in dispute shall then be submitted to the Foreign Trade Arbitration Commission of the China Council for the Promotion of International Trade for arbitration in accordance with its provisional rules of procedure. The decision made by this Commission shall be regarded as final and binding upon both parties. Arbitration fees shall be borne by the losing party, unless otherwise awarded.

第十章

1. 参考译文

1) It's all part of what we call the Bayside Way. It involves technical innovation, continuous employee development, creative management and a strong customer focus. It's what drives Bayside's exponential growth and continues to make us the leader in motion control.

2) The annual output of the corporation amounted respectively to USD 4 million in 1995 and USD 5 million in 1996, with an annual sales income each up to USD 4.2 million and USD 5.5 million. The annual profits and taxes turned in more than USD1.5 million successively in 1995 and 1996, which entitles it to many honorable titles granted by both local and state governments. It has now become a pillar enterprise in ×× City and enjoys the privilege of the "bonded factory" authorized in 1995 by China Customs Administration.

3) China Golddeal has a progressive and visionary team of staff who are always ready to devote themselves to creation and design, cultural tradition and economic development. It is this team that has created the legend of three years of rapid development of China Golddeal.

2. 参考译文

Founded in 1966 by Mr. Pierre Bellon, Sodexho made an initial public offering of shares on the Paris Bourse in 1983 and on New York Stock Exchange in 2000 and set up its global headquarters in Paris, France.

Today, with more than 40 years rich experience and successful operations on the five continents, Sodexho has grown to be the largest multinational cooperation in catering and facility management field around the world. As a global *Fortune* 500 company with more than 324,000 employees, Sodexho has established more than 24,000 contract operations in 76 countries by the end of 2005.

In 1995, Sodexho was the first international catering and facility management company to launch its business in Mainland China. Today with more than 9,000 employees, Sodexho has established 4 regions in North, East, South and Central China and also set up offices in 12 cities——Beijing, Tianjin, Shenyang, Shanghai, Qingdao, Suzhou, Wuxi, Hangzhou, Nanjing, Guangzhou, Shenzhen and Wuhan. Sodexho has always committed to providing world-class professional total support service, training top talents, delivering the best clients offering, and more importantly contributing to the social and economic development in China.

第十一章

1. 参考译文

1) 被通知人　　　　　　　　2) 保兑行信用证
3) 托收行　　　　　　　　　4) 运输单据
5) 汇票　　　　　　　　　　6) 背书
7) 支票　　　　　　　　　　8) 形式发票
9) 承运人　　　　　　　　　10) 受益人
11) 装运港　　　　　　　　　12) 卸货港
13) 交货地　　　　　　　　　14) 唛头与件数
15) 品名　　　　　　　　　　16) 正本提单份数
17) 转船　　　　　　　　　　18) 基本条件
19) 平安险　　　　　　　　　20) 保险费

2. 参考译文

1) 谨定于6月10日(星期五)晚上7时在礼堂举行舞会。敬请光临。约翰·史密斯夫妇鞠躬。

2) 担保期限的具体日期自买方收到卖方发出的、并告知已随时可以从工厂发运的书面通知起开始计算。

3) 买方应以美元支付货款,并以电汇的方式汇至卖方指定的账户。

4) 由于一般公认的人力不可抗拒的原因所造成延迟交货或不交货,卖方不负责任。

5) 本信用证凭按发票金额全额向我方开具的提单日期后90天付款的汇票在任一银行议付,汇票须注明依据本信用证开具,并随附下列单据。

6) 我行对此证加具保兑,且保证严格按照本信用证开具的汇票和其他单据将在呈交时予以承付。

7) 允许溢短装5%,并据实结算。

8) 兹证明本信息正确无误。

9) 若卖方未能在信用证的有效期内装运货物,买方有权单方面取消合同。

3. 参考译文

1) 保险单是保险人签发的一种单证,它严格规定了一笔业务的条款和条件——被保险人名称、保险货物名称、保险金额、载货船舶名称、承包险别、保险期限和可能产生的免责事项。它也是保险人和被保险人之间订立的书面契约。

2) 提单是轮船公司签发的单证,它既代表承运货物的收据,又代表承运人和托运人之间的运输合同。它也是代表货物所有权的证件,它给予持有人或受让人获得货物所有权的权利。

3) 商业发票是一种单证,它载有买方必须付款的货物的详细(可识别)内容。所有商业发票应当写明债务人的名称和地址、支付条款、商品名称、单价和总金额,此外,发票还应写明运输方式。

第十二章

1. 参考译文

1) I want a twin room with two separate beds.

2) I would like a room with a front/rear view.

3) I want a room with a nice view.

4) What is the rate for a room per day?

5) We remind you that this is a non-smoking flight. Tampering with, disabling, or destroying the smoke detectors located in the lavatories is prohibited by law.

6) May I see your passport and declaration forms please?

7) Do you have with you now over CAN＄5,000 in any form of currency, check or traveler's L/C?

2. 参考译文

Distinguished guests, ladies and gentlemen:

Good afternoon.

May I first extend a warm welcome to our guests, who have come to Ningbo in this blossomy and sunshiny season of June. In conjunction with the 9th Zhejiang Investment and Trade Symposium, we are gathered here today to hold this conference on the promotion of service sector projects in Yinzhou District, reveal to you the rapid pace of development in Yinzhou District and share with you the immense opportunities of modernizing service sector industries in the area, to a higher level.

参 考 文 献

[1] Dwyer, J. The Business Communication Handbook (7th ed.)[M]. Frenchs Forest: Pearson Education Australia, 2006.
[2] http://www.51lunwen.org
[3] http://en.wikipedia.org/wiki/Advertising
[4] http://www.cedm.com.cn/site90/info9296.htm
[5] Leech, G. N. Principles of Pragmatics [M]. London and New York: Longman, 1983.
[6] Newmark, Peter. Approaches to Translation [M]. New York: Prentice Hall, 1982.
[7] Nida, E. A. Language, Culture, and Translation[M]. Shanghai: Shanghai Foreign Language Education Press, 1993.
[8] Wood, L. 等. 新编剑桥商务英语中级（第二版）[M]. 北京：中国经济出版社, 2002.
[9] 蔡钢生. 科技英语翻译离不开专业知识[J]. 中国翻译, 1996, (2).
[10] 车丽娟, 贾秀海. 商务英语翻译教程[M]. 北京：对外经济贸易大学出版社, 2007.
[11] 陈德彰. 中国人最易犯的英汉翻译错误[M]. 北京：中国书籍出版社, 2008.
[12] 陈洁等. 英语口译技巧[M]. 上海：上海交通大学出版社, 2002.
[13] 陈仕彬. 金融翻译技法[M]. 北京：中国对外翻译出版公司, 2002.
[14] 陈苏东、陈建平. 商务英语翻译[M]. 北京：高等教育出版社, 2004.
[15] 陈小慰. 新编剑桥商务英语难词解译[M]. 北京：经济科学出版社, 2002.
[16] 陈小慰. 语言、功能、翻译——汉英翻译理论与实践[M]. 福州：福建教育出版社, 1998.
[17] 范仲英. 实用翻译教程[M]. 北京：外语教学与研究出版社, 2007.
[18] 方梦之. 实用翻译[M]. 杭州：浙江大学出版社, 2002.
[19] 冯建中. 口译实例与技巧[M]. 太原：书海出版社, 2007.
[20] 傅慧. 现代酒店实用英语[M]. 广州：广东旅游出版社, 2005.
[21] 辜正坤. 中西诗鉴赏与翻译[M]. 长沙：湖南人民出版社, 1998.
[22] 郭贵龙, 张宏博. 广告英语文体与翻译[M]. 上海：华东师范大学出版社, 2008.
[23] 郭建中. 当代美国翻译理论（第二版）[M]. 武汉：湖北教育出版社, 2002.
[24] 郭茜等. MBA英语翻译教程[M]. 北京：中国人民大学出版社, 2000.
[25] 何修猛. 现代广告学（第二版）[M]. 上海：复旦大学出版社, 1998.
[26] 恒齐, 隋云. 商务应用文的英译应与国际接轨[J]. 中国翻译, 2003, (3).
[27] 侯维瑞. 文体研究和翻译[J]. 外语教学与研究. 1988, (3).
[28] 侯维瑞. 英语语体[M]. 上海：上海外语教育出版社, 1988.
[29] 胡庚申, 王春晖, 申云桢. 国际商务起草与翻译[M]. 北京：外文出版社, 2001.
[30] 胡文仲. 文化与交际[M]. 北京：外语教学与研究出版社, 1997.
[31] 金双玉, 钦寅. 外贸英语函电与单证[M]. 上海：同济大学出版社, 2006.
[32] 柯平. 英汉与汉英翻译教程[M]. 北京：北京大学出版社, 1994.
[33] 邹军. 国际贸易英语[M]. 青岛：中国海洋大学出版社, 2007.
[34] 兰天. 国际商务合同翻译教程[M]. 大连：东北财经大学出版社, 2007.

[35] 蓝红军. 关于英汉经贸翻译的"信"[J]. 中国科技翻译,2004,(2).
[36] 李建立. 现代广告文化学[M]. 北京:中国传媒大学出版社,2007.
[37] 李瑞华. 英汉语言文化对比研究[M]. 上海:上海外语教育出版社,1995.
[38] 李小重. 饭店英语[M]. 武汉:武汉大学出版社,2001.
[39] 李运兴. 英汉语篇翻译[M]. 北京:清华大学出版社,2000.
[40] 李正中. 经贸英语翻译基础[M]. 北京:学苑出版社,1990.
[41] 廖瑛,莫再树. 国际商务英语语言与翻译研究[M]. 北京:机械工业出版社,2005.
[42] 廖瑛,莫再树. 国际商务英语语言与翻译研究[M]. 北京:对外经济贸易大学出版社,2007.
[43] 林克难,籍明文. 应用英语翻译呼唤理论指导[J]. 上海科技翻译,2003,(3).
[44] 林克难. 法律文本宜先"看"后译[J]. 上海翻译,2006,(4).
[45] 刘法公. 商贸汉英翻译专论[M]. 重庆:重庆出版社,1999.
[46] 刘泓. 广告社会学[M]. 武汉:武汉大学出版社,2006.
[47] 刘宓庆. 文体与翻译[M]. 北京:中国对外翻译出版公司,1986.
[48] 王永利,曹志蕊,刘英瑞. 商务英语中文化与翻译[J]. 商场现代化,2008,(26)
[49] 刘玉玲,李四新. 旅游英语Easy Talk[M]. 武汉:武汉测绘科技大学出版社,2000.
[50] 刘振前等. 经贸英语翻译与写作[M]. 济南:山东教育出版社,2001.
[51] 潘红. 商务英语英汉翻译教程[M]. 北京:中国商务出版社,2004.
[52] 彭萍. 实用商务文体翻译[M]. 北京:中央编译出版社,2008.
[53] 沈苏儒. 翻译的最高境界——"信达雅"漫谈[M]. 北京:中国对外翻译出版公司,2006.
[54] 思果. 翻译新究[M]. 北京:中国对外翻译出版公司,2001.
[55] 覃学岚. 英汉对比与互译教程[M]. 北京:科学出版社,2001.
[56] 童陆明. 法律英语文本教程[M]. 上海:华东理工大学出版社,2009.
[57] 汪刚,范家材. 国际商务英语选读[M]. 上海:上海交通大学出版社,1995.
[58] 汪涛. 实用英汉互译技巧[M]. 武汉:武汉大学出版社,2001.
[59] 王盈秋,张莉. 商务英语翻译教程[M]. 北京:北京理工大学出版社,2010.
[60] 文军. 翻译调查与研究[M]. 北京:北京航空航天大学出版社,2004.
[61] 翁凤翔. 当代国际商务英语翻译[M]. 上海:上海交通大学出版社,2007.
[62] 吴百福. 进出口贸易实务教程(第四版)[M]. 上海:上海人民出版社,2003.
[63] 吴国良. 外贸英语(第二版)[M]. 杭州:浙江大学出版社,2007.
[64] 奚德通. 名片英语大全[M]. 杭州:浙江大学出版社,2003.
[65] 筱田义明(日)、马西斯(美)、史蒂文森(美). 姜古原译. 正式场合/报告英语——实例&解说[M]. 北京:中国对外翻译出版公司,2005.
[66] 谢关平. 旅游英语导航[M]. 合肥:中国科学技术大学出版社,2001.
[67] 熊昌英,林丽娟. 现代商务英语应用文[M]. 北京:中国水利水电出版社,2010.
[68] 徐明莺,李强. 无敌商务英语信函[M]. 大连:大连理工大学出版社,2009.
[69] 许建忠. 工商企业翻译实务[M]. 北京:中国对外翻译出版公司,2002.
[70] 许钧. 翻译论[M]. 武汉:湖北教育出版社,2003.
[71] 杨莉藜. 英汉互译教程(下册)[M]. 开封:河南大学出版社,1999.
[72] 杨淑惠. 旅游英语[M]. 天津:天津科技翻译出版公司,2006.
[73] 虞苏美、吴长镛. 新编商务英语泛读1[M]. 北京:高等教育出版社,2004.
[74] 虞苏美、吴长镛. 新编商务英语泛读2[M]. 北京:高等教育出版社,2004.
[75] 詹姆斯·特威切尔. 屈晓丽译. 美国的广告[M]. 南京:江苏人民出版社,2008.
[76] 张炜. 外贸英语的语言特点与翻译[M]. 上海:上海交通大学出版社,2008.

[77] 张新红、李明. 商务英语翻译[M]. 北京：高等教育出版社，2003.

[78] 中国对外贸易中心、中国出口商品交易会会刊编辑部. 中国出口商品交易会会刊[J]. 广州：广州交易会广告有限公司，2003-2006.

[79] 中国国际贸易学会商务专业培训考试办公室. 国际商务英语翻译（一级）[M]. 北京：中国商务出版社，2008.

[80] 中国质量认证企业和产品编辑部. 中国质量认证企业和产品（广交会）专刊[J]. 广州：中国对外贸易广州广告公司，2005.

[81] 周树玲. 外贸跟单英语[M]. 北京：对外经济贸易大学出版社，2008.

[82] 周燕，廖瑛. 英文商务合同长句的语用分析及其翻译[J]. 中国科技翻译，2004，(4).

[83] 周兆祥，范志伟. 财经翻译漫谈[J]. 中国翻译，2003，(1).

[84] 周兆祥. 专业翻译[M]. 香港：商务印书馆，1999.

[85] 周振邦. 商务英语翻译[M]. 青岛：青岛海洋大学出版社，1997.

[86] 祝卫. 出口贸易模拟操作教程[M]. 上海：上海人民出版社，1999.